Jackson MacKenzie

KEINE MACHT DEN PSYCHOPATHEN

Jackson MacKenzie

KEINE MACHT den Psychopathen

So befreien Sie sich von emotional traumatischen Beziehungen

Aus dem Amerikanischen von Ursula Bischoff

Kösel

Sollte diese Publikation Links auf Webseiten Dritter enthalten, so übernehmen wir für deren Inhalte keine Haftung, da wir uns diese nicht zu eigen machen, sondern lediglich auf deren Stand zum Zeitpunkt der Erstveröffentlichung verweisen.

Deutsche Erstausgabe
Die Originalausgabe erschien unter dem Titel *psychopath free. Recovering from Emotionally Abusive Relationships with Narcissists, Sociopaths, and Other Toxic People* bei Berkley Books New York, einem Imprint von Penguin Random House LLC.

Anmerkung
In diesem Buch stehen die psychopathischen Paarbeziehungen im Vordergrund. Zu den Menschen, die an schweren Persönlichkeitsstörungen wie Psychopathie, Soziopathie, Narzissmus oder Borderline-Störungen leiden, können auch Familienangehörige, Freunde, Kollegen oder Vorgesetzte gehören. Die Anzahl der Psychopathen in Deutschland beläuft sich Schätzungen zufolge auf mindestens 500 000; die Dunkelziffer ist sehr hoch. Nicht alle fallen durch spektakuläre Straftaten auf. Etwa die Hälfte ist gut in die Gesellschaft integriert und lebt unerkannt mitten unter uns. Da Frauen einen verschwindend geringen Prozentsatz des psychopathischen Spektrums repräsentieren, wurde hier die generische maskuline Personenbezeichnung gewählt.

MIX
Papier aus verantwortungsvollen Quellen
FSC® C083411

Klimaneutral
Druckprodukt
ClimatePartner.com/14044-1912-1001

Penguin Random House Verlagsgruppe FSC® N001967

Umschlag: Weiss Werkstatt München
Umschlagmotiv: © CNuisin / Shutterstock.com
Redaktion: Ralf Lay, Mönchengladbach
Druck und Bindung: CPI books GmbH, Leck
Printed in Germany
ISBN 978-3-466-34760-5
www.koesel.de

Den Konstanten in meinem Leben gewidmet.
Danke, dass ihr meinen Glauben an das Gute im Menschen wiederhergestellt habt.

Kein Schmerz überlebt lange ohne Hilfe, sagte sie, & dann küsste sie mich & schickte mich wieder für den Rest meines Lebens zum Spielen hinaus.

Brian Andreas, StoryPeople

Inhalt

NACHWORT

Einführung

Ein Abenteuer

Der Verdacht, in die Fänge eines Psychopathen geraten zu sein, markiert den Beginn einer Abenteuerreise, ohne Frage. Sie öffnet uns die Augen für die wahre Natur des Menschen, für unsere gespaltene Gesellschaft und vor allem für unsere eigene seelische Befindlichkeit. Sie führt in ein Schattenreich, in dem wir immer wieder von Gefühlen wie Niedergeschlagenheit, Wut und Einsamkeit heimgesucht werden. Sie zwingt uns, dass wir uns mit unseren tief verwurzelten Unsicherheiten auseinandersetzen, und lässt eine anhaltende Leere zurück, die uns mit jedem Atemzug verfolgt.

Doch schlussendlich gelangen wir auf den Weg der Genesung.

Wenn Sie zu den Betroffenen gehören, kann ich Ihnen versichern: Sie werden stärker aus dieser Erfahrung hervorgehen, als Sie es sich jemals vorstellen konnten. Sie werden erkennen, wer Sie wirklich sind und welches Potenzial in Ihnen angelegt ist. Und Sie werden dem Schicksal dankbar sein.

Den letzten Teil glaubt mir normalerweise niemand. Zumindest am Anfang. Aber ich verspreche Ihnen, es lohnt, sich auf dieses Abenteuer einzulassen. Ein Abenteuer, das Ihr Leben ein für alle Mal verändern wird.

Wie erkennt man also Psychopathen? Oder Narzissten und Soziopathen? Es handelt sich um manipulative Menschen, denen es vollständig an Empathie mangelt und die anderen absichtlich Schaden zufügen – ohne Reue- oder Verantwortungsgefühl. Und trotz der Unterschiede zwischen den einzelnen psychischen Störungen haben sie am Ende eins gemein: Die Partnerschaftsbeziehungen sind durch Zyklen gekennzeichnet, die vorhersehbar sind und immer wieder nach dem gleichen Muster ablaufen, so präzise wie ein Uhrwerk: idealisieren, entwerten, abservieren.

Vor einigen Jahren löste dieser Teufelskreis, in den ich geraten war, die Überzeugung in mir aus, ich könnte nie wieder glücklich werden. Mich zu verlieben hatte sich als Erfahrung erwiesen, die mein gesamtes Selbstempfinden auslöschte. Statt heiter und vertrauensvoll zu sein, wie es meiner wahren Natur entsprach, hatte ich mich in einen Menschen verwandelt, der sich im Chaos der Verunsicherung und Ängste aus den Augen verloren hatte.

Heute macht mir das Leben wieder Spaß – ich genieße es in vollen Zügen, vor allem, draußen in der Badehose herumzulaufen und Pizza zu essen. Und das alles verdanke ich einer Google-Suche, die sich als Glückstreffer erwies und bei der ich auf das Thema »Psychopathologie« stieß. Dadurch wiederum fand ich Freunde, die mein Leben retteten, was zur gemeinsamen Gründung einer Online-Selbsthilfegruppe führte. Und diese erreicht nun jeden Monat Millionen Betroffene!

Unter PsychpathFree.com können wir nachverfolgen, wie sich uns jeden Tag neue Mitglieder anschließen, beinah ausnahmslos mit einer vermeintlich hoffnungslosen und nur allzu vertrauten Geschichte. Sie fühlen sich isoliert und zerbrochen, fragen sich, ob sie jemals wieder so etwas wie Glück empfinden können.

Ein Jahr später sind sie wie verwandelt; von den emotional traumatisierten Opfern ist keine Spur mehr zu entdecken.

An ihre Stelle sind Menschen mit einer neuen, noch weitgehend unbekannten Persönlichkeit getreten, die hoch erhobenen Hauptes durchs Leben gehen und anderen den Weg aus dem Reich der Schatten weisen. Unbekannte Persönlichkeiten, die stolz sind auf ihre besten Eigenschaften: Empathie, Mitgefühl und Freundlichkeit. Unbekannte Persönlichkeiten, die den Wert der Selbstachtung und der Fähigkeit kennen, Grenzen zu setzen, und denen es mithilfe der Innenschau gelungen ist, die eigenen Dämonen wirksamer zu bekämpfen.

Was ist in diesem Jahr geschehen? Nun, eine Menge Gutes. So viel, dass ich ein Buch darüber schreiben musste. Mag sein, dass ich voreingenommen bin – ich bin es tatsächlich, ehrlich gestanden –, aber ich finde, dass PsychopathFree.com einen der wirksamsten Heilungsprozesse zu bieten hat, die ich kenne. Wir glauben an Aufklärung, an einen offenen Dialog, an positive Bestätigung und an die Kraft der Selbstentdeckung. Wir haben eine einmalige, inspirierende Nutzerbasis geschaffen, eine Gemeinschaft, die sich durch unumstößliche Werte und aufrichtige Freundschaften auszeichnet.

Ja, Freundschaften. Diese Heilreise ist sehr persönlich, hat aber gleichzeitig auch viele allgemeingültige Facetten. Gleich, ob es sich um eine stürmische Romanze, einen intriganten Kollegen, ein übergriffiges Familienmitglied oder eine Affäre handelt, die das ganze Leben vereinnahmt – Beziehungen zu Menschen mit einer psychopathischen Persönlichkeitsstruktur laufen immer nach dem gleichen Schema ab. Die Gedanken der Opfer drehen sich ständig im Kreis. Sie fühlen sich wert- und orientierungslos. Sie stumpfen ab gegenüber allem, was sie früher glücklich gemacht hat.

Es steht nicht in meiner Macht, Ihre destruktive Beziehung in konstruktive Bahnen zu lenken (weil toxische Persönlichkeiten unfähig sind, sich zu ändern), aber ich möchte dazu beitragen, Ihnen einen Neustart zu erleichtern. Und ich kann Ihnen versprechen, dass Sie am Ende wieder Freude empfinden werden. Sie werden lernen, Ihrer Intuition zu vertrauen. Sie werden mit der Weisheit der »Überlebenden« und dem leisen Staunen von Menschen durchs Leben gehen, die noch oder wieder Idealisten sind und zu träumen wagen.

Doch zuerst gilt es, alles zu vergessen, was Sie über die menschliche Natur zu wissen glaubten. Die Grundstrukturen einer psychopathischen Persönlichkeitsstörung zu verstehen erfordert, dass Sie Ihre instinktiven emotionalen Reaktionen ausklammern. Denken Sie daran, es handelt sich um Menschen, die Ihre Bereitschaft, anderen zu verzeihen, für ihre eigenen Zwecke missbrauchen, die Mitgefühl manipulieren und die Anteilnahme aller Beteiligten schamlos ausnutzen.

Seit Anbeginn der Menschheit sind Psychopathen Meister der psychologischen Kriegsführung: Sie demütigen und erniedrigen ihre ahnungslosen Opfer, die ein solches Verhalten nie provoziert haben und den Terror oft erst dann als solchen wahrnehmen, wenn er vorüber ist. Doch das wird sich in Kürze ändern.

Also verabschieden Sie sich schon einmal von den Dreiecksbeziehungen, die gekonnt ausgespielt werden, den kryptischen Mitteilungen, den Selbstzweifeln und den gezielt hervorgerufenen Ängsten. Sie werden nie wieder verzweifelt auf eine SMS von dem Menschen warten, den Sie lieben. Sie werden nie wieder Ihre Gedanken und Gefühle einer gnadenlosen Zensur unterziehen, weil Sie befürchten, anderenfalls Ihre »perfekte« Beziehung zu verlieren. Sie werden sich nie wieder sagen lassen, dass Sie aufhören sollten, fortwährend auf einem Thema herumzureiten, das in Wirklichkeit dringend einer Analyse bedarf. Sie sind nicht länger das Faustpfand in den Psychospielchen eines Menschen mit psychopathischen Charakterzügen. Sie sind frei.

Und nun ist es an der Zeit, sich auf die Abenteuerreise zu begeben. Ich begleite Sie auf Ihrem Weg.

Jackson MacKenzie

Wie man toxische Menschen erkennt

Eine starke Intuition ist das wirkungsvollste Abwehrsystem gegen manipulative Menschen. Diese Fähigkeit ist immun gegen jede Form der Ausbeutung – und sobald Sie sie beherrschen, wird sie Ihnen ein Leben lang gute Dienste leisten.

Dreißig Alarmsignale

Es gibt zahlreiche hervorragende Studien über die Persönlichkeitsmerkmale und Charaktereigenschaften von Psychopathen. Bei einer Suche im Internet werden Sie rasch fündig. Die Alarmsignale in diesem Buch stellen eine Zusammenfassung und Ergänzung dieser Quellen dar.

Was ist an dieser Liste anders? Zum einen geht es hier vor allem um zwischenmenschliche Beziehungen. Und um Sie. Jedes der beschriebenen Warnzeichen erfordert Selbstbeobachtung und Selbstwahrnehmung. Wenn Sie toxische Persönlichkeiten als solche entlarven wollen, sollten Sie den Blick nicht ausschließlich auf deren Verhalten richten, denn das ist nur die eine Seite der Medaille. Sie müssen sich auch die verborgenen Alarmsignale in Ihrem eigenen Herzen bewusst machen. Erst dann sind Sie gut gerüstet und zu allem bereit. Achten Sie auf folgende Alarmsignale:

1. Gaslighting: der Versuch, Sie durch gezieltes Untergraben Ihres Realitäts- und Selbstbewusstseins in den Wahnsinn zu treiben. Psychopathen leugnen völlig unverfroren ihr manipulatives Verhalten und ignorieren sämtliche Indizien, mit denen man sie konfrontiert. Sie reagieren abweisend und mit harscher Kritik, wenn Sie versuchen, ihre Darstellung der Realität mit Fakten zu widerlegen. Statt auf ihr eigenes unangemessenes Verhalten einzugehen, ist es immer *Ihre* Schuld, weil Sie »überempfindlich« und »verrückt« sind. Toxische Menschen reden Ihnen ein, dass nicht der emotionale Missbrauch das Problem ist, sondern Ihre Reaktion darauf.
2. Die Unfähigkeit, sich in Sie oder andere Menschen hineinzuversetzen: Wenn Sie versuchen, Psychopathen klarzumachen, was diese selbst empfänden, wenn Sie sie auf ihre Weise behandelten, ernten Sie nur verständnislose Blicke. Folglich erkennen Sie allmählich, dass es nichts bringt, Ihre Gefühle zu kommunizieren, weil Sie damit nur Schweigen oder Verärgerung ernten.
3. Scheinheiligkeit in höchster Vollendung: »Tu, was ich dir sage, und nicht, was ich selbst tue.« Psychopathen haben extrem hohe Erwartungen, was Treue, Respekt und Bewunderung betrifft. Nach der Idealisierungsphase werden Sie von ihnen davon allerdings nichts mehr zu spüren bekommen. Sie betrügen, lügen, haben an allem etwas auszusetzen und manipulieren. Von Ihnen wird jedoch erwartet, dass Sie nach wie vor perfekt funktionieren, sonst werden Sie umgehend ausgetauscht und als psychisch labil eingestuft.
4. Pathologische Lügen und Ausreden: Menschen mit toxischer Persönlichkeitsstruktur haben immer eine Entschuldigung parat, selbst wenn es nichts zu entschuldigen gibt. Sie erfinden ihre Lügenmärchen schneller, als Sie sie hinterfragen

können. Sie wälzen die Schuld fortwährend auf andere ab – sie selbst sind ohne Fehl und Tadel. Sie verbringen mehr Zeit mit dem Versuch, ihr Verhalten rational zu erklären, als es real zu verändern. Selbst wenn sie bei einer Unwahrheit ertappt werden, lassen sie weder ein schlechtes Gewissen noch Schamgefühle erkennen. Oft hat es den Anschein, als hätten sie es geradezu *darauf angelegt*, erwischt zu werden.

5. Die Fokussierung auf Ihre Unzulänglichkeiten: Psychopathen sind blind für die eigenen Fehler und Versäumnisse. Wenn sie zu einer Verabredung zwei Stunden zu spät kommen, werden Sie daran erinnert, dass Sie zum ersten Date mit fünf Minuten Verspätung erschienen sind. Weisen Sie Psychopathen auf ihr unangemessenes Verhalten hin, dauert es nicht lange, bis sie den Spieß umdrehen und sich das Gespräch plötzlich um Sie dreht. Damit beginnen Sie, einen Hang zum Perfektionismus zu entwickeln, weil Ihnen bewusst ist, dass jeder Fehler und jedes Versäumnis gegen Sie verwendet werden kann und wird.
6. Die Grundelemente des zwischenmenschlichen Respekts müssen einem Erwachsenen erklärt werden: Normale Menschen verstehen Konzepte wie Aufrichtigkeit und Freundlichkeit. Psychopathen wirken oft völlig arglos und geben das Unschuldslamm. Doch lassen Sie sich nicht von dieser Maske täuschen. Erwachsene sollten wissen, welche Gefühle und Empfindungen sie in anderen auslösen.
7. Selbstsucht und ein verheerendes Bedürfnis nach Aufmerksamkeit: Psychopathen sind Energievampire, die Ihnen jeden Funken Kraft rauben und Ihr Leben völlig vereinnahmen. Ihr Verlangen nach uneingeschränkter Bewunderung ist unersättlich. Sie dachten, Sie wären der einzige Mensch, der sie glücklich machen kann, doch nun haben Sie das Ge-

fühl, dass jeder, der noch unter den Lebenden weilt, diese Rolle übernehmen kann. Fakt ist jedoch: Niemand kann die Leere in der Seele eines Psychopathen füllen.

8. Gezielt hervorgerufene Gefühle werden als Waffe gegen Sie verwendet: Psychopathen halten Ihnen vor, eifersüchtig zu sein, nachdem sie unverhohlen mit der Ex geflirtet haben – am liebsten in den sozialen Netzwerken, damit die ganze Welt es sieht. Sie behaupten, dass Sie emotional bedürftig sind und klammern, nachdem Sie tagelang bewusst ignoriert wurden. Sie nutzen Ihre Reaktionen, die mit viel Geschick erzeugt wurden, um Pluspunkte bei anderen zu sammeln – als Nachweis, dass Sie völlig »hysterisch« geworden sind. Früher haben Sie sich vermutlich für eine unkomplizierte Person gehalten, aber die Begegnung mit einem Psychopathen wird dieses Bild (zeitweilig) auf den Kopf stellen.
9. Das Bedürfnis, Detektiv zu spielen: So etwas ist Ihnen in keiner anderen Beziehung passiert, aber plötzlich nehmen Sie einen Menschen, dem Sie bedingungslos vertraut haben, genauer unter die Lupe. Sie begeben sich auf Spurensuche, werfen einen Blick auf jahrelange Aktivitäten im Netz, auf Posts und Fotos. Das Gleiche gilt für frühere Beziehungen. Sie suchen nach Antworten, haben einen vagen Verdacht, ein Gefühl, das Sie sich nicht erklären können.
10. Das wahre Gesicht zeigt sich nur Ihnen: Was immer Psychopathen tun oder lassen, sie haben einen Fanclub, der ihnen Beifall spendet. Sie benutzen diese Leute, um ihr Bedürfnis nach finanziellen Vorteilen, Ressourcen und Aufmerksamkeit zu befriedigen – wobei die Fangemeinde nichts bemerkt, weil sie mit Lobeshymnen strategisch abgelenkt wird. Psychopathen schaffen es, oberflächliche Freund-

schaften weit länger aufrechtzuerhalten als Beziehungen, die auf einer echten Bindung beruhen.

11. Jede Auseinandersetzung droht die letzte zu sein: Normale Paare tauschen sich aus, um Probleme zu lösen. Psychopathen stellen klar, dass negative Diskussionen die Beziehung gefährden, vor allem, wenn ihr eigenes Verhalten darin zur Sprache kommt. Jeder Versuch Ihrerseits, die Kommunikation zu verbessern, wird mit Schweigen bestraft. Sie sind umgehend bereit, zu vergeben und zu vergessen, weil Sie wissen, Ihr Partner würde das Interesse an Ihnen verlieren.
12. Schleichend werden Ihre Grenzen aufgeweicht: Psychopathen üben ständig Kritik, mit einer verächtlichen Haltung, die oft als Scherz getarnt ist. Sie grinsen, wenn Sie sich bemühen, Ihre Gedanken und Gefühle angesichts dieser Kränkung zum Ausdruck zu bringen. Hänseln wird zur primären Kommunikationsform in der Beziehung.
13. Aufmerksamkeitsentzug und Untergrabung Ihre Selbstachtung: Nachdem Sie anfangs fortwährend mit Aufmerksamkeit und Bewunderung überschüttet wurden, sind Psychopathen plötzlich zutiefst gelangweilt von Ihnen. Sie verschanzen sich hinter einer Mauer des Schweigens und rasten aus, wenn Sie aktiv am Erhalt der leidenschaftlichen Beziehung interessiert sind, die *von ihnen* geschaffen wurde. Sie haben allmählich das Gefühl, eine Last zu sein.
14. Die Erwartung, dass Sie Gedanken lesen können: Wenn sie die Kommunikation für mehrere Tage unterbrechen, ist es Ihre Schuld, weil Sie die Pläne nicht kennen … die nie erwähnt wurden. Psychopathen haben immer eine Ausrede zur Hand, die darauf angelegt ist, sich selbst als Opfer zu inszenieren. Sie treffen Entscheidungen, die für die Beziehung wichtig sind, und weihen alle ein – außer Ihnen.

15. Trotz Anspannung buhlen Sie um ihre Gunst: Sie ertappen sich dabei, dass Sie die meisten ihrer fragwürdigen Verhaltensweisen als unbeabsichtigt oder unachtsam verbuchen, weil Sie ständig im Wettbewerb mit anderen stehen und um Aufmerksamkeit und Anerkennung ringen müssen. Es scheint sie nicht sonderlich zu stören, wenn Sie auf Distanz gehen – dann zapfen Psychopathen eben problemlos die nächste Energiequelle an.
16. Eine ungewöhnliche Anzahl von »Verrückten« im früheren Leben des anderen: Alle Verflossenen, die nicht zurückgekrochen kamen, sind eifersüchtig, psychisch labil, alkoholabhängig oder werden mit einem anderen negativen Etikett versehen. Machen Sie sich nichts vor: Bei der nächsten Zielperson im Beuteschema der Psychopathen werden Sie genauso beschrieben.
17. Eifersucht und Rivalität werden mit der Miene des Unschuldslamms provoziert: Zu Beginn der Beziehung fixiert sich die Aufmerksamkeit ausschließlich auf Sie, sodass es besonders verwirrend ist, wenn der andere auf Abstand geht und sich auf andere Menschen konzentriert. Sie legen Verhaltensweisen an den Tag, die Sie ständig daran zweifeln lassen, ob Sie noch einen Platz in ihrem Herzen haben. Wenn sie in den sozialen Medien unterwegs sind, ködern sie die zuvor verteufelten Ex-Partner*innen mit den alten gemeinsamen Lieblingssongs, Fotos und Scherzen für Eingeweihte, verstricken Sie damit in Dreiecksbeziehungen. Sie wenden sich den Aktivitäten der »Konkurrenz« zu und ignorieren Ihre.
18. Idealisierung, Liebesbombardierung und Schmeichelei: Bei der ersten Begegnung entwickeln sich die Dinge mit extremer Geschwindigkeit. Sie bekommen zu hören, wie viel Sie gemeinsam haben, dass Sie wie geschaffen füreinan-

der sind. Mit der Anpassungsfähigkeit eines Chamäleons spiegeln Psychopathen Ihre Hoffnungen, Träume und Unsicherheiten, um auf Anhieb ein Band des Vertrauens und der gespannten Erwartung zu schaffen, mit dem Sie um den Finger gewickelt werden. Sie suchen fortwährend die Kommunikation mit Ihnen und scheinen von jedem Aspekt Ihrer Persönlichkeit fasziniert zu sein. Falls Sie eine Facebook-Seite haben, wird sie mit Liebesliedern, Komplimenten, Gedichten und Scherzen nur für Eingeweihte zugepflastert.

19. Vergleich mit allen anderen wichtigen Bezugspersonen: Sie werden zum Beispiel mit Verflossenen, Freunden, Familienangehörigen und gegen Ende der Beziehung mit Ihrem Ersatz gemessen. In der Idealisierungsphase vermitteln Psychopathen Ihnen das Gefühl, etwas ganz Besonderes zu sein, indem sie Ihnen erzählen, dass diese Personen Ihnen nicht das Wasser reichen können. In der Entwertungsphase greifen sie auf Vergleichskriterien zurück, um Eifersucht und Minderwertigkeitsgefühle bei Ihnen zu wecken.
20. Früher bewunderte Eigenschaften verwandeln sich urplötzlich in gravierende Mängel: Zuerst werden Ihre zutiefst verwurzelten Eitelkeiten und Verletzlichkeiten ins Visier genommen, Ihr Verhalten beobachtet und alles geliefert, von dem sie glauben, dass Sie es hören möchten. Doch sobald Sie am Haken hängen, werden diese Dinge gegen Sie verwendet. Und Sie verbringen immer mehr Zeit damit, sich zu bessern und sich derjenigen Person als würdig zu erweisen, die einst behauptet hat, Sie wären perfekt.
21. Risse in der Maske: Es gibt einige wenige flüchtige Momente, in denen die charmante, attraktive und arglose Fassade, die Menschen mit einer schweren Persönlichkeitsstörung

von sich selbst errichten, brüchig wird und den Blick auf einen völlig Fremden preisgibt. Sie sehen eine Seite von ihnen, die in der Idealisierungsphase nie aufgetaucht ist, eine Seite, die kalt, rücksichtlos und manipulativ ist. Sie merken plötzlich, dass einige Aspekte ihrer Persönlichkeit nicht in das Bild passen – dass der Mensch, in den Sie sich verliebt haben, allem Anschein nach nicht wirklich existiert.

22. Schnell gelangweilt: Psychopathen legen Wert darauf, ständig von anderen Menschen umgeben zu sein; sie brauchen schon nach kürzester Zeit den Reiz des Neuen und Lobeshymnen. Sie können es nicht ertragen, über einen längeren Zeitraum sich selbst überlassen zu sein. Sie verlieren rasch das Interesse an allem, was sie nicht direkt betrifft, ihrem Leben keine positiven Impulse oder den nächsten Kick verleiht. Anfangs fanden Sie diese Lebensweise vielleicht spannend und weltgewandt, und Sie fühlten sich minderwertig, weil Sie Vertrautheit und Stetigkeit in Ihren Beziehungen vorziehen.
23. Triangulierung: Psychopathen binden andere in die Paarbeziehung ein und spielen sie gegeneinander aus, gleich, ob ehemalige oder potenzielle Partner*innen und alle, die ihnen zusätzlich Aufmerksamkeit widmen. Das schließt auch diejenigen ein, die vorher herabgewürdigt wurden oder die Ihnen angeblich »nicht das Wasser reichen« konnten. Damit sorgen Psychopathen für Verwirrung und leisten der Auffassung Vorschub, sie wären immer und überall heiß begehrt.
24. Verdeckte Gewalt: Von Kindesbeinen an haben die meisten von uns gelernt, physische Misshandlungen und unverhohlene verbale Beleidigungen als solche zu erkennen, doch bei Psychopathen ist dieser Missbrauch nicht immer so offen-

kundig. Dass es sich um eine emotional missbräuchliche Beziehung handelte, wird vielen oft erst dann klar, wenn diese schon geraume Zeit beendet ist. Durch die unrealistische Überhöhung und subtile Entwertung ihrer Opfer sind Psychopathen in der Lage, bei *jeder* Zielperson, die sie ins Auge fassen, schleichend und hochgradig effizient einen Identitätsverlust herbeizuführen. Aus der Perspektive eines Außenstehenden hat es den Anschein, als wären die Opfer »nicht ganz dicht«, während die Täter stillschweigend ihrer Wege gehen, mit völlig unbeschadeter Reputation.

25. Mitleidstour und Märchenstunde: Das Fehlverhalten von Psychopathen ist stets auf eine Geschichte zurückzuführen, die auf die Tränendrüse drücken soll. Sie erklären, schuld daran seien Übergriffe einer Ex-Partnerin, eine von Gewalt geprägte Kindheit oder Intriganten. Sie behaupten, sie hätten sich nie etwas anderes gewünscht als ein bisschen Ruhe und Frieden. Sie geben vor, Beziehungsdramen zu hassen – und doch haben sich in ihrem Leben dem Vernehmen nach mehr Dramen ereignet als bei jedem anderen Menschen, den Sie kennen.
26. Der Teufelskreis von Zuckerbrot und Peitsche: Manchmal werden Sie mit Aufmerksamkeit überschüttet, manchmal ignoriert und manchmal hart angegangen. An einem Tag sprechen Psychopathen vielleicht von Heirat, am nächsten ist von Trennung die Rede. Sie wissen nie, woran Sie bei ihnen sind. Wie meine Morgenkaffee-Freundin Rydia schrieb: »Sie investieren so wenig Mühe wie möglich und erhöhen den Einsatz, wenn man anfängt, sich von ihnen zu lösen.«
27. Dreh- und Angelpunkt Ihres Lebens: Sie verbringen mehr Zeit mit dem Psychopathen und seinen Freunden als mit Ihrem eigenen unterstützenden Netzwerk. Ihre Gedanken und Ge-

spräche kreisen nur noch um sie. Sie schotten sich ab, um sicherzugehen, dass Sie stets verfügbar sind. Sie ändern Ihre Pläne, sagen Termine ab und warten in Habtachtstellung neben dem Telefon auf einen Anruf von ihnen. Aus irgendeinem unerfindlichen Grund erfordert die Beziehung viele Opfer Ihrerseits, aber nur wenige von ihnen.

28. Arroganz: Trotz des bescheidenen, anziehenden Bildes, das sie Ihnen in den Anfangsphasen der Beziehung geboten haben, werden Sie mehr und mehr von oben herab behandelt, als wären Sie intellektuell minderbemittelt und emotional instabil. Schamgefühle sind Psychopathen fremd, wenn sie sich nach der Trennung von Ihnen ein neues Opfer suchen, werden sie sich mit diesem in Szene setzen und dafür sorgen, dass Ihnen nicht verborgen bleibt, wie glücklich sie ohne Sie sind.
29. Hinterhältiger Klatsch, je nach Lust und Laune: Psychopathen loben andere in deren Beisein in den Himmel, um hinter ihrem Rücken giftige Bemerkungen fallen zu lassen. Als Opfer dieser Strategie stellen Sie fest, dass Sie Leute rundheraus ablehnen oder Anstoß an ihrem Verhalten nehmen, obwohl Sie sie noch nie gesehen haben. Irgendwie fühlen Sie sich sogar geschmeichelt, weil Sie die Person sind, bei der Dampf abgelassen wird. Doch sobald die Beziehung ihren Reiz zu verlieren beginnt, wenden sich Psychopathen denjenigen zu, über die sie vorher gelästert haben, um ihnen anzuvertrauen, dass Sie »verrückt« geworden sind.
30. Ihre Gefühle verwandeln sich: Ihre naturgegebene Fähigkeit, Liebe und Empathie zu empfinden, hat sich zu Panik und Angstzuständen entwickelt. Sie entschuldigen sich ständig und vergießen mehr Tränen als jemals zuvor in Ihrem Leben. Sie schlafen kaum noch, wachen jeden Morgen sorgen-

voll und verstört auf. Sie können sich nicht erklären, was aus Ihrem früheren entspannten, lebensfrohen und unkomplizierten Selbst geworden ist. Nach einem Streit mit einem Psychopathen zweifeln Sie an Ihrem gesunden Menschenverstand, fühlen sich erschöpft, ausgelaugt, geschockt und innerlich leer. Ihr gesamtes Leben droht zu Bruch zu gehen – Sie haben vielleicht zu viel Geld ausgegeben, Freundschaften beendet und suchen nun nach einer Erklärung, die sich hinter der rätselhaften Wende in Ihrer Beziehung verbirgt.

Sie werden feststellen, dass in einer normalen, liebevollen Partnerschaft keines dieser Alarmsignale auftaucht. Nach dem Ende der Beziehung zu einem Psychopathen haben die meisten Betroffenen damit zu kämpfen, dass sie hyperwachsam geworden sind und sich fragen: Wem kann ich überhaupt noch vertrauen? Der Zeiger auf Ihrem inneren Messgerät wird noch eine ganze Weile hin- und herpendeln. Sie werden sich fragen, ob Sie nun wirklich den Verstand verloren haben. Sie möchten nur das Beste von einem alten Freund oder einer neuen Flamme glauben, haben aber ein ungutes Gefühl, wenn Sie Zeit mit ihnen verbringen, weil Sie nur darauf warten, dass das manipulative Verhalten beginnt.

Die Entwicklung und Stärkung Ihrer Intuition ist ein persönlicher Prozess, aber eines kann ich Ihnen mit auf den Weg geben: Es gibt zahlreiche positive Menschen auf dieser Welt, und Sie wollen sich doch gewiss nicht die Chance entgehen lassen, ihnen zu begegnen, weil Sie verletzt worden sind. Nehmen Sie sich die Zeit, sich mit Ihren Gefühlen zu verbinden. Loten Sie die ganze Bandbreite der Möglichkeiten aus, bis Sie ein annehmbares Gleichgewicht zwischen Achtsamkeit und Vertrauen gefunden haben. Richten Sie Ihren Blick nach innen, und versuchen Sie zu ergründen, warum sich während der toxischen Beziehung bestimmte Gefühle und Empfindungen eingeschlichen haben und wie es vorher um Ihre emotionale Befindlichkeit bestellt war. Sie werden vielleicht entdecken, dass auch einige frühere Beziehungen einer genaueren Überprüfung bedürfen. Wenn Sie beginnen, die eigenen abträglichen Muster abzulegen, werden an ihrer Stelle zuträglichere auftauchen.

Um Phoenix, ein langjähriges Mitglied unserer Community, zu zitieren, werden Sie dann nicht mehr fragen, ob jemand Sie mag, sondern vielmehr, ob Sie jemanden mögen.

Was ist normal?

Wenn Ihr Seelengefährte im Bruchteil von Sekunden von fasziniert auf gelangweilt umschwenken konnte, ist das nicht normal. Wenn Sie von jemandem, der Sie aktiv betrogen hat, als eifersüchtig und verrückt abgestempelt wurden, ist das nicht normal. Wenn Sie sich ständig in Reichweite Ihres Handys aufgehalten und verzweifelt auf eine SMS gewartet haben, die früher im Minutentakt eintrudelten, ist das nicht normal. Wenn alle Verflossenen »psychisch labil« oder unfähig waren loszulassen, weil sie ihn »wahnsinnig geliebt haben«, ist das nicht normal. Psychopathen pflegen einen parasitären Lebensstil, sind emotional verkrüppelt und unfähig, sich zu ändern. Sobald er aus Ihrem Leben verschwunden ist, werden Sie feststellen, dass alles langsam, aber sicher Sinn zu machen beginnt. Das Chaos der Gedanken löst sich auf, der gesunde Menschenverstand gewinnt die Oberhand. Die Situation normalisiert sich wieder.

Achtung, Aasgeier!

Sie haben die ersten Schritte auf dem Weg der Genesung von einer toxischen Beziehung zu einem Psychopathen eingeleitet. Hut ab! Die Arbeit, die vor Ihnen liegt, wird Sie nicht nur aus den Fängen Ihres Peinigers befreien, sondern Sie in die Lage versetzen, wieder zu sich selbst zu finden – zu dem Selbst, auf dem herumgetrampelt wurde, das niedergeknüppelt und in eine leere Hülle des Menschen verwandelt wurde, der Sie einmal waren. Ich weiß, dass es schwierig ist, einigen unbequemen Wahrheiten ins Gesicht zu sehen, aber unsere Abenteuerreise trägt auch dazu bei, Ihr Potenzial besser zu nutzen, denn Sie werden erkennen, wie groß Ihr Überlebenswille ist und wie stark Sie wirklich sind.

Zu Beginn der Arbeit, die vor Ihnen liegt, möchte ich Ihnen dringend nahelegen, sich professionelle Hilfe oder eine Selbsthilfegruppe zu suchen. Sie werden die Unterstützung und hin und wieder eine Ermutigung brauchen, die Sie daran erinnert, dass Sie sich auf dem richtigen Weg befinden.

Noch eine eindringliche Warnung an alle, die mit dem Prozess der Genesung nicht vertraut sind: Nach einem psychopathischen Missbrauch sind die Opfer extrem empfindlich und verletzlich. Während Sie damit beginnen, die Puzzlesteine zusammenzufügen, werden Sie sich am Boden zerstört, elend und von Wut erfüllt fühlen. Emotionen, die überwältigend sind. Vermutlich haben Sie sich angewöhnt, Ihre Gefühle zu unterdrücken und Probleme mit sich selbst auszumachen. Sie fühlen sich abhängig wie ein neugeborenes Kind, haben das Bedürfnis, sich jemandem anzuvertrauen – gleich wem –, der versteht, was Sie durchgemacht haben.

Im Allgemeinen ist es wichtig, offen mit den eigenen Gefühlen umzugehen. Doch in den Augenblicken Ihrer größten Verunsicherung öffnen Sie sich vielleicht für weitere Übergriffe.

Es ist kein Geheimnis, dass die von emotionalem Missbrauch Betroffenen Gefahr laufen, weitere toxische Persönlichkeiten anzuziehen, sodass sich die Erfahrung zu wiederholen droht. In dem Bemühen, Ihre Version der Geschichte zu teilen und sie aufzuarbeiten, offenbaren Sie sich eventuell einer Person, die bereit scheint, Ihnen Gehör zu schenken, und die vorgibt, Sie zu verstehen. Das Problem ist, dass solche Leute nicht immer Ihr Bestes im Sinn haben und aufrichtig zu Ihrer Heilung beitragen möchten. Viele von ihnen sind vielmehr »Aasgeier«.

Aasgeier scheinen oft außerordentlich zugewandt und warmherzig zu sein, zumindest am Anfang. Sie möchten alles in ihrer Macht Stehende tun, um Ihnen zu helfen und Sie bei der Lösung Ihrer Probleme zu unterstützen. Doch früher oder später stellen Sie fest, dass Sie in einen weiteren Albtraum geraten sind. Aasgeier überschütten Sie mit ungebetenen Ratschlägen. Sie fordern ständig Lob und Aufmerksamkeit ein. Dramen sind ihr Lebenselixier, und sie leiden unter einem unstillbaren Verlangen nach Anerkennung.

Sie werden feststellen, dass diese Leute auf Konfrontationskurs gehen, sobald Sie sich sichtlich besser fühlen. Denn Ihre Fortschritte stellen eine Bedrohung für die Kontrolle dar, die sie über Sie ausüben. Sie haben es darauf angelegt, Sie in einem fortwährenden Zustand der Abhängigkeit zu halten. Sie wollen nicht, dass Sie Hilfe bei irgendjemand anderem suchen.

Ungeachtet dessen, ob das Verhalten dieser vermeintlichen Unterstützer pathologisch ist oder nicht: Nach allem, was Sie durchgemacht haben, können Sie auf solchen Müll verzichten. Ich lege allen Betroffenen deshalb dringend nahe, sich zumindest ein paar Monate zurückzuhalten, bevor sie neue Freundschaften und Paarbeziehungen eingehen. Sie sollten an den Punkt gelangt sein, an dem sie nicht mehr das Bedürfnis – oder den Wunsch – haben, über ihren Peiniger zu sprechen.

Wenn Sie Hilfe brauchen, ziehen Sie lieber eine professionelle Therapie oder Selbsthilfegruppen in Betracht. Diese Leute wissen, wie es um Sie bestellt ist, und sind bereit, Beistand zu leisten, ohne Bedingungen damit zu verknüpfen.

Ich kann verstehen, wie groß die Versuchung ist, wieder auf andere zuzugehen und neue Kontakte zu knüpfen. Sie halten nach Möglichkeiten Ausschau, Ihr Leben wiederaufzubauen. Sie möchten sich künftig mit Menschen umgeben, die liebenswerter und authentischer sind.

Und das werden Sie auch.

Wahre Freunde sind aber nicht darauf bedacht, die Rolle eines Therapeuten zu übernehmen, und sie prahlen definitiv nicht mit ihrer Empathiefähigkeit und Fürsorglichkeit. Sie reden nicht lange, sie handeln: Taten sprechen bekanntlich lauter als Worte.

Es dauert seine Zeit, bis Sie beginnen können, den Aufbau von Beziehungen in Angriff zu nehmen, die Ihrer Gesundheit zuträglicher sind. Das erfordert den Bruch mit alten und die Entwicklung neuer positiver Gewohnheiten, die Stärkung Ihrer Intuition und schließlich die Erkenntnis, was Sie sich vom Leben wirklich wünschen.

Also seien Sie auf der Hut vor Aasgeiern. In der Literatur gibt es ein Prinzip »Show, don't tell« (»Zeigen, nicht erzählen«). Diese Regel gilt auch für Menschen aus Fleisch und Blut. Wenn Sie Leuten begegnen, die Ihnen ständig erzählen, wer oder was sie sind, wie gern sie Ihnen helfen oder dafür sorgen würden, dass bei Ihnen alles wieder ins Lot kommt, sollten Sie einen Schritt zurücktreten und einen Blick auf ihr Verhalten werfen. Manipulative Menschen »erzählen« gern, weil sie nichts haben, was sich zu zeigen lohnt. Sie legen nur ein Lippenbekenntnis ab: Ihre Taten sind unangemessen oder unaufrichtig, reichen nie an ihre vielversprechenden Worte heran und lösen damit eine überwältigende Spannung zwiespältiger Eindrücke (kognitive Dissonanz) bei denjenigen aus, die ihnen vertrauen.

Sie werden feststellen, dass Menschen, die anständig und bescheiden sind, Ihnen nicht einzuhämmern versuchen, wer oder was sie sind und was sie für Sie tun können. Sie zeigen es Ihnen durch ihre beständige Liebe und Zuwendung. Sie müssen ihre Beweggründe nie infrage stellen, denn sie haben stets lautere Absichten. Im Gegensatz dazu handeln Aasgeier aus reinem Selbstinteresse; sie zielen darauf ab, Lob und Bewunderung einzuheimsen. Sollten Sie in Streit geraten, werden diese »Phrasendrescher« Sie wiederholt darauf hinweisen, was Sie ihnen zu verdanken haben, selbst wenn Sie unverblümt von ihnen verletzt werden. »Tatkräftige« Menschen beschränken sich darauf, ihren Standpunkt darzulegen, ohne die Unterhaltung in eine Richtung zu lenken, die ihnen einen Vorteil verschafft. Gehen Sie Menschen aus dem Weg, die Ihnen erzählen, wie nett, wie großzügig, wie erfolgreich, wie ehrlich und wie wichtig sie sind. Halten Sie stattdessen nach den Stillen Ausschau, deren Charaktereigenschaften sich jeden Tag in ihrem Handeln offenbaren.

Die Konstante

Sie wissen, was es mit Psychopathen auf sich hat. Sie kennen die Warnsignale. Und nun die alles entscheidende Frage: Sind Sie tatsächlich in die Fänge eines Psychopathen geraten?

Trotz aller wichtigen wissenschaftlichen Fortschritte können Sie nicht wirklich in Erfahrung bringen, ob jemand ein Gewissen hat. Ich persönlich glaube, dass es keine hundertprozentig sichere Methode gibt, einen Psychopathen zu erkennen.

Zum Glück gibt es eine andere Möglichkeit, sich vor ihnen zu schützen. Und sie setzt voraus, dass Sie Ihren Blick nach innen richten. Diese Form der Selbstbeobachtung führt bei jedem Menschen, überall und zu jeder Zeit, zum Erfolg. Sie besteht aus nur einer Frage – und vielen Antworten.

Die Frage lautet: »Wie fühlen Sie sich heute?«

Das frage ich Sie jetzt, ganz im Ernst. Die meisten Menschen antworten mit einem vagen »Gut« und einer angelegentlichen Bemerkung über ihr Wochenende, eine Beförderung am Arbeitsplatz oder ihre Lieblingssendung im Fernsehen.

Aber was ist mit Ihnen? Fühlen Sie sich innerlich leer? Zerbrochen? Ohne einen Funken Hoffnung? Vielleicht sind Sie morgens wieder einmal mit Kummer im Herzen aufgewacht, der an Ihrer Seele zehrt wie ein Krebsgeschwür. Den ganzen Tag über versuchen Sie, die schmerzlichen Themen aus Ihrem Kopf zu verbannen – nur um festzustellen, dass Ihre Gedanken jedes Mal unaufhaltsam darauf zusteuern. Erinnerungen, die Ihnen früher große Freude bereitet haben, lösen nun Ekel und Widerwillen bei Ihnen aus. Sie schwanken zwischen Wut und Niedergeschlagenheit hin und her, unfähig zu entscheiden, welches Gefühl weniger schmerzt.

Das sind die Antworten.

Wenn Sie sich nach einer Beziehung in diesem Gemütszustand befinden, stellt sich die Frage, ob es wirklich wichtig ist, ob Ihr Ex ein Psychopath, Soziopath, Narzisst oder ein Gestörter gleich welchen Zuschnitts ist. Die Kategorie, in die Sie jemanden einordnen, verleiht Ihren Gefühlen nicht mehr oder weniger Gültigkeit. Ihre Gefühle sind absolute Größen. Sie werden noch eine Weile andauern, egal, für welchen Begriff Sie sich am Ende entscheiden.

Eines wissen Sie in Bezug auf Ihre Gefühle: Jemand hat Ihr Leben aus den Angeln gehoben, hat Ängste einer ganz neuen Art geschürt, die Sie bisher nicht kannten. Dieser Jemand hat eine Reihe grauenvoller Empfindungen in Ihnen hervorgerufen, die jeden Tag zu einer schier unerträglichen Qual machten. Während der Beziehung waren Sie hochgradig angespannt und verunsichert, voller Sorge, dass irgendein Fehler Ihrerseits das Ende Ihres Traums zur Folge haben könnte. Vielleicht haben Sie sich in Ihrer Verzweiflung mit anderen verglichen und sich bemüht, Ihren angestammten Platz an der Seite Ihres Partners zurückzugewinnen.

Deshalb frage ich Sie noch einmal: Spielt es wirklich eine Rolle, ob Ihr Gegenüber der klassischen Definition eines Psychopathen entspricht?

Sie verfügen bereits über alle Informationen, die Sie brauchen – bereitgestellt von Ihren eigenen Gefühlen und Empfindungen. Sie haben sich in der Gegenwart dieses Menschen alles andere als gut gefühlt, richtig? Warum hat das während der Beziehung nicht als Bestätigung ausgereicht, dass Sie ihm keinen Platz mehr in Ihrem Leben einräumen wollten?

Weil Sie nach allen Regeln der Kunst umworben und idealisiert wurden. Sie wurden gezielt umgarnt, um Liebe in Ihnen zu wecken – die stärkste aller menschlichen Bindungen – und Ihre Gefühle dadurch leichter manipulieren zu können. Toxische Menschen konditionieren uns darauf, unsere Intuition zu ignorieren, und wir müssen lernen, ihr wieder zu vertrauen. Statt Entscheidungen auf der Grundlage von äußeren Hinweisen zu treffen, sollten wir den Blick nach innen richten. Wenn wir wieder beginnen, Kontakt zu unseren Gefühlen aufzunehmen, ist der erste Schritt auf dem Weg der Genesung getan. Und wenn Sie so sind wie ich, können wir uns vielleicht auf eine einfache Wahrheit verständigen: Gute Menschen lösen gute Gefühle aus und schlechte Menschen lösen schlechte Gefühle aus. Wenn wir zu dieser Erkenntnis gelangt sind, ergibt plötzlich alles einen Sinn.

Hören Sie nicht auf die Leute, die Ihnen einreden wollen, dass Ihre Gefühle und Empfindungen völlig losgelöst vom Rest der Welt sein sollten. Wenn Sie ein offenes Herz haben, ist das unmöglich. Wir Menschen zeichnen uns durch eine einzigartige Gabe aus: die Fähigkeit, anderen Menschen ein wunderbares Gefühl zu vermitteln. Mit einem einzigen Wort, einer Geste oder einem stillen Lächeln. Genau das macht unsere Welt so einzigartig. Einige würden diese magische Kraft »Liebe« nennen.

Doch Sie haben Erfahrungen mit jemandem gemacht, der diese Gabe manipuliert hat, um Kummer und Leid zu verursachen. Und nun möchten Sie wissen, wie Sie solche toxischen Menschen in Zukunft meiden können, damit Ihnen so etwas nie wieder passiert. Sie fürchten, hyperwachsam zu werden – künftig jedem Menschen und jeder Situation mit Misstrauen zu begegnen. Sie haben das Gefühl, dass Sie mehr Orientierungshilfen brauchen. Etwas, was über Ihre Intuition hinausgeht.

Und an dieser Stelle möchte ich Sie mit dem Konzept der Konstanten bekannt machen. Ihre persönliche Konstante wird Sie nicht nur bis zum Ende des Buches, sondern Ihr ganzes Leben lang begleiten, Sie trösten und schützen.

Denken Sie an jemanden, den Sie heiß und innig lieben. An einen Menschen, der Sie stets inspiriert und niemals enttäuscht. Beispielsweise Ihre Mutter, eine enge Freundin, Ihre Kinder, eine verstorbene Verwandte, aber auch Ihre Katze. Gleich, wer oder was. Vielleicht haben Sie das Gefühl, dass es in Ihrem Leben keine Konstante gibt. Doch das ist ein Trugschluss: Sie haben eine, selbst wenn sie nur in Ihrer Vorstellung existiert. Stellen Sie sich eine höhere Macht vor, die Ihr Herz mit Frieden erfüllt. Facettenreich, ein Licht in der Dunkelheit, dem Leben zugewandt. Sie verkörpert alle Eigenschaften, die Sie am meisten bewundern: Empathie, Mitgefühl, Güte. Ein guter Geist, der Sie auf Schritt und Tritt begleitet und vor Schaden bewahrt. Und siehe da, Sie haben eine Konstante.

Wenn Sie Ihre Konstante entdeckt haben (greifbar oder in Ihrer Vorstellung), sollten Sie sich Folgendes fragen. Weckt Ihre Konstante in Ihnen das Gefühl, verunsichert zu sein? Löst sie Ängste aus? Eifersucht? Schlägt Ihnen das Herz bis zum Hals, weil sie nicht auf

Augenhöhe, sondern von oben herab mit Ihnen spricht? Und neigen Sie in Abwesenheit Ihrer Konstanten dazu, ihr Verhalten zu analysieren und sich Verteidigungsstrategien gegen hypothetische Anschuldigungen zurechtzulegen?

Natürlich nicht.

Warum ist das so? Und warum kann ein einziger destruktiver Mensch Sie dazu bringen, alles Gute in Ihrem Leben in Zweifel zu ziehen? Was unterscheidet Ihre Konstante von den Menschen, die in Ihnen das Gefühl hervorrufen, nichts wert zu sein?

Sie stehen nicht allein da, wenn Sie diese Fragen noch nicht schlüssig beantworten können. Und genau das ist das Gute daran. Sie müssen nicht verstehen, warum Sie sich in der Gesellschaft eines bestimmten Menschen unwohl fühlen. Sie haben eine Konstante in Ihrem Leben, etwas von unveränderbarem Wert; das ist alles, was Sie wissen müssen. Die Entwicklung Ihres Selbstwertgefühls kommt später.

Ihre Konstante ist eine ganz persönliche Erinnerungshilfe, dass Sie nicht verrückt sind, selbst wenn es sich so anfühlt, als müssten Sie die Last der ganzen Welt auf Ihren Schultern tragen. Im Laufe der Zeit werden Sie mit ihrer Hilfe beginnen, die Leute herauszufiltern, die Ihnen ein schlechtes Gefühl vermitteln. Sie werden erkennen, dass Sie sich ihrem negativen Einfluss nicht aussetzen müssen, weil es eine Konstante in Ihrem Leben gibt, die das Beste in Ihnen zum Vorschein bringt.

Sobald Sie mit diesem Konzept vertraut sind, werden Sie bereit sein, die wichtigste Frage von allen zu stellen: Sollte ich diesen Seelenfrieden nicht bei jedem finden, der einen Platz in meinem Leben einnimmt?

Absolut. Das Abenteuer wartet, machen wir uns also auf den Weg.

DER SEELENGEFÄHRTE NACH MASS

Vielleicht das größte Übel der Psychopathen, an Hinterhältigkeit nicht zu überbieten: der Beziehungszyklus, ein Teufelskreis, der dazu dient, systematisch und mit Vergnügen die Identität ihrer ahnungslosen Opfer zu zerstören. Eine eiskalt einkalkulierte emotionale Vergewaltigung.

Die personalisierte Charme-Offensive

Psychopathen zielen darauf ab, sich perfekte Partner heranzuziehen. Innerhalb weniger Wochen übernehmen sie die Kontrolle über Ihr ganzes Leben, vereinnahmen mit dem größten Vergnügen Ihren Körper, Ihren Geist und Ihre Seele. Schlussendlich sollen Sie ja zur aktuellen Quelle endloser Bewunderung und Lobgesänge werden – doch dieses Vorhaben ist nur dann von Erfolg gekrönt, wenn Sie sich unsterblich verlieben. Dann ist Ihr Herz für jeden Vorschlag offen, der von ihnen kommt. In diesem Prozess, der darauf angelegt ist, Ihr Herz zu gewinnen, gibt es drei Schlüsselkomponenten: Idealisierung, indirekte Gehirnwäsche und Sondieren des Terrains.

Idealisierung

Die Idealisierungsphase in einer psychopathischen Beziehung verläuft völlig anders als alles, was Sie bisher erlebt haben. Sie verlieren dabei die Bodenhaftung, verirren sich in einer glühenden Fantasievorstellung von jemandem, der Sie auf jeder Ebene fesselt – emotional, spirituell und sexuell. Ihm gilt Ihr erster Gedanke morgens nach dem Aufwachen, und Sie warten darauf, den Tag mit seinen aufmunternden, witzigen Textnachrichten zu beginnen. Schon bald stellen Sie fest, dass Sie die Zukunft mit ihm planen – und die langweiligen Realitäten des Alltags ausblenden. Nichts davon ist mehr wichtig. Sie haben den Partner gefunden, mit dem Sie den Rest Ihres Lebens verbringen möchten.

Während das alles in Ihrem Herzen vorgeht, gehen Psychopathen ganz andere Gedanken durch den Kopf: »Gut gemacht. Es klappt.«

Psychopathen empfinden nie wirklich das, was sie vorgeben. Sie beobachten, spiegeln Ihre Gefühle und erwecken konsequent den Anschein, als befänden sie sich bei diesem emotionalen Höhenflug auf der gleichen Wellenlänge.

Denn sie wissen: je höher hinauf, desto tiefer der Fall.

Die Idealisierung ist der erste Schritt in der Charme-Offensive von Psychopathen. Einer Liebesbombardierung gleich, setzen sie damit binnen kürzester Zeit Ihre Verteidigungsmechanismen außer Kraft, entschlüsseln den Code zu Ihrem Herzen und lösen eine chemische Veränderung in Ihrem Gehirn aus, um die Lustzentren süchtig nach dem Sperrfeuer zu machen. Die exzessiven Schmeicheleien und Komplimente spielen auf der Klaviatur Ihrer tief verwurzelten Eitelkeiten und Unsicherheiten – Eigenschaften, von denen Sie vermutlich gar nicht wussten, dass Sie sie besitzen.

Ein Psychopath füttert Sie mit ständigem Lob und Aufmerksamkeiten per Handy, Facebook Timeline und Mailbox. Binnen weniger Wochen ist ein Repertoire von Scherzen, Kosenamen und Lieblingsliedern entstanden, nur für Sie beide. Rückblickend erkennen Sie, wie abartig das Ganze war. Doch solange Sie mittendrin stecken, können Sie sich ein Leben ohne ihn nicht mehr vorstellen.

Wie ist ihm das gelungen?

Abgesehen von Geschenken und Gedichten setzen Psychopathen eine breit gefächerte Palette von Gehirnwäsche-Techniken ein, um Sie im Sturm zu erobern. Während des Idealisierungsprozesses rücken sie sechs wichtige Punkte in den Vordergrund.

1. Wir haben so viele Gemeinsamkeiten!

Wir teilen die gleiche Weltsicht. Wir haben den gleichen Sinn für Humor. Wir sind beide ungeheuer empathisch, helfen ständig unseren Freunden und Familienangehörigen. Wir passen perfekt zusammen.

Der Psychopath hämmert Ihnen diese Argumente ein und geht oft sogar so weit zu behaupten: »Wir sind aus dem gleichen Holz geschnitzt.« Während der Charme-Offensive beobachtet und ahmt er Ihr Verhalten nach. Er macht sich Ihre Eigenschaften zu eigen, scheint fast eine »optimierte« Version der Opfer zu werden, die er ins Visier nimmt – er wählt dabei die positiven Charaktermerkmale aus, jedoch ohne die lästigen Emotionen, die damit einhergehen. Aber das ist alles sorgfältig geplant, ein Teil der Inszenierung. Diese überhöhten, gespiegelten Eigenschaften, die er der Außenwelt zeigt, sind nichts weiter als eine Fassade. Er versteht nicht wirklich etwas von den Eigenschaften und Gefühlen, die er imitiert. Er schafft es lediglich, eine oberflächliche, schmeichelhafte Kopie der Persönlichkeitsmerkmale seiner Opfer zu präsentieren. Nichts weiter. Nichts, was von Tiefe, Einfühlsamkeit und Empathie geprägt ist, die mit echter Menschlichkeit verbunden sind. Wie alles andere, was er zu bieten hat, sind seine Raubkopien hohl und leer.

Der Psychopath verbringt einen Großteil der Idealisierungsphase damit, aufmerksam zuzuhören und mit Nachdruck zum Ausdruck zu bringen, dass er genauso empfindet wie Sie. Irgendwann gelangen Sie zu der Schlussfolgerung, dass Ihnen nie wieder jemand begegnen wird, der genauso ist wie Sie. Und Sie haben recht –

weil zwei völlig identische Menschen in der Realität unmöglich sind (und in geklonter Form gruselig wären).

Normale Menschen unterscheiden sich voneinander. Das macht das Leben überhaupt erst interessant. Doch Psychopathen können diese Komplikation ausblenden, weil sie keine festgefügte Identität besitzen. Ihnen mangelt es an Selbstempfinden. Ihnen fehlen die Lebenserfahrungen, die ihre Bedürfnisse, Unsicherheiten und Fantasien prägen. Stattdessen eignen sie sich die Ihren an. Wie ein Chamäleon stimmen sie jeden Aspekt ihrer Persönlichkeit auf den ihrer Opfer ab, um den Eindruck zu erwecken, dass sie perfekt zu ihnen passen.

2. Wir haben die gleichen Hoffnungen und Träume

Der Psychopath beherrscht nicht nur Ihr gesamtes gegenwärtiges Leben, sondern bemächtigt sich auch Ihrer Zukunft. Um den Einsatz zu erhöhen, gibt er langfristige Versprechen ab. Damit sorgt er dafür, dass Sie sich voll in die Beziehung einbringen. Wer investiert schließlich in eine Romanze, die keine Zukunft hat?

Der Psychopath geht sogar noch einen Schritt weiter und macht Ihnen innerhalb kürzester Zeit einschneidende Lebensereignisse wie Heirat und Umzug in eine gemeinsame Wohnung schmackhaft. In einer normalen, intakten Beziehung werden solche Entscheidungen in der Regel nach Jahren reiflicher Überlegung getroffen. Aber so viel Zeit brauchen Sie nicht. Sie wissen bereits, dass Sie den Rest Ihres Lebens mit Ihrem Traummann verbringen wollen. Falls Sie schon immer von einer Familie und Kindern geträumt haben, ist er die ideale Besetzung für die Rolle des Vaters und Ehemanns. Wenn Sie mit dem Gedanken spielen, eine eigene Firma zu gründen, ist er als Ihre rechte Hand unentbehrlich. Wenn Sie in

Ihrer Ehe unglücklich sind, hat er bereits einen Plan in der Schublade, der darauf abzielt, Ihren Partner zu ersetzen. (Möglicherweise entdecken Sie erst später, dass diese Pläne stets einen Tribut fordern – von Ihnen, wohlgemerkt.)

3. Wir leiden unter den gleichen Unsicherheiten

Der Psychopath würde Ihre Schwachstellen nie ausdrücklich erwähnen, hat sie aber in Sekundenschnelle aufgespürt. Danach spiegelt er Ihre Unsicherheiten, um Sympathiepunkte zu sammeln – damit Sie bereit sind, seine Probleme mit derselben Umsicht in Angriff zu nehmen, die Sie für sich selbst erhoffen.

Als empathischer Mensch haben Sie die natürliche Neigung, Menschen Mut zuzusprechen, die leiden oder verletzlich sind. Dieser Hang wird noch verstärkt, wenn Sie in den Unsicherheiten einer anderen Person Ihre eigenen erkennen. Sie merken, dass jemand unter Minderwertigkeitskomplexen leidet, und glauben aus eigener Erfahrung zu wissen, wie Sie dazu beitragen können, ihm ein besseres Gefühl zu vermitteln.

Der Psychopath scheint Ihre Bemühungen aufrichtig zu schätzen. Er vergleicht Sie mit seinen Verflossenen, hebt Sie auf ein Podest. Er lobt Ihre Fürsorglichkeit in höchsten Tönen, was bei Ihnen das Bedürfnis auslöst, im Gegenzug noch mehr für ihn zu tun. Sie haben das Gefühl, dass die Anstrengungen, die Sie unternehmen, entsprechend gewürdigt werden, und möchten ihm in zunehmendem Maß beweisen, wie sehr Ihnen sein Wohl am Herzen liegt. Sie nehmen seine Unsicherheiten wahr und sehen darin einen Beweis, dass er genauso authentisch, offen, verletzlich und einfühlsam ist wie Sie – und somit Ihre Hilfe verdient. Psychopathen betrachten Unsicherheiten jedoch aus einer völlig anderen Perspektive: Sie sehen darin ein Werkzeug, um ihre Opfer zu manipulieren und Kontrolle über sie zu gewinnen.

4. Wer ist die Schönste im ganzen Land?

Der Psychopath ist geradezu besessen von dem äußeren Erscheinungsbild, das Sie bieten. Sie werden nie mehr einem Menschen begegnen, der so häufig von Ihrer Garderobe, Ihrer Frisur, Ihrer Haut, den Fotos von Ihnen oder irgendwelchen anderen oberflächlichen Merkmalen schwärmt, denen an einem bestimmten Tag seine ganze Aufmerksamkeit gilt. Zunächst fühlen sich seine Worte wie Komplimente an. Er scheint es kaum fassen zu können, dass Ihre Wahl auf ihn gefallen ist, und vermittelt Ihnen den Eindruck, jemanden wie Sie nicht verdient zu haben. Er sagt beispielsweise, dass er beim Spaziergang im Park keine Frau entdeckt hat, die attraktiver ist als Sie (wie man das als Kompliment auffassen kann, erschließt sich mir nicht so ganz).

Ausgehend von der Vorstellung, dass er an Minderwertigkeitsgefühlen leidet, beginnen Sie, die Komplimente in vollem Umfang zu erwidern. Sie wollen sichergehen, dass er das Gefühl hat, Ihnen absolut ebenbürtig zu sein – er soll begreifen, wie attraktiv Sie ihn finden. Und genau das hat er bezweckt. Der Psychopath weiß: Wenn er Sie mit Komplimenten überschüttet, kann er davon ausgehen, dass Sie binnen kürzester Zeit auf Gleiches mit Gleichem reagieren. Die Beziehung entwickelt sich zu einem endlosen Austausch von Lob und Anerkennung.

Sie fangen an, Ihre Selbstachtung an seinen Worten zu verankern, weil sie so verlässlich positiv sind. Sie spüren direkt, wie Sie aufblühen. Ihr Körper verändert sich mit dem wachsenden Selbstvertrauen. Sie verbringen immer mehr Zeit damit, Ihr äußeres Erscheinungsbild zu »optimieren«, um ihn auch weiterhin zu beeindrucken.

5. So etwas habe ich noch nie empfunden

Und hier beginnen die Vergleiche. Sie stehen in der Wertschätzungsskala des Psychopathen ganz oben, weit über all seinen bisherigen Beziehungen. Er beschreibt – in allen Einzelheiten – die Gründe, warum Sie besser abschneiden als Ihre Vorgängerinnen. Er kann sich nicht erinnern, wann er das letzte Mal so glücklich war.

Sie bekommen vermutlich mitreißende Erklärungen zu hören wie »Kaum zu glauben, was für ein Glückspilz ich bin«. Solche Aussagen sind wohlüberlegt, sie zielen auf Ihr angeborenes Bedürfnis ab, andere glücklich zu machen. Damit will er Sie überzeugen, dass Sie ihm Glücksmomente ganz besonderer Art schenken, die er bei keinem anderen Menschen erlebt. Dieses Kompliment verbuchen Sie auf der Liste der Eigenschaften, auf die Sie stolz sein können – in dem Wissen, dass Sie es sind, die er begehrt, trotz seiner zahlreichen weiblichen Bewunderer.

Der Psychopath erwähnt immer wieder, dass Sie absolut »perfekt« und »vollkommen« sind; diese Taktik wird zu einer Quelle der kognitiven Dissonanz, die Sie überfordert, wenn sich die wohltuenden Worte später unvermeidlich ändern und durch Beleidigungen wie »verrückt« und »eifersüchtig« ersetzt werden. Wenn Sie Ihre Erinnerungen genauer durchforsten, werden Sie erkennen, dass seine Komplimente schon immer maßlos übertrieben und berechnend waren. Psychopathen wenden diese Taktik bei jedem ihrer Opfer an. Die Idealisierungsphase verläuft bei jeder Zielperson, die sie ins Visier nehmen, anders. Doch eines gilt für alle Partnerbeziehungen, die sie kurzfristig eingehen: Sie haben so etwas wirklich »noch nie empfunden«, genau wie sie immer wieder beteuern. Doch das liegt daran, dass sie unfähig sind, überhaupt jemals Liebe und Glück zu empfinden. Sie pendeln auf der Skala der Gefühle ständig zwischen Verachtung, Neid und Langeweile hin und her. Mehr ist nicht drin.

6. Wir sind Seelengefährten

Psychopathen verweisen gern auf das Konzept der Seelenverwandtschaft. Es deutet auf etwas hin, das mehr ist als Liebe im herkömmlichen Sinn. Es deutet an, dass hier höhere Mächte am Werk sind: dass Sie füreinander bestimmt sind. Und es ist nützlich, um Sie voll und ganz zu vereinnahmen – mit Körper, Geist und Seele. Es schafft eine psychische Bindung, die noch lange nach Beendigung der Beziehung andauert.

Vielleicht sehnt sich ein kleiner Teil von uns allen nach einem Seelengefährten, nach dem perfekten Partner, der unser Leben abrundet, jemandem, mit dem wir alles teilen können, der Geliebter und bester Freund zugleich ist.

Dagegen ist nichts einzuwenden. Ich kann nicht oft genug betonen: Psychopathen manipulieren Ihre Träume und Fantasien, doch dadurch sind Ihre Träume und Fantasien weder außer Kraft gesetzt noch ein Anzeichen von Schwäche.

Nachdem sie von einem Psychopathen sang- und klanglos abserviert wurden, haben viele Opfer ihr vorheriges Leben pauschal abgewertet und permanente Schutzmechanismen gegen künftige emotionale Übergriffe errichtet. Bitte verzichten Sie darauf.

Wenn Sie an Seelengefährten glauben, werden Sie jemanden finden, der diesen Namen wirklich verdient. Sie werden einem Menschen begegnen, der einfühlsam und liebevoll ist. Sie werden Ihr

Herz seinetwegen nie auf den Prüfstand stellen müssen. Ihre Liebe wird von allein wachsen und gedeihen, ohne künstlich erzeugte Intensität. Der Psychopath war nicht Ihr Seelengefährte und wird es niemals werden. Um Ihr Seelengefährte zu sein, müsste er ja eine Seele besitzen.

Nach Ihrem Blick in die »Trickkiste« sind Sie möglicherweise wütend auf sich selbst, weil Sie auf sein falsches Spiel hereingefallen sind. »Wie konnte ich nur so dumm sein?«, fragen Sie sich vielleicht. Bitte gehen Sie nicht zu hart mit sich ins Gericht. Machen Sie sich vielmehr bewusst, dass Sie zahlreiche gute Eigenschaften besitzen und gerade deshalb in sein Beuteschema passten. Das perfekte Opfer des Psychopathen ist idealistisch, versöhnlich, großherzig und romantisch. Die meisten seiner Zielpersonen sind sehr wählerisch, was die Partnersuche betrifft, fühlen sich oft einsam und sind frustriert angesichts der Dating-Szene. Wenn dann jemand ihren Weg kreuzt, der ihre schönsten Träume spiegelt, bringen sie sich mit Leib und Seele in die Beziehung ein.

Sie investieren also alles, was Sie haben – emotional, finanziell und physisch. Sie beginnen sich rasch wohlzufühlen in Ihrem Zustand der Offenheit, denn der Psychopath beherrscht die Kunst der Eroberung, legt es darauf an, Sie zu überzeugen, dass Sie den »Mann fürs Leben« gefunden haben. Damit schafft er bei Ihnen auf Anhieb eine Bindung, die sich auf Vertrauen und Nähe stützt.

Sobald er den Entwertungsprozess einleitet, versuchen Sie, die Schuld für alle unliebsamen Vorkommnisse in der Beziehung auf sich zu nehmen, um das in Ihrem Gedächtnis gespeicherte Bild des perfekten Menschen wiederherzustellen, der behauptet hat, Ihr Seelengefährte zu sein. Deshalb ist es so wichtig, die Wahrnehmung zu schärfen und die Warnsignale zu erkennen, die auf eine psychopathische Persönlichkeitsstörung hinweisen. Fehlen diese Bausteine im Puzzle, mag die Annahme, dass es diesen Seelengeführten irgendwann gab und dass er wieder zum Vorschein kommt, wenn Sie ihm genug Liebe und Fürsorge angedeihen lassen, durchaus gerechtfertigt sein. Doch sobald wir mit den Merkmalen der Psychopathie vertraut sind, wird uns klar, dass diese Person nie wirklich existiert hat. Es handelte sich um ein Spiegelbild – eine genaue Kopie all dessen, was wir uns von einem Partner wünschen. Wenn es Psychopathen nicht mehr gelingt, andere mit diesem Element zu überraschen, wird sich die Anzahl ihrer potenziellen Opfer erheblich verringern.

Indirekte Gehirnwäsche

Nach der Idealisierungsphase beginnt die Konditionierung Ihres Verhaltens. Mittels einer indirekten Gehirnwäsche gelingt es Psychopathen, ihre Opfer gefügig zu machen und ihr Verhalten durch subtile Vorschläge in die beabsichtigte Richtung zu lenken. Dabei geben sie sich den Anschein, als könnten sie kein Wässerchen trüben, sodass Ihnen kaum jemand glauben würde, wenn Sie sagen: »Er hat es darauf angelegt, diese Gefühle bei mir auszulösen.«

Eine Methode, auf die Psychopathen zurückgreifen, ist die Art, Komplimente zu machen. Sie beleidigen ihre Verflossenen, um ihrem aktuellen Opfer zu schmeicheln, aber in Wirklichkeit steuern sie damit dessen Verhalten. Wenn sie beispielsweise sagen: »Das war typisch für meine Ex, aber zum Glück bist du ganz anders«, bedeutet das im Klartext, dass sie Ihnen ein bestimmtes Verhalten *dringend nahelegen*. Das ist kein echtes Kompliment, sondern vielmehr eine verdeckte Warnung, dass Sie ebenfalls kaltgestellt werden, wenn Sie eine der vermeintlichen Verhaltensweisen Ihrer Vorgängerin wiederholen. Die Ex-Partnerin hat vermutlich keine dieser Verhaltensweisen an den Tag gelegt. Der Psychopath sieht darin lediglich eine Möglichkeit, Ihnen unterschwellig vorzuschreiben, wie Sie sich zu verhalten haben. Hier einige weitverbreitete Beispiele:

- »Meine Ex und ich haben immer gestritten. Wir streiten uns nie.«
- »Meine Ex hat mich ständig angerufen. Du bist zum Glück nicht so bedürftig oder nervig.«
- »Meine Ex hat mir ständig in den Ohren gelegen, mir Arbeit zu suchen. Du bist viel verständnisvoller.«

Ich möchte noch einmal darauf hinweisen: Das sind keine Komplimente. Das sind unterschwellige Erwartungen (mit denen er Sie manipuliert). Der Psychopath hat eine Checkliste mit menschlichen Eigenschaften und Gefühlen erstellt, die ihn stören, und nun setzt er Ihnen die Idee in den Kopf: Sprich diese Dinge besser niemals an, sonst …

Wenn es zu Meinungsverschiedenheiten kommt, versuchen Sie, den Streit so schnell und so friedlich wie möglich zu beenden, denn schließlich wollen Sie ja nicht so sein wie seine Ex. Wenn Sie drei Tage lang nichts von ihm gehört haben, rufen Sie bewusst nicht an, denn schließlich wollen Sie ja nicht so sein wie seine Ex. Wenn er den ganzen Tag auf der Couch hockt, obwohl er seit einem halben Jahr arbeitslos ist, lassen Sie kein Wort darüber verlauten, denn schließlich wollen Sie ja nicht so sein wie seine Ex.

Bei der kleinsten Abweichung von seinen Plänen oder Erwartungen werden Sie der Schweigetortur unterzogen oder mit einer ätzenden Bemerkung über Ihr verändertes Verhalten abgestraft – um Ihnen vor Augen zu führen, dass die Idealisierungsphase jederzeit enden kann.

Deshalb empfinden Sie nach dem jähen Ende der emotional traumatischen Beziehung unbändige Wut auf Ihren Peiniger. Sie haben Ihre Intuition und Ihre eigenen Bedürfnisse ignoriert, um »nett« zu sein. Sie haben sich bemüht, seinen Vorstellungen zu entsprechen und alles für ihn zu tun, haben ihm eine Vorzugsbehandlung zuteilwerden lassen, die ihm niemand sonst bieten kann. Und dann nimmt er plötzlich wieder Kontakt zu den Leuten auf, über die er zu lästern pflegte. In der Zwischenzeit unterdrückten Sie den Impuls, ihm zu sagen, er solle sich endlich einen neuen Job suchen, sich häufiger bei Ihnen melden oder sich einfach nur bemühen, ein guter Partner zu sein. Sie haben das alles ausgeblendet, weil Sie glaubten, das sei die einzige Möglichkeit, die Beziehung fortzusetzen, seine guten Seiten zu fördern.

Sie sollten sich jedoch vor Augen halten, dass normale, empathische Menschen diejenigen, die sie lieben, nicht mit anderen vergleichen. Und sie führen mit Sicherheit keine Strichliste über die Vorteile ihrer Beziehung, damit alle Beteiligten einen Blick darauf werfen können. Wenn man wirklich liebt, muss man weder sich selbst noch andere überzeugen, dass diese Erfahrung besser ist als alle bisherigen Erfahrungen. Und wenn die Liebe erlischt, muss man weder sich selbst noch andere überzeugen, dass diese Erfahrung schlimmer als alle bisherigen Erfahrungen war.

Aber genau das tun Psychopathen. Jedes Mal aufs Neue. Weil es sich dabei in Wirklichkeit um eine strategische Möglichkeit handelt, Ihr Verhalten unterschwellig zu beeinflussen.

Keine Unterstützung

Psychopathen überschütten Sie mit Lob und Schmeicheleien, um Ihr Vertrauen zu gewinnen. Wenn Sie emotionale Unterstützung brauchen, reagieren sie in der Regel mit hohlen Phrasen – oder ignorieren Sie vollständig. Im Lauf der Zeit werden Sie mithilfe dieser Strategie darauf konditioniert, sie nicht mit Ihren Gefühlen zu nerven, auch dann nicht, wenn Sie ein wenig Beistand gebrauchen könnten, beispielsweise angesichts eines tragischen Ereignisses oder während einer Krankheit. Irgendwann fällt Ihnen plötzlich auf, dass Sie nie etwas anderes zum Ausdruck bringen dürfen als Lob und Anerkennung. Und selbst dann verliert die Beziehung schon nach kürzester Zeit ihren Reiz, und sie ziehen weiter zur nächsten Zielperson. Da sie unfähig sind, Kummer und Leid nachzuempfinden, können Psychopathen auch in schwierigen Zeiten kein echtes Mitgefühl aufbringen. Deshalb fühlt sich ihre »Unterstützung« immer oberflächlich und bestenfalls mechanisch an.

Die »verrückte« Ex

Psychopathen reden oft über ihre Verflossenen – mehr, als ein mental gesunder Mensch in einer neuen Partnerschaft sollte. Nachdem sie anfangs darauf hingearbeitet haben, den Eindruck zu erwecken, Sie wären seine Traumfrau, gehen sie rasch dazu über, Geschichten über ihre boshafte Ex zu erzählen, die rasend eifersüchtig und neidisch auf die leidenschaftliche neue Beziehung mit Ihnen ist. Da diese Geschichten auf reiner Erfindung beruhen, können und werden sie sich mit absoluter Sicherheit im Handumdrehen ändern. An einem Tag ist die Ex bipolar, am nächsten Tag die allerbeste Freundin und am Ende verrückt und hysterisch. Und es wird nicht lange dauern, bis die Geschichte von der »verrückten Ex« eingesetzt wird, um ein neues Opfer anzulocken.

»Meine Ex ist bipolar«

Begriffe wie »bipolar« als Schimpfwort zu benutzen ist genauso infam, als würde man »zuckerkrank« verwenden, um einen Diabetiker zu beleidigen. Eine bipolare Störung ist eine schwere, chronisch verlaufende psychische Erkrankung, die mit spezifischen Symptomen einhergeht und viel komplexer ist als »Launenhaftigkeit, die ich nicht ausstehen kann«. Sie wird auch als manisch-depressive Erkrankung bezeichnet, für die extreme Stimmungsschwankungen in Form von ständig wechselnden Episoden des Hochgefühls und der tiefsten Niedergeschlagenheit charakteristisch sind. Eine bipolare Störung ist real, aber wie groß ist die Wahrscheinlichkeit, dass die Ex-Partnerin tatsächlich davon betroffen sein könnte? Es ist eher vorstellbar, dass es sich um eine üble Unterstellung handelt, die darauf abzielt, Mitleid bei Ihnen zu wecken. Es sollte Sie daher nicht überraschen, dass Sie nach dem Ende der Beziehung ebenfalls in dieser Schublade landen.

Wenn Sie nach einer Trennung völlig unverhofft und zum allerersten Mal in Ihrem Leben als »bipolar« eingestuft werden, sollten Sie gründlich nachdenken, bevor Sie die Diagnose akzeptieren – vor allem wenn sie von Ihrem Ex-Partner stammt.

»Bipolar« ist eine perfekte Bezeichnung für das ideale Opfer eines Psychopathen. Wenn Sie heiter und optimistisch sind, werden diese Eigenschaften Ihrer »Manie« zugeschrieben. Und die vollkommen nachvollziehbare Niedergeschlagenheit als Reaktion auf die emotionalen Übergriffe wird als »Depression« gewertet. Während der Idealisierungsphase, als der Psychopath noch seinen Charme spielen ließ und jedes Ihrer Persönlichkeitsmerkmale spiegelte, schwebten Sie auf Wolke sieben. Das Leben war voller Verheißungen. Doch dann begann er, Sie ständig zu kritisieren und zu betrügen, sodass Sie völlig aufgelöst waren und nah am Wasser gebaut hatten. Daraufhin wurden Sie mit Schweigen bestraft, während er seine Aufmerksamkeit neuen und ehemaligen Freundinnen zuwandte, ohne einen Hehl daraus zu machen. War das der Auslöser für ein emotionales Tief? Na bitte! Himmelhoch jauchzend, zu Tode betrübt: Ist doch klar, dass Sie bipolar sind!

Mir graut bei dem Gedanken an die Anzahl der Opfer, die sich auf der Grundlage von gezielt ausgelösten Stimmungsschwankungen eine Fehldiagnose gestellt haben. Die meisten Betroffenen stellen fest, dass es ein oder zwei Jahre dauert, bis die Gemütslage wieder völlig stabil ist. Bis zu diesem Zeitpunkt sollten Sie bei der Beurteilung, was mit Ihnen nicht stimmt, sehr zurückhaltend sein.

Noch eine kurze Anmerkung: Es gibt Millionen Menschen, die tatsächlich unter einer bipolaren Störung leiden. Wenn Sie sich aufrichtig Sorgen um Ihre mentale Gesundheit machen, empfehle ich Ihnen dringend, professionelle Hilfe in Anspruch zu nehmen und sich nicht auf die »Diagnose« eines Ex-Partners zu verlassen, dessen Verhalten Sie veranlasst hat, dieses Buch zu lesen.

»Meine Ex ist verrückt und hysterisch«

Und es lohnt sich definitiv nicht, auch nur einen Gedanken daran zu verschwenden, wie sie so geworden ist, richtig? Dennoch sollten wir einen Blick darauf werfen. Es handelt sich um eine herabwürdigende Aussage, die zwei Rückschlüsse zulässt:

1. *Die Ex-Partnerin war allem Anschein nach immer verrückt und hysterisch, aber aus irgendeinem unerfindlichen Grund hat er beschlossen, sich trotzdem mit ihr einzulassen.* Klingt ziemlich gestört, oder?
2. *Irgendetwas hat sich während der Beziehung verändert und die Ex zu ihrem Verhalten veranlasst.* Was genau könnte wohl der Auslöser sein? Hat sich bei ihr eines Tages ein Schalter umgelegt? Oder hatte es mit der sogenannten Triangulierung, sprich der Einbeziehung einer dritten Person in die Paarbeziehung, den Lügen, der Manipulation und der fortwährenden Kritik zu tun? Wenn Ihnen jemand erzählt, seine Ex sei »verrückt«, sollten Sie einen Schritt zurücktreten und *gründlich* nachdenken.

Diese Charakterbeschreibung dient noch einem anderen Zweck: Sie soll Ihnen Aufschluss darüber geben, was als »annehmbares« Verhalten gilt. »Verrückt« und »hysterisch« sind Bezeichnungen, die herabsetzen, kleinmachen und abweisen. Der Psychopath deutet damit auch hier wieder an, dass die Reaktionen dieser Person völlig überzogen sind – und Sie deshalb tunlichst vermeiden sollten, sich genauso aufzuführen. Seine Strategie zielt unterschwellig darauf ab, unliebsame Reaktionen zu vermeiden und damit auch zu verhindern, dass Sie für sich selbst und Ihre eigenen Bedürfnisse eintreten. Wenn er Sie dazu bringt, an Ihrem gesunden Menschenverstand zu zweifeln, kann er von seinem eigenen übergriffigen Verhalten ablenken.

»Meine Ex ist verbittert«

Aha! Ehrlich, was soll das? Das ist so, als würde man jemandem einen Kinnhaken verpassen und sagen: »Jetzt sei nicht sauer.« Klar, dass die Person nach einem Schlag ins Gesicht entrüstet ist. Wenn solche Misshandlungen an der Tagesordnung sind, ist die Verbitterung dann unangemessen?

Auch hier geht es wieder um Entwertung und Zurückweisung. Nach seinem übergriffigen Verhalten, den Lügen und Psychospielchen erwartet der Psychopath von seinem Opfer, dass es kuscht oder kriecht. Das war's dann. Jedes Anzeichen von Wut oder Fassungslosigkeit wird mit Verbitterung gleichgesetzt. Diese Taktik benutzt der Psychopath, um bei seiner neuen Flamme die Mitleidsmasche abzuziehen, sich darüber zu beklagen, dass seine Ex kindisch und nachtragend ist, wobei er alle Einzelheiten zu erwähnen vergisst, die auf einen berechtigten Grund für die Verbitterung hindeuten könnten.

»Meine Ex ist eifersüchtig und liebt mich noch immer«

Erstens, wer prahlt schon mit einer solchen Aussage? Sie ist abstoßend und zeugt, selbst wenn sie zutrifft, von einer so starrköpfigen Arroganz, dass sie in einer romantischen Beziehung, gleich welcher Art, vermieden werden sollte.

Wenn wir tiefer graben, sollten wir uns auch fragen, *warum* die Ex-Partnerin eifersüchtig und nach wie vor in ihn verliebt ist. Psychopathen tragen ihre neue Eroberung schon wenige Tage nach dem Ende der alten Beziehung öffentlich zur Schau. Und nun raten Sie mal, was sie damit auslösen. Richtig: Eifersucht.

Psychopathen verstricken ihre liebenden Opfer gezielt in eine toxische, von Verzweiflung geprägte Beziehung. Und das Problem bei einer Leidenschaft, die zuerst idealisiert und dann abrupt entwertet wurde, ist, dass diese intensiven Gefühle lange andauern und obsessiv werden können. Psychopathen verführen ihre Opfer so gekonnt, dass diese Tag und Nacht an sie denken, um ihnen dann ohne Vorwarnung, von einem Augenblick auf den anderen, den Teppich unter den Füßen wegzuziehen. Da sie sich aufgrund ihres fortwährenden Stimulationsbedürfnisses schnell langweilen und unfähig sind, echte zwischenmenschliche Bindungen einzugehen, ist der abrupte Wechsel für sie ein Kinderspiel. Auf die Opfer hat er verheerende Auswirkungen. Sie versuchen verzweifelt, per SMS eine Erklärung einzufordern, ohne zu ahnen, dass ihre hektischen Kommunikationsversuche als »Beweis« für ihre Unzurechnungsfähigkeit dienen und Mitgefühl bei der nächsten Zielperson wecken sollen. Die Opfer bleiben auf der Strecke, mit gebrochenem Herzen, lähmender Verunsicherung, dem Bedürfnis, sich zu verteidigen, Minderwertigkeitsgefühlen und Millionen unbeantworteter Fragen. Deshalb dauert es so lange, über die Beziehung zu einem Psychopathen hinwegzukommen.

Diese angebliche Eifersucht dient außerdem dazu, der neuen Zielperson das Gefühl zu vermitteln, etwas ganz Besonderes zu sein – die Auserwählte im großen Kreis der weiblichen Bewunderer. Der Psychopath reiht die gefügigen Verflossenen mit dem größten Vergnügen in die Schar ein, um den Anschein zu erwecken, er sei immer und überall heiß begehrt.

»Meine Ex war der Horror!«

Jeder könnte vermutlich Horrorgeschichten über seine Ex-Partner erzählen. Das ist völlig normal. Normal ist aber nicht, wenn der Name der Verflossenen so häufig fällt, dass es sich anfühlt, als wäre sie Teil der neuen Beziehung. Es ist auch nicht normal, wenn jemand kein gutes Haar an seiner Ex lässt und sich dann jeden Tag mit ihr trifft. Vertrauen Sie Ihrer Intuition, und denken Sie daran, dass Psychopathen ihre Verflossenen als Mittel zum Zweck benutzen, um Sie zu manipulieren und einer Gehirnwäsche zu unterziehen.

Fazit: Jemand, der so häufig und so negativ über seine Ex spricht, ist – bestenfalls – nicht reif für eine echte Beziehung. Schlimmstenfalls versucht er, damit Ihre Gedanken zu steuern und Sie gegen Personen auszuspielen, denen Sie nie begegnet sind. Und Sie können sicher sein, dass er bei allen, denen er die Rolle des Bauernopfers in seinen endlosen Schachpartien zugedacht hat, über Sie genauso lästert.

Das Terrain sondieren

Sobald Sie programmiert wurden, beginnt der Psychopath, mit seiner neu entdeckten Kontrolle zu experimentieren, um zu sehen, wie weit er damit gehen kann. Nützliche Opfer widersprechen nicht und verzichten erst recht darauf, sich zu verteidigen, selbst in Situationen, in denen es angebracht wäre. Wenn die Idealisierungsphase nach Plan verlaufen ist, legen Psychopathen wahrscheinlich mehr Wert auf den Erhalt der leidenschaftlichen Beziehung als auf die Fähigkeit, für sich selbst einzustehen.

In dieser Zeit werden Sie hin und wieder einen flüchtigen Blick auf die dunklere Seite des Psychopathen erhaschen. Vielleicht bezeichnet er Sie im Schlafzimmer scherzhaft als »Schlampe«, um zu sehen, wie Sie reagieren. Wenn Sie anderweitig gebunden sind, fügt er vielleicht eine spöttische Bemerkung über den gehörnten Ehemann ein, der nichts von der Affäre ahnt. Und er beginnt mit kleinen unterschwelligen Sticheleien in Bezug auf Ihre Intelligenz, Ihre Fähigkeiten und Ihre Träume.

Damit unterzieht er Sie einem Test, und da Sie dieses Buch in den Händen halten, bedeutet das leider, dass Sie ihn bestanden haben. Falls Sie negativ darauf reagieren, wird Ihnen der Psychopath versichern, dass er, ganz offenkundig, einen Scherz gemacht hat. Während er das Terrain sondiert, haben Sie mehr und mehr das Gefühl, dass Sie überempfindlich reagieren. Sie haben sich stets für eine unkomplizierte Person gehalten, doch nun stellen Sie Ihre Selbsteinschätzung infrage. Sie hören auf, Ihre Sorgen zu erwähnen, sind optimistisch und immer noch zuversichtlich, dass es Ihnen gelingen wird, die perfekte Beziehung aufrechtzuerhalten.

Psychopathen setzen ihre subtilen Sticheleien in Kombination mit Schmeichelei ein, um sicherzugehen, dass die Nervenzellen des Gehirns die süchtig machenden chemischen Botschaften auch weiterhin übertragen, selbst dann, wenn Sie außer sich sind. Dieser Trick gewöhnt Ihren Verstand allmählich daran, Ihre Intuition zu ignorieren und sich lieber auf das Hochgefühl zu konzentrieren, das Sie in Gegenwart des Psychopathen empfinden.

Wenn Sie auf die Anfangsphasen Ihrer Beziehung zurückblicken, werden Sie sich vermutlich an die kleinen Warnsignale erinnern, die Sie auszublenden versucht haben – Anzeichen, die nicht der »Traummann«-Inszenierung des Psychopathen entsprachen. Vielleicht hat er ein wenig zu dick aufgetragen mit seinen Bemerkungen, wie sehr ihn seine Ex noch immer begehrt. Oder er hat »vergessen«, Sie zu einer bestimmten Zeit anzurufen, und meldet sich erst Stunden später als versprochen. Oder er hat plötzlich aufgehört zu zahlen, wenn Sie miteinander ausgegangen sind, und hat es Ihnen überlassen, die Rechnung zu begleichen. Und wie haben

Sie reagiert? Alles ausgeblendet, was nicht ins Bild passte. Sie haben ihm schnell verziehen und nach vorn geblickt, weil Sie entschlossen waren, sich anders zu verhalten als seine Ex – die Partnerin zu sein, die ihn als Einzige glücklich machen kann und entschlossen ist, alles zu schlucken, um jeden Preis.

Und damit hat der Psychopath die vollständige Kontrolle erlangt, sodass er die Eroberungsphase abschließen kann.

Identitätserosion

Der Psychopath raubt Ihr Selbstwertgefühl, indem er alles zurücknimmt, was er während der Idealisierungsphase zu empfinden vorgab. Er macht Ihre Träume zum Gespött, deutet unterschwellig an, dass Sie vielleicht doch nicht die Frau fürs Leben sind – hält Sie aber noch eine Weile hin, wegen der zusätzlichen Aufmerksamkeit, die er damit erlangt. Nachdem er Sie mit seiner Charme-Offensive in seinen Bann gezogen hat, um Sie abhängig und gefügig zu machen, nutzt er seine Macht nun, um Verzweiflung und Sehnsucht zu erzeugen. Im Chaos der überwältigenden Gefühle verwandeln sich Ihre Wunschvorstellungen ganz allmählich in einen unermesslichen Albtraum.

Grenzen aufweichen

Emotional übergriffige Menschen konditionieren ihre Opfer darauf, Schamgefühle, Minderwertigkeitskomplexe und psychische Instabilität zu entwickeln. Das liegt daran, dass sie Feiglinge sind, unfähig, Beziehungen auf Augenhöhe zu Partnern einzugehen, die über innere Stärke und Selbstachtung verfügen. Oft nehmen sie Zielpersonen ins Visier, die außerordentlich erfolgreich und idealistisch sind, denn sie haben mehr zu verlieren. Da sie Menschen mit derart gefestigten Charaktermerkmalen nicht kontrollieren können, untergraben sie ihr Selbstwertgefühl durch Herabsetzung, Spott und gezielt hervorgerufene Eifersucht. Wenn die Opfer einen Hang zum Perfektionismus haben, bemühen sie sich umso mehr, den unrealistisch hohen Maßstäben und Anforderungen des Psychopathen gerecht zu werden. Das führt zu einer verqueren Dynamik: Der Peiniger wird auf ein Podest gehoben, obwohl er faul, unaufrichtig und untreu ist, während das Opfer abgewertet wird, obwohl es sich mehr als je zuvor in die Beziehung einbringt.

Der Psychopath schleift Ihr Selbstwertgefühl durch einen wohldosierten Einsatz von »Zuckerbrot und Peitsche« ab, eine Methode, die einen Teufelskreis in Gang setzt. Sie schrauben Ihre eigenen Maßstäbe nach und nach so weit zurück, dass Sie sogar für eine äußerst mittelmäßige Behandlung dankbar sind. Wie ein Frosch im Wasser, das langsam erhitzt wird, merken Sie erst dann, was hier geschieht, wenn es längst zu spät ist. Ihre Freunde und Familienangehörigen fragen sich, was aus der starken und energiegeladenen Person geworden ist, die Sie früher einmal waren. Sie verteidigen das Verhalten Ihres Partners vehement, unfähig, sich die schmerzliche Wahrheit einzugestehen, die sich hinter der Fassade einer scheinbar intakten Beziehung verbirgt: dass eine grundlegende Veränderung stattgefunden hat.

Sie warten stundenlang neben dem Telefon, hoffen auf den versprochenen Anruf oder die allmorgendliche SMS. Sie streichen Ihre Pläne für den Tag, um für ihn verfügbar zu sein. Sie versuchen mehrmals, ihn zu erreichen, verdrängen das nagende Gefühl, dass er nicht mit Ihnen sprechen will – dass er Sie »zappeln lässt«. Sie ertappen sich dabei, wie Sie seine Facebook-Pinnwand mit Komplimenten und witzigen Beiträgen zupflastern, ein Versuch, die traumhafte, perfekte Beziehung wiederherzustellen, die Sie am Anfang hatten. Doch seine Reaktionen fühlen sich nun – bestenfalls – nichtssagend an.

Sie erfinden romantische Geschichten und übertreiben seine positiven Eigenschaften gegenüber jedem, der bereit ist zuzuhören. Wenn Sie andere überzeugen, was für ein wundervoller Mensch er ist, können auch Sie fortfahren, diese Lüge zu leben. Selbst in den schlimmsten Phasen der Beziehung kennen Freunde und Familienmitglieder ihn nur als den »perfekten« Partner, den Sie beschrieben haben. Wenn die Beziehung beendet ist, wird es schwierig und peinlich sein, ihnen zu erklären, was sich in Wirklichkeit zugetragen hat. Was Sie erzählen, erscheint angesichts Ihrer vorherigen Begeisterung unglaubwürdig, und Ihre Freunde fragen sich, warum Sie nicht früher damit herausgerückt sind. Es ist ihnen unbegreiflich, dass Sie nicht einmal gemerkt haben, dass Sie sich in einer emotional traumatischen Beziehung befanden.

Während Sie mit all diesen unerwarteten Ängsten und Sorgen kämpfen, gelingt es dem Psychopathen, Ihre Grenzen immer weiter zu verschieben. Sie befinden sich nun in einer prekären Lage, haben sich verletzlich gemacht, weil Sie bereit sind, nahezu alles hinzunehmen – solange er Ihnen Aufmerksamkeit widmet.

Seine Meinung über Ihr Aussehen erhält nun noch mehr Gewicht als jemals zuvor. Plötzlich fällt ihm jede noch so kleine physische Unvollkommenheit auf, die er ausgiebig kommentiert. Unter Umständen entwickeln Sie sogar eine Essstörung, treiben Raubbau mit Ihrer Gesundheit, um für ihn interessant und begehrenswert zu bleiben. Psychopathen sind fasziniert von Themen, die das äußere Erscheinungsbild betreffen, und belohnen Ihre schädlichen Gewohnheiten gelegentlich mit einem Kompliment, das Sie veranlasst, weiterhin nach Perfektion zu streben. Da Sie Ihr Selbstwertgefühl ausschließlich aus seinen wechselhaften Ansichten beziehen, werden Ihre Stimmungen unbeständig und flüchtig.

Er beginnt nun auch, Sie vor Freunden zu demütigen – die Herabsetzungen spielen sich nicht mehr ausschließlich hinter verschlossenen Türen ab. Aber sie sind stets als humorvolle Absicht getarnt. Sie fühlen sich verletzt, wenn Sie mit ansehen müssen, wie andere seine Partei ergreifen und lachen, obwohl sie wissen, welche Gefühle sie damit bei Ihnen auslösen. Psychopathen scheren sich nicht darum, wenn sie mit ihren »scherzhaften« Anspielungen zu weit gehen, und schmettern jeden Einspruch ab, den Sie unter Umständen erheben, werfen Ihnen vor, hyperempfindlich zu sein. Ihnen bleibt keine andere Wahl, als gute Miene zum bösen Spiel zu machen, und so beginnen Sie, in die Rolle einer überdrehten, geistig unterbelichteten Partnerin zu schlüpfen, deren einziger Daseinszweck darin besteht, ihrem Geliebten den Himmel auf Erden zu bereiten.

Zwischendurch greifen Psychopathen immer wieder einmal auf Verhaltensweisen in ihrem Repertoire zu, die Sie an die Idealisierungsphase erinnern sollen. Jedes Mal, wenn Sie den Punkt erreicht haben, ab dem Sie eine Trennung in Erwägung ziehen könnten, sind sie gewappnet, sich mit Beteuerungen ihrer grenzenlosen Liebe und Zuwendung wieder in die Beziehung einzuklinken. Obwohl der Psychopath niemals die Schuld für sein Verhalten auf sich nehmen würde, reichen diese oberflächlichen Ablenkungen aus, um Sie zu überzeugen, dass er nach wie vor der Mann ist, in den Sie sich verliebt haben. Und dass nichts anderes zählt.

Fremdgesteuerte Emotionen

Während der Beziehung zu einem Psychopathen machen sich bei Ihnen vermutlich Gefühle und Empfindungen bemerkbar, die Ihnen bisher unbekannt waren: extreme Eifersucht, emotionale Bedürftigkeit, Wut, Angst und ein gesteigertes Misstrauen, das an Paranoia grenzt. Nach jedem Gefühlsausbruch denken Sie insgeheim: »Wenn ich mich anders verhalten hätte, wäre er vielleicht glücklicher mit mir.«

Denken Sie noch einmal gründlich nach.

Das waren keine authentischen Gefühle und Empfindungen. Ich wiederhole: *Das waren keine authentischen Gefühle und Empfindungen!* Sie wurden gezielt von Ihrem psychopathischen Partner ausgelöst, um Sie zu veranlassen, Ihre eigene Gutmütigkeit infrage zu stellen. Opfer neigen oft zu der Überzeugung, dass sie alle Probleme in einer Beziehung verstehen, vergeben und verkraften können. Im Wesentlichen setzen sie sich damit selbst schachmatt, indem sie das vollkommen irrationale Verhalten ihres Peinigers ständig rational zu begründen versuchen.

Der Serienprovokateur

Serienprovokateure sind Experten darin, Menschen als Zielperson auszuwählen, die anpassungsfähig und unkompliziert sind. Sie beuten diese Eigenschaft schamlos aus, indem sie ihr Opfer mit verdeckten Sticheleien, Herabsetzung, hintergründigem Humor und gönnerhaftem Verhalten provozieren. Das Opfer ist bestrebt, einen Konflikt zu vermeiden, indem es Gleichmut bewahrt und beschließt, dieses Verhalten zu vergeben und zu entschuldigen, um die Harmonie aufrechtzuerhalten. Doch der Serienprovokateur wird sein Opfer auch weiterhin drangsalieren, und zwar so lange, bis es sich schließlich zur Wehr setzt. Wenn das geschieht, lehnt sich der Provokateur zurück, mimt Überraschung und Verwunderung darüber, wie passivaggressiv, wütend und launenhaft seine Partnerin ist. Das Opfer hat auf Anhieb ein schlechtes Gewissen, entschuldigt sich und nimmt die Schuld auf sich. Die Schuldgefühle wurden gezielt ausgelöst, obwohl das Opfer zu Recht die Geduld verloren und sich genauso verhalten hat wie der Serienprovokateur Tag für Tag. Der Unterschied besteht darin, dass das Opfer Gewissensbisse empfindet – im Gegensatz zum Serienprovokateur. Er erwartet von seinem Opfer, dass es ruhig und friedlich bleibt, was immer auch geschieht, während er sich berechtigt fühlt, zu tun und zu lassen, was ihm gefällt.

Hier ein Beispiel: Vielleicht hatten Sie vor Ihrer Beziehung mit dem Psychopathen nie den Eindruck, unter Eifersucht zu leiden. Vielleicht waren Sie sogar stolz darauf, völlig entspannt und aufgeschlossen zu sein. Der Psychopath hat das erkannt und versucht, Nutzen daraus zu ziehen. Während der Eroberungsphase lobt er diese Eigenschaften in höchsten Tönen und zieht Sie damit in seinen Bann – er findet es geradezu unglaublich, wie perfekt Sie sind. Sie beide streiten sich nie. Von dramatischen Szenen keine Spur. Sie sind total locker und unkompliziert im Vergleich zu der verrückten, boshaften Ex.

Doch hinter den Kulissen spielt sich etwas ganz anderes ab. Der Psychopath langweilt sich schnell, und die Idealisierung macht nur so lange Spaß, bis er Macht über Sie gewonnen hat. Sobald der Reiz des Neuen verblasst, deutet er Ihre Stärken zu Schwächen um, die gegen Sie verwendet werden. Er bringt nun so viele dramatische Momente wie möglich in die Beziehung ein, konfrontiert Sie mit unmöglichen Situationen und stellt Ihre Reaktion im Anschluss an den Pranger.

Die meisten Menschen würden darin übereinstimmen, dass Eifersucht in einer Beziehung toxisch ist. Aber es besteht ein erheblicher Unterschied zwischen echter und fremdgesteuerter Eifersucht, die der Psychopath gezielt herbeiführt.

Die beiden folgenden (überzeichneten) Unterhaltungen sind ein anschauliches Beispiel:

1. Fall

Er: *Übrigens, eine ehemalige Freundin aus der Schule ist gerade in der Stadt, falls du sie kennenlernen möchtest.*

Sie: *Nein danke! Wieso brauchst du außer mir noch andere Freundinnen? Du hast doch mich.*

In diesem Fall scheint sie ein Problem zu haben, das offen angesprochen werden sollte. Vorausgesetzt, dass er ihr Vertrauen bisher nicht missbraucht hat, ist dieser sichtbare Anfall von Eifersucht unangemessen.

2. Fall

Er: *Meine Ex ist gerade in der Stadt. Du weißt ja, die verrückte Übergriffige, die einfach nicht loslassen kann und immer noch völlig besessen von mir ist.*

Sie: *Ach du Armer, tut mir leid!*

Er: *Wir werden uns nachher wahrscheinlich auf einen Drink treffen. Ich hoffe, sie baggert mich nicht wieder an, wenn sie getrunken hat.*

Sie: *Das verstehe ich jetzt nicht so ganz. Können wir das persönlich besprechen statt am Telefon?*

Er: *Hast du ein Problem damit?*

Sie: *Aber nein! Alles bestens. Ich wundere mich nur, weil du gesagt hast, sie hätte dich total fertiggemacht. Aber ich drücke dir die Daumen, dass alles gut läuft! Ich finde es gut, wenn ehemalige Partner es schaffen, weiterhin Freunde zu bleiben.*

Er: *Wow, du bist manchmal so was von eifersüchtig!*

Sie: *Tut mir leid. Kommt nicht wieder vor. Ich war zuerst nur ein bisschen verwirrt.*

Er: *Du ruinierst unsere Beziehung mit deiner Eifersucht und machst aus allem ein Drama.*

Sie: *Es tut mir leid! Wir müssen auch nicht darüber reden. Ich wollte nicht den Eindruck erwecken, dass du mir Rechenschaft schuldest.*

Er: *Alles gut, ich verzeihe dir. Wir müssen aber unbedingt an deiner krankhaften Eifersucht arbeiten.*

In diesem Fall hat der Psychopath drei Strategien angewendet, um sein Ziel zu erreichen:

1. Er hat seine Partnerin in eine unmögliche Situation manövriert, die jeden eifersüchtig gemacht hätte, vor allem, nachdem er ihr erklärt hat, wie sehr ihn seine Ex immer noch liebt. Er hat ihr vorgeworfen, krankhaft eifersüchtig zu sein, obwohl sie versucht hat, vernünftig zu reagieren.
2. Er hat »Guter Bulle/böser Bulle« gespielt und ihr ein Problem verziehen, das überhaupt erst von ihm geschaffen wurde. Damit konnte er wieder seine Lieblingsrolle einnehmen: Lehrer versus Schülerin.

Je länger diese emotionalen Übergriffe anhalten, desto ernsthafter beginnt sie sich zu fragen, ob sie tatsächlich krankhaft eifersüchtig ist.

Und die Zweifel sind nicht nur auf die Eifersucht begrenzt. Vielleicht haben Sie nun das Gefühl, emotional bedürftig zu sein und sich an die Beziehung zu Ihrem psychopathischen Partner zu klammern. Auch das ist wieder das Ergebnis einer zielgerichteten Strategie. Wer war derjenige, der damit begonnen hat, das Gespräch und die Aufmerksamkeit auf das Problem zu lenken? Er war es. Sobald er sich zu langweilen beginnt, holt er zum Schlag gegen Sie aus, weil Sie an Gewohnheiten festhalten, zu denen er den Anstoß gegeben hat.

Auch hier würden die meisten Menschen darin übereinstimmen, dass emotionale Bedürftigkeit in einer Beziehung toxisch ist. Aber es besteht ein großer Unterschied zwischen tatsächlicher emotionaler Bedürftigkeit und dem Klammereffekt, den der Psychopath gekonnt herbeiführt:

1. Fall

Sie: *Übrigens, ich habe heute Abend keine Zeit, weil sich meine Großmutter wünscht, dass ich etwas für sie koche. Tut mir leid.*
Er: *O mein Gott, wir haben uns seit drei Stunden nicht mehr gesehen. Das wird langsam lächerlich. Es wäre besser, wenn du mir die ganze Zeit SMS schicken würdest.*

In diesem Fall scheint er ein Problem zu haben, das offen angesprochen werden sollte. Vorausgesetzt, dass sie sein Vertrauen bisher nicht missbraucht hat, ist diese sichtbare Zurschaustellung von Bedürftigkeit unangemessen.

2. Fall

Er: *Hallo, ich habe seit drei Tagen nichts mehr von dir gehört. Wollte nur wissen, ob bei dir alles in Ordnung ist.*
Sie: *Ach du meine Güte, ich habe ja auch noch ein Leben außerhalb von dir, wie du sehr wohl weißt.*
Er: *Weiß ich, ich war nur ein wenig verwirrt, weil ich sonst jeden Morgen etwas von dir gehört habe.*
Sie: *Du klammerst. Ich muss wichtige Dinge erledigen und kann nicht alles stehen und liegen lassen, um dir eine SMS zu schreiben.*

Er: *Tut mir leid, es sollte nicht nach Klammern klingen. Das war die erste SMS, die ich dir in den letzten drei Tagen geschickt habe.*
Sie: *Damit kann ich nicht umgehen. Ich bin in meinem ganzen Leben noch nie jemandem begegnet, der emotional so bedürftig ist.*
Er: *Tut mir leid! Ich werde dich nicht wieder damit nerven.*
Sie: *Alles gut. Ich verzeihe dir. Wir müssen nur an deiner krankhaften Bedürftigkeit arbeiten.*

Auch hier kamen wieder drei Strategien zum Einsatz:

1. Sie hat ihren Partner in eine unmögliche Situation manövriert, die jeden emotional bedürftig gemacht hätte, vor allem nach der fortwährenden Aufmerksamkeit während der Idealisierungsphase.
2. Sie hat ihm vorgeworfen zu klammern, obwohl er versucht hat, vernünftig zu reagieren.
3. Sie hat den »guten Cop« gespielt und ihm ein Problem verziehen, das überhaupt erst von ihr geschaffen wurde. Damit konnte sie wieder ihre Lieblingsrolle einnehmen: Lehrerin versus Schüler.

Je länger dieser Missbrauch anhält, desto ernsthafter beginnt er sich zu fragen, ob er tatsächlich krankhaft klammert.

Dieses Beispiel ließe sich auch auf gesteigertes Misstrauen, Wut, Hysterie und jeden anderen unliebsamen Gemütszustand anwenden, den Sie in einer toxischen Beziehung vielleicht erlebt haben. Wenn Sie sich im Zugriff so verstörender Emotionen befinden, ist es völlig natürlich, sich zu fragen, was mit Ihnen nicht stimmt. Möglicherweise fürchten Sie sogar allen Ernstes, den Verstand zu verlieren. Kein Wunder, denn der Psychopath legt es darauf an, Sie in Ihrem Verdacht zu bestärken, um dem Rest der Welt vor Augen zu führen, dass Sie psychisch labil sind. Doch sobald er aus Ihrem Leben verschwunden ist, werden Sie feststellen, dass alles wieder einen Sinn ergibt. Der Wechsel von normal zu »verrückt« und wieder zu normal ist kein Anzeichen, dass Sie psychisch krank sind, sondern einem Menschen geschuldet, der Sie gezielt provoziert hat.

Sie sollten sich bewusst machen, dass Sie in einer liebevollen, intakten Beziehung gar nicht erst in diese Situation gebracht worden wären. Ihre Grenzen wurden ausgetestet, und Sie haben angesichts der Umstände Ihr Bestmögliches getan, sich selbst treu zu bleiben. In Zukunft sollten Sie niemandem mehr erlauben, Ihnen zu sagen, wer Sie sind und was Sie empfinden.

Wortsalat

Wenn sich Psychopathen langweilen oder bedroht fühlen, richten sie oft einen sogenannten Wortsalat an, ein Versuch, Ihre grauen Zellen auf Trab zu halten. Im Grunde handelt es dabei um leeres Geschwafel; sie reden nicht mit Ihnen, sondern auf Sie ein. Bevor Sie auch nur auf eine der haarsträubenden Aussagen reagieren können, sind sie bereits beim nächsten Thema angekommen. Ihnen ist bereits ganz wirr im Kopf. Achten Sie auf die Warnsignale und klinken Sie sich aus, bevor Sie zu Schaden kommen.

1. Gespräche, die sich im Kreis drehen

Sie denken, ein Problem sei endlich ad acta gelegt, nur um zwei Minuten später wieder in die gleiche Diskussion verwickelt zu werden. Dabei kommt es Ihnen so vor, als wären Sie in der ersten

Runde überhaupt nicht zu Wort gekommen. Psychopathen wiederholen gebetsmühlenartig ihre alten abgenutzten Argumente, ignorieren alle berechtigten Einwände, die Sie vielleicht erst vor ein paar Minuten geltend gemacht haben. Wird der Konflikt beigelegt, dann auf Ihre Kosten. In der Beziehung zu einem Psychopathen geht es ständig um die gleichen Themen: Warum ist er plötzlich ein Herz und eine Seele mit der Ex? Warum schenkt er Ihnen mit einem Mal keine Beachtung mehr? Warum hat es den Anschein, als würde er Sie am Telefon abwimmeln? Jedes Mal, wenn Sie ihn darauf ansprechen, geht das Ganze wieder von vorn los. Am Ende haben Sie das Gefühl, verrückt und emotional bedürftig zu sein, wenn er entscheidet: »Ich habe es satt, mich deswegen dauernd mit dir zu streiten.« Ein Karussell, das sich ständig im Kreis dreht.

2. Ihr Fehlverhalten zur Sprache bringen und eigene Fehler ignorieren

Wenn Sie den Psychopathen auf etwas hinweisen, was Sie als unangemessen empfinden – wenn er Sie beispielsweise ignoriert oder betrügt –, wirft er Ihnen im Gegenzug Dinge vor, die man bei Ihnen beanstanden könnte, auch wenn sie aus Ihrer Vergangenheit stammen und in keinem Zusammenhang zum aktuellen Thema stehen. Haben Sie früher gern mal ein Glas zu viel getrunken? Nun, eine Affäre ist bei Weitem nicht so schlimm wie Ihr Alkoholproblem. Sind Sie zum ersten Date vor zwei Jahren zu spät gekommen? Nun, dann sollten Sie sich auch nicht darüber beschweren, dass er Sie seit drei Tagen komplett ignoriert hat. Und Gott behüte, dass Sie etwas aufs Tapet bringen, was auch nur annähernd nach Fehlverhalten klingt. Dann wären Sie aus seiner Sicht eine verbitterte arme Irre mit einer endlosen Liste läppischer Beschwerden.

3. Verächtlicher und herablassender Ton

Während der gesamten Unterhaltung behält der Psychopath sein gleichmütiges, cooles Gehabe bei. Es kommt Ihnen fast so vor, als würde er sich über Sie lustig machen, Ihre Reaktionen abschätzen, um zu sehen, wie weit er sein Spiel treiben kann. Wenn Sie am Ende hochemotional reagieren, schlägt er Ihnen vor, sich abzuregen, runzelt die Stirn, grinst oder gibt vor, von Ihnen enttäuscht zu sein. Der Sinn und Zweck des Wortsalats besteht einzig darin, Sie aus dem Gleichgewicht zu bringen und mit seinen Verbalattacken die Oberhand zu gewinnen. Vergessen Sie nicht: Jedes Gespräch ist ein Wettkampf – genau wie alles andere in der Beziehung mit einem Psychopathen.

4. Doppelmoral

In hitzigen Auseinandersetzungen kennen Psychopathen keine Scham. Sie beginnen, Ihnen Verhaltensweisen vorzuwerfen, die sie selbst praktizieren. Das geht über eine Projektion hinaus, die meistens unbewusst erfolgt. Psychopathen wissen sehr wohl, dass sie Ihnen die eigenen Schwächen vor Augen halten, und haben es auf Ihre Reaktion abgesehen. Wer könnte sich auch angesichts einer so offenkundigen Heuchelei zurückhalten?

5. Multiple Persönlichkeiten

Im Verlauf einer Wortsalat-Diskussion werden Sie vermutlich eine Vielzahl von Persönlichkeiten zu Gesicht bekommen. Dazu gehören Facetten wie guter Cop, schlechter Cop, ausgetickter Cop, Stalker-Cop, Angst einflößender Cop oder Baby-Cop. Wenn Sie auf Distanz gehen, weil Sie die Übergriffe und Lügen nicht länger ertragen können, beschwört der Psychopath ein Szenario aus der Idealisierungsphase herauf, um Sie mit seinen leeren Versprechen wieder einzufangen und ein wenig zu quälen. Falls das nicht funktioniert, legt er den Schalter um und verurteilt alles, was er früher perfekt fand. Sie fragen sich danach, mit wem Sie überhaupt geredet haben, denn die verschiedenen Facetten seiner Persönlichkeit implodieren, während er darum kämpft, die Kontrolle über Sie zurückzugewinnen. Unsere allseits geschätzte Systemadministratorin Victoria hat es perfekt zusammengefasst: »Der Teufel selbst wurde während eines verzweifelten Wutausbruchs von der Leine gelassen, nachdem er entlarvt worden war: Er drehte, wand und krümmte sich, spuckte, schmeichelte, spie Gift und Galle.«

6. Das ewige Opfer

Irgendwie steuert das Lügen und Betrügen immer auf eine Unterhaltung über die schlimme Vergangenheit oder die verrückte Ex des Psychopathen zu. Am Ende bedauern Sie ihn, auch wenn er sich völlig falsch verhalten hat. Sie sehen in der Offenheit, mit der er Ihnen seine vermeintlich komplexen Gefühle geschildert hat, eine Chance, die Beziehung zu ihm noch zu festigen. Sobald es ihm gelungen ist, Ihre Aufmerksamkeit abzulenken, nimmt alles wieder seinen gewohnten Gang. Keine Spur von echter Bindung oder einem tiefen spirituellen Einklang. Psychopathen weisen lautstark auf ihre Opferrolle hin – doch das einzige Opfer sind Sie.

7. Sie sehen sich gezwungen, grundlegende menschliche Gefühle zu erklären

Sie stellen fest, dass Sie dem Psychopathen Dinge wie »Empathie«, »Gefühle« und »Freundlichkeit« erklären. Normale Erwachsene haben diese goldenen Regeln des menschlichen Miteinanders schon im Kindergarten gelernt, man muss sie ihnen nicht beibringen. Sie sind weder die erste Person, die versucht hat, das Gute in ihm zu sehen, noch die letzte. Sie denken: »Würde er verstehen, warum er mich verletzt hat, würde er damit aufhören.« Doch das ist ein Trugschluss. Er hätte Sie gar nicht erst verletzt, wenn er ein Mensch wäre, der Anstand besitzt. Er hat nur vorgegeben, liebevoll und fürsorglich zu sein, als Sie sich kennengelernt haben – die Maske diente dazu, Sie zu umgarnen. Er versteht es, sich als Ausbund von Freundlichkeit und Gutherzigkeit zu präsentieren, aber diese Rolle findet er langweilig.

8. Ausreden

Jeder vermasselt hin und wieder etwas; der Psychopath gelobt Besserung, hält aber nur selten, was er verspricht, und ist um Ausreden nie verlegen. Er legt nur ein Lippenbekenntnis ab. Sie werden so oft enttäuscht, dass Sie am Ende froh sind, wenn er sich halbwegs bemüht, das Richtige zu tun – ohne zu merken, dass Sie darauf konditioniert werden, schon für eine mittelmäßige Behandlung dankbar zu sein.

9. »Was um alles in der Welt ist gerade passiert?«

Nach solchen Diskussionen sind Sie völlig ausgelaugt. Sie haben rasende Kopfschmerzen. Sie denken stunden- oder tagelang geradezu zwanghaft über den Streit nach. Sie haben das Gefühl, Ihre gesamte emotionale Energie verbraucht zu haben, ohne auch nur das Mindeste zu erreichen. Sie haben eine Million sorgfältig zurechtgelegter Argumente im Kopf, sind gerüstet, auf alle Punkte einzugehen, bei denen Sie ins Hintertreffen geraten sind. Sie haben das Bedürfnis, Ihren Standpunkt zu verteidigen. Sie versuchen, eine diplomatische Lösung zu finden, bei der die Schuld gleichermaßen verteilt ist, sodass Sie beide die Chance haben, sich zu entschuldigen und zu versöhnen. Doch am Ende stellen Sie fest, dass Sie die Einzige sind, die um Verzeihung bittet.

Gaslighting und Projektion

Gaslighting bedeutet wie gesagt, dass der Psychopath bewusst die Realitäts- und Selbstwahrnehmung seiner Opfer verzerrt – oft durch triviale Lügen und perfide Verhaltensweisen –, um die gewünschte Reaktion hervorzurufen und hinterher zu leugnen, dass ein solcher Manipulationsversuch jemals stattgefunden hat. Wie die meisten Opfer sind ja auch Sie vermutlich in hohem Maß auf Harmonie bedacht und geneigt, eine Konfrontation so lange wie möglich zu vermeiden. Doch irgendwann sind Sie so frustriert, dass Sie das Thema zur Sprache bringen; dann schreibt der Psychopath die Geschichte um oder bestreitet, dass es besagten Zwischenfall jemals gegeben habe. Wiederholt sich dieses Muster, beginnen Sie vielleicht, an Ihrem gesunden Menschenverstand zu zweifeln, während der Psychopath langsam, aber sicher Ihr Realitätsbewusstsein untergräbt.

Feind Nummer eins

Psychopathen wählen ihre Opfer sorgfältig aus und kopieren ihre Persönlichkeit, um unverzüglich eine auf Vertrauen und Vertrautheit basierende Bindung zu schaffen. Doch da alles nur Teil einer sorgfältigen Inszenierung ist, können sie ihre Rolle nicht bis in alle Ewigkeit perfekt spielen. Und so beginnen ihre Opfer irgendwann, kleine Risse in der Maske zu bemerken – verblüffende, unerklärliche Verhaltensweisen, die einfach nicht zu der Person passen, die sie zu sein vorgeben. Jedes Opfer, das es wagt, auf diese Ungereimtheiten hinzuweisen, wird auf der Stelle zum Feind Nummer eins erklärt. Statt zu seinen Fehlern und Täuschungsmanövern zu stehen, versucht der Psychopath, sein Opfer um den Verstand zu bringen. Mithilfe von Psychospielchen, Triangulierung, Gaslighting und Schweigen als Strafmaßnahme forciert er mit Unschuldsmiene dessen Selbstzerstörung. Die meisten ahnen zu diesem Zeitpunkt noch nicht, dass sie in die Fänge eines Psychopathen geraten sind. Sie haben vielleicht nur mit leiser Besorgnis beobachtet, dass sich »das Verhältnis zwischen uns irgendwie geändert hat«. Doch für einen Psychopathen ist das die größte Beleidigung überhaupt – eine Herausforderung seiner Glaubwürdigkeit als normaler, mental gesunder Mensch. Deshalb muss er das Opfer als »verrückt« brandmarken, bevor er sich schnellstmöglich dem nächsten zuwendet, das seine auf Lügen errichtete Welt mehr zu schätzen weiß.

Gaslighting ist gewöhnlich kein spektakulärer Übergriff. Der Manipulationsversuch kann sich einfach nur darauf beschränken, dass er etwas anderes tut, als er zuvor behauptet hat. Er erklärt beispielsweise, dass er sich auf dem Weg ins Fitnessstudio befindet, doch stattdessen geht er mit Freunden essen. Doch was soll die Lüge? Warum sagt er nicht rundheraus, dass er zum Essen verabredet ist?

Zu einem früheren Zeitpunkt der Beziehung hätten Sie vielleicht unbefangen gefragt, was aus seinen Plänen, ins Fitnessstudio zu gehen, geworden sei, und hätten mit Sicherheit irgendeine seltsame, an den Haaren herbeigezogene Ausrede zu hören bekommen. Doch wenn er die Manipulationsschraube anzieht, leugnet er wahrscheinlich, jemals behauptet zu haben, er wolle überhaupt dorthin gehen. Sie stellen fest, dass Sie es anders in Erinnerung haben, und wiederholen das Gespräch wortwörtlich, nur um zu erfahren, wie kleinlich Sie klingen und wie sehr Sie Ihren Partner nerven.

Und genau das kommt bei Unterhaltungen heraus, wenn es um Gaslighting geht: Ihre Klärungsversuche muten *in der Tat* kleinlich an. Wer würde sich schon wegen eines geplanten Besuchs im Fitnessstudio streiten, der sich als Restaurantbesuch entpuppt? Wozu die ganze Aufregung? Es hat sich halt so ergeben. In jeder normalen Beziehung würden Sie nicht mit der Wimper zucken. Doch bei Psychopathen sind diese überflüssigen Lügen gang und gäbe, und Sie stellen fest, dass Sie sich immer wieder in lächerliche, zwecklose Diskussionen verwickeln lassen, in denen Sie sich wie ein besessener Detektiv auf Spurensuche verhalten.

Apropos Detektiv: Wenn Sie ihm Belege für die Wahrheit präsentieren, beispielsweise eine SMS oder E-Mail, unterzieht der Psychopath Sie der »Schweigefolter« und wechselt gekonnt das Thema, wirft Ihnen vor, paranoid oder verrückt zu sein. Allmählich merken Sie, dass Sie zur Nervensäge avancieren und eine offene Kommunikation in Ihrer Beziehung tabu ist.

Das schwarze Loch

Psychopathen betrachten sich immer als Opfer, ungeachtet dessen, wie schlimm sie andere behandeln. Es ist nie ihre Schuld – immer hat man ihnen auf die eine oder andere Weise unrecht getan. In ihren Augen besteht das Problem nicht darin, dass sie andere belügen, betrügen, sie um ihre Ersparnisse bringen und schamlos missbrauchen. Ihr Problem besteht vielmehr darin, dass Sie begonnen haben, all diese Dinge zu bemerken. Warum konnten Sie sich nicht mit der Idealisierungsphase zufriedengeben? Wie können Sie es wagen, für sich selbst einzustehen? Die Beziehung zu einem Menschen, der unter psychopathischen Persönlichkeitsstörungen leidet, vermittelt das Gefühl, in den Sog eines schwarzen Lochs zu geraten, aus dem es kein Entrinnen gibt, denn wie sehr er Sie auch verletzt, es ist immer Ihre Schuld.

Smitten Kitten, für unsere Systemadministration verantwortlich, erklärt diesen unfassbaren Prozess klar und folgerichtig: »Psychopathen projizieren ihr Verhalten auf uns und machen uns dafür verantwortlich. Sie werfen uns eine negative Einstellung vor, obwohl sie die negativsten Menschen der Welt sind. Sie reden uns ein, unsere normalen Reaktionen auf den emotionalen Missbrauch wären das Problem – und nicht etwa der Missbrauch selbst. Wenn wir verletzt oder wütend sind, weil sie uns mit Schweigen strafen, Versprechen nicht einhalten, notorisch lügen oder betrügen, stimmt etwas nicht mit uns. Wenn wir es wagen, das unredliche Verhalten anzusprechen, sind wir abartig oder zu empfindlich, haben an allem etwas auszusetzen oder sind nur auf die negativen Aspekte fokussiert. Das alles ist Teil einer Gehirnwäsche. Unangemessenes, unannehmbares und unzweifelhaft übergriffiges Verhalten – und im Anschluss der Versuch, die Realität zu verzerren, um uns die Schuld zuzuweisen. Sie verursachen vorsätzlich Kummer und Leid, das wir nicht verdienen, während sie leugnen, auch nur das Geringste damit zu tun zu haben. Und um dem Ganzen die Krone aufzusetzen, werden wir auch noch für die Situation verantwortlich gemacht – sodass wir uns am Ende etwas vorwerfen, was vermutlich nicht einmal stattgefunden hat.

Ja, lesen Sie das Ganze ruhig noch einmal. Sie werden merken, wie unlogisch dieser Prozess ist.

Das ist ihr ›Abschiedsgeschenk‹, bevor sie die gesamte Schuld am drohenden Scheitern der Beziehung auf unseren Schultern abladen. Das Problem ist, dass die Beziehung von vornherein keine Erfolgschance hatte. Hätten wir doch nur den glühenden Optimismus und die Naivität bewahrt, die in der Phase der Liebesbombardierung bei uns vorherrschend waren – und diesen Zustand trotz aller nachfolgenden Lügen und emotionalen Übergriffe aufrechterhalten können. Dann wäre alles in bester Ordnung gewesen. Hätten wir doch nur darauf verzichtet, die Widersprüche und Lügen in den Briefen zu hinterfragen, die sie uns angeblich nie geschickt haben. Ja, hätten wir doch nur unsere anfängliche Gefügigkeit und Stillschweigen bewahrt, trotz der überwältigenden Indizien, über die wir nicht mehr hinwegsehen konnten – ein Köder, der vorsätzlich ausgelegt wurde, nur um zu testen, wie weit sie gehen konnten. Dann wäre alles in bester Ordnung.

Doch selbst dann hätten sie sich irgendwann gelangweilt oder wären enttäuscht gewesen, weil wir keine Herausforderung für sie dargestellt hätten. Deshalb mussten sie etwas erfinden, was sie uns zur Last legen konnten, um ihre Übergriffe zu rechtfertigen.

Was immer wir auch tun, in einer psychopathischen Beziehung befinden wir uns stets in einer Situation, in der es nur Verlierer gibt. Psychopathen wollen uns einreden, dass wir versagt haben, doch in Wirklichkeit sind sie die Versager.«

Sexuelle Manipulation

Sex mit einem Psychopathen schien anfangs perfekt zu sein. Er wusste, wie er Sie mit den richtigen Berührungen, Worten und Praktiken zum richtigen Zeitpunkt in Stimmung bringt. Im Schlafzimmer waren Sie hundertprozentig auf einer Wellenlänge, oder?

Nun ja, mehr oder weniger.

Auch hier spiegelt der Psychopath Ihre tiefsten, verborgenen sexuellen Wünsche und Bedürfnisse. Deshalb war der Sex mit ihm in Ihren Augen so unglaublich leidenschaftlich und perfekt – und deshalb fühlte er sich in der Phase der Identitätserosion wie eine Vergewaltigung an. Denn der Psychopath teilt in Wirklichkeit keine Ihrer geheimen Fantasien. Ganz im Gegenteil: Er »studiert« Ihr Verhalten und stimmt seine Reaktionen perfekt darauf ab. Das zu erkennen ist ein Schock, denn Sie begreifen mit einem Mal, dass er nie die emotionale und spirituelle Befriedigung empfunden hat, die Sie verspürt haben. Während Sie die kostbarsten Augenblicke der Nähe und Intimität genossen haben, hat er Sie genau beobachtet und gelernt.

Sie geraten dadurch in eine ausweglose Situation, brauchen die sexuellen Zuwendungen und Komplimente, um sich begehrenswert zu fühlen. Der Psychopath nutzt diese Form der Abhängigkeit, um Sie zu kontrollieren. Er geht auf Distanz, um anderen vor Augen zu führen, wie verzweifelt, emotional bedürftig und penetrant Sie sind, auch auf sexuellem Gebiet. In der Idealisierungsphase konnte er nicht genug von Ihnen bekommen. Doch sobald er Macht über Sie gewonnen hat, beginnen die Psychospielchen. Er geizt mit Sex, definiert ihn plötzlich als Privileg, und die Entscheidung, Ihnen Zugang zu gewähren, liegt allein bei ihm.

Im Bett spüren Sie nun buchstäblich, dass der Psychopath von Ihnen erwartet, die Initiative zu ergreifen. Damit liefern Sie ihm einen Grund, Sie zu verspotten – Ihnen das Gefühl zu geben, abartig und sexbesessen zu sein. Er macht sich lustig über Sie, kränkt Sie mit Bemerkungen, die scherzhaft klingen sollen, aber nicht annähernd witzig sind. Der leidenschaftliche Sex, an den Sie sich erinnern, hat einem Katz-und-Maus-Spiel Platz gemacht, einem Wettbewerb um Macht und Kontrolle.

Er gibt Ihnen das Gefühl, unattraktiv für ihn zu sein, indem er ankündigt, sein sexuelles Verlangen befände sich auf dem Tiefpunkt – an Sex habe er schon seit Wochen nicht mehr gedacht. Was er damit stillschweigend andeutet, liegt auf der Hand: Er hat seit Wochen nicht mehr an Sie gedacht.

Wenn die Triangulierungsphase beginnt, können Sie einfach nicht glauben, dass er mit einer anderen Partnerin, die er plötzlich ins Spiel bringt, ein derart perfektes Sexleben haben könnte. Wie sollte das möglich sein? Sie waren schließlich Seelengefährten, auch im Bett. Sie hatten die gleichen sexuellen Wünsche und Bedürfnisse. Aber vergessen Sie nicht, dieser Einklang war sorgfältig inszeniert. Der Psychopath hat Ihre Präferenzen im Schlafzimmer während der Idealisierungsphase sorgfältig abgespeichert. Beim nächsten Opfer fügt er vielleicht ganz andere Praktiken in sein Repertoire ein.

Sie haben, ohne es zu ahnen, eine emotionale Bindung zu einem Meister der Täuschung aufgebaut. Die Übereinstimmung, die zwischen Ihnen zu herrschen schien, basierte auf einer Lüge. Viele Betroffene machen sich später Vorwürfe, weil es ihnen nicht gelungen ist, die sexuelle Abhängigkeit zu überwinden, die sie an ihren Peiniger gefesselt hat. Aber denken Sie daran, es ist nicht Ihre Schuld. Er hat Sie während der Idealisierungsphase mit einem Trick dazu gebracht, diese starke emotionale Bindung zu entwickeln. Danach hat er Sie genau damit manipuliert – und mit einer toxischen Abhängigkeit gespielt, um das Feuer der Leidenschaft nach Lust und Laune in Ihnen zu entfachen.

Sie werden Ihre sexuelle Freiheit zurückgewinnen, das verspreche ich Ihnen. In unserer Online-Selbsthilfegruppe PsychopathFree.com (die leider nur in englischer Sprache vorliegt) führen wir einen offenen und aufrichtigen Dialog zum Thema sexuelle Manipulation. Das Thema Sex ist ein zentrales Element im psychopathischen Beziehungszyklus – und wichtiger noch, es spielt eine Schlüsselrolle in Ihrem Heilungsprozess. Heilung ist ein Gemeinschaftsprojekt von Körper, Geist und Seele.

Die Behelfsopfer

Dieser Abschnitt geht auf eine Unterhaltung im Freundeskreis zurück, deshalb ist sie teilweise ein wenig persönlich gefärbt. Ich habe mein Bestes getan, um sie so zu überarbeiten, dass sie eine breitere Leserschaft anspricht. Es geht dabei um diejenigen, die sich im Vergleich zu den anderen Zielobjekten des Psychopathen im Nachhinein als Lückenbüßer betrachten.

Psychopathen sind stets auf der Jagd nach dem nächsten Opfer, doch während sie sich in der Übergangsphase von einer »stabilen« Beziehung zur nächsten befinden, brauchen sie etwas (jemanden), um die Lücke zu füllen: ein Interims- oder Behelfsopfer, das ausgemustert wird, sobald sich etwas Besseres findet. Wenn diese Rolle Ihnen zugedacht wurde, könnte der Zyklus ein wenig anders verlaufen als bisher beschrieben. Obwohl der Psychopath die nächste Beute vermutlich noch nicht einmal im Visier hat, weiß er bereits, dass er sich nicht lange mit Ihnen abgeben wird, und beschleunigt das Tempo. Deshalb werden Sie wahrscheinlich viel früher als die meisten anderen Opfer aus der Idealisierungsphase herausgerissen. Dazu kommt, dass der Eroberungsfeldzug in puncto Geld, Aktivitäten und Vorzugsbehandlung auf Sparflamme geführt wird. Nur beim Reden geizt er nicht. Sie werden mit Worten überschüttet, die Sie förmlich aufgesogen haben, weil Sie ihnen unbedingt Glauben schenken wollen. Doch inzwischen beginnen Sie zu ahnen, dass es sich bei alldem nur um Lippenbekenntnisse handelt.

Ihnen bedeutet die Beziehung jedoch alles – die damit verbundene Aufmerksamkeit und Zuwendung haben Sie nie zuvor erfahren. Sie spricht Ihre am tiefsten verborgenen Träume an, Ihren Wunsch, einen anderen Menschen glücklich zu machen nach all dem vermeintlichen Kummer und der Traurigkeit. Er scheint Sie durch und durch zu kennen. Nach so viel Einsamkeit und Frustration haben Sie endlich einen Seelengefährten gefunden.

Leider ist das ein Trugschluss. Für ihn sind Sie nichts weiter als eine kurzfristige Ablenkung, ein Lückenbüßer in Ermangelung etwas Besseren. Psychopathen begegnen ihren Übergangsopfern mit besonderer Gleichgültigkeit, scheren sich nicht im Geringsten um sie – während die Opfer denken, dass es ihnen an Einfühlsamkeit mangelt. Sie neigen dazu, die emotionale Leere mit noch mehr Liebe zu füllen, in der Hoffnung, die kurze Idealisierungsphase wiederzubeleben. Oft entsteht dabei eine kognitive Dissonanz, weil sie ihre Art zu denken auf jemanden projizieren, der gar nicht so denkt wie sie und sich solche Gedanken wie sie macht. Doch dieses ungebührliche Verhalten ist weder zufällig noch absichtslos.

Und dann kommt der herzzerreißende Augenblick der Wahrheit: Er serviert Sie eiskalt ab, weil er eine andere gefunden hat, mit der sich häuslich niederzulassen er plötzlich bereit zu sein scheint. Die beiden ziehen zusammen, posten Fotos von ihrem Liebesglück, führen das Leben, von dem Sie immer geträumt haben, und lassen es sich etwas kosten. Das ist die ultimative Kränkung, da Ihnen diese Vorzugsbehandlung versagt blieb. Grundlegend gilt: Sobald Psychopathen Macht und Kontrolle über Sie gewonnen haben, sind ihre Batterien wieder aufgeladen, sodass sie gut gerüstet nach dem nächsten spannenden Abenteuer Ausschau halten können.

Laut Statistik kehren die meisten Opfer einer psychopathischen Beziehung siebenmal zu ihren Peinigern zurück, bevor sie schließlich erkennen, dass die Behandlung toxisch ist, und sie ein für alle Mal einen Schlussstrich ziehen. Das gilt jedoch nicht für die Übergangsopfer. Hier die Unterscheidungsmerkmale der beiden Kategorien:

Typisch für die Beziehung zu einem Psychopathen:
Idealisieren, entwerten, idealisieren, entwerten, idealisieren, entwerten (endlose Wiederholung) ➔ schließlich der Bruch.

Typische Erfahrungen von Behelfsopfern:
Mittelmäßige Idealisierungsphase mit gigantischen Versprechen, die den Opfern das Gefühl vermitteln sollen, etwas Besonderes zu sein ➔ urplötzliches Ende wie der sprichwörtliche Blitz aus heiterem Himmel.

Damit bleiben die Behelfsopfer ohne einen blassen Schimmer zurück, was in der Beziehung schiefgelaufen sein könnte, weil der Teufelskreis der emotionalen Gewalt fehlt, in dem die meisten gefangen waren. Nicht dass Sie erpicht darauf gewesen wären, aber infolge des abrupten Endes hatten Sie weder die Zeit noch die Möglichkeit, das Geschehen einzuordnen, das Muster der gezielten Erhöhung und Erniedrigung zu erkennen. Eine emotionale Folter. Sie sind die Leidtragenden, mit einer tief verwurzelten Liebe und einer traumatischen Trennung auf der Strecke geblieben.

Psychopathen wenden ihre Psychospielchen bei jeder Zielperson an – es ist immer die gleiche Strategie. Der einzige Unterschied besteht darin, dass Behelfsopfer nie die »vollumfängliche« Idealisierungsphase erleben, mit ausreichend Zeit und Stabilität, damit sich die Dinge nach Plan entwickeln können. Das liegt daran, dass Psychopathen von Anfang an nie die Absicht hatten, die Behelfsopfer für längere Zeit zu einem Bestandteil ihres Lebens zu machen. Sie waren perfekt geeignet, um ihre aktuellen Bedürfnisse nach Aufmerksamkeit und Bewunderung so lange zu erfüllen, bis sie etwas Besseres gefunden haben.

Aber der Psychopath hat auch Ihre emotionale Intelligenz und einzigartige Einfühlsamkeit erkannt. Die Tatsache, dass Sie dieses Buch lesen, ist kein Zufall – Sie sind auf der Suche nach der Wahrheit, sind entschlossen herauszufinden, was mit Ihnen geschehen ist.

Ein Psychopath nimmt bevorzugt Zielpersonen ins Visier, die ihn nicht auf Anhieb durchschauen. Dass Sie diese Zeilen lesen, bedeutet, dass er sich niemals längerfristig mit Ihnen eingelassen hätte, denn im Verlauf der Monate, Jahre oder Jahrzehnte wäre es Ihnen gelungen, einen Blick hinter die Fassade zu werfen. Er braucht Opfer, die nicht begreifen, was gespielt wird. Bis zum bitteren Ende.

Deshalb sind längerfristige Opfer für einen Psychopathen nützlich, weil sie die Lügen und Machenschaften nicht anprangern. Gleichzeitig hegt er aber einen heimlichen Groll gegen sie, weil sie seine Fassade nicht durchschauen. Klingt widersprüchlich, oder? Sie geben vor, darauf verzichten zu können, wenn sie sich »häuslich niederlassen«, aber die Spannung, die mit der Beziehung zum nächsten einfühlsamen Opfer verbunden ist – das die Qualen ihrer Psychospielchen bis ins Mark empfindet –, hat für sie erheblich mehr Gewicht. Psychopathen finden gleichwohl nicht an jeder Ecke jemanden, der diese Eigenschaften mitbringt, deshalb geben sie sich in den Übergangsphasen mit Behelfsopfern zufrieden, um eine schnelle Hochphase vor der nächsten Ruhephase – sprich einer längerfristigen Beziehung – zu erleben. (Gelegentlich verbringen sie sogar Jahre mit einer hochgradig empathischen Person. Ich kenne einige Fälle aus dem Forum. Die Opfer sind gewöhnlich in der Beziehung gefangen, weil sie Kinder mit dem Psychopathen haben. Hier hat das abrupte Ende oft katastrophale Folgen.)

Viele Betroffene berichten im Nachhinein von einer Liebesbombardierung ohne den typischen Eroberungsfeldzug, den der Psychopath entweder schon beim nächsten Opfer oder (im Zuge einer Dreiecksbeziehung) bei einer Verflossenen in die Wege geleitet hat. Haben auch Sie diese Erfahrung gemacht? Wenn ja, haben Sie vermutlich nie so viel Zeit mit Ihrem Partner verbracht wie die anderen, richtig? Was Sie verband, war eine kurze Affäre mit einem jähen Ende mitten während der Idealisierungsphase und einer teuflischen Identitätserosion. Und dann hat er sich urplötzlich mit einer anderen häuslich niedergelassen, während Sie sich fragen, wie er es schaffen will, jahrelang bei ihr zu bleiben, wo er es mit Ihnen doch kaum ein paar Monate ausgehalten hat.

Und genau das ist der springende Punkt: Ein Psychopath ist in der Regel unfähig, eine längere Bindung zu einer einfühlsamen Partnerin wie Ihnen einzugehen (außer in Fällen, in denen Kinder vorhanden und Manipulationsstrategien auf lange Sicht möglich sind), denn Sie schlucken das Gift, das er verspritzt. Er genießt es in vollen Zügen, Ihr Herz im Sturm zu erobern und Sie mit seinen Psychospielchen in eine perfekte Dienerin zu verwandeln. Doch die Kehrseite der Medaille ist, dass das Fass irgendwann überläuft. Sie wollen die Idealisierungsphase nicht zugrunde richten, aber irgendwann reicht es Ihnen, und Sie können nicht mehr damit aufhören, auf die Lügen und das veränderte Verhalten hinzuweisen.

Behelfs- und wahrheitssuchende Betroffene haben den Psychopathen irgendwann durchschaut, bis auf seinen skrupellosen Wesenskern. Er würde es niemals zugeben, aber Menschen, die erkennen, wie er wirklich ist, nötigen ihm insgeheim Respekt ab. Und gleichzeitig empfindet er einen heimlichen Groll gegenüber jenen, denen es nicht gelingt – obwohl diese Blindheit alles ist, was er langfristig zu erreichen vermag. Deshalb verliert er stets und erfindet die Spielregeln neu, um sich selbst zu überzeugen, dass er die richtige Entscheidung getroffen hat.

Fakt ist, dass auch Psychopathen irgendwann eine Verschnaufpause brauchen. Und deshalb müssen sie ihre Opfer vorher zerstören: um sich einreden zu können, dass sie nichts verlieren, was noch von Wert für sie wäre. Was könnte es also Besseres geben, als Sie dazu zu bringen, sich selbst zu zerstören – sich körperlich und seelisch zu verletzen? Perfekt, die nagenden Zweifel sind endlich verschwunden.

Und deshalb sind Sie aus Ihrer Warte nach der Trennung so gekränkt und frustriert. Sie haben alles für ihn getan, ermutigt durch die vorgetäuschte Anerkennung, die Sie angetrieben hat. Warum konnte er sich nicht allerwenigstens von Anfang an merkwürdig verhalten, dann hätten Sie gemerkt, dass Sie Ihre Zeit und Ihre Gefühle verschwenden. Stattdessen hat er Sie mit seinen Worten und Versprechen einer Gehirnwäsche unterzogen, damit Sie diejenige sind, die gibt, gibt und nochmals gibt. Wenn er schließlich zu erkennen gibt, dass er Ihren Bemühungen keinerlei Wertschätzung entgegenbringt – sie vielmehr mit Füßen tritt –, fühlen Sie sich verständlicherweise zerbrochen und leer. Und zum Schluss müssen Sie auch noch mit ansehen, wie er sich mit einer anderen aus dem

Staub macht, spendabel ist, scheinbar zur Ruhe kommt ... Und Sie denken: »Hallo? Vielleicht ist er trotz allem beziehungsfähig. Vielleicht war ich das Problem.«

Nein, Sie waren nicht das Problem. Und werden es auch nie sein.

Wie Sie in die Defensive gedrängt wurden

Im Umgang mit Psychopathen ist es unvermeidlich, dass sie irgendwann unbegründete Anschuldigungen gegen Sie erheben, vor allem, wenn Sie die ersten Warnzeichen in ihrem Verhalten registrieren. Die Vorwürfe dienen einem ganz bestimmten Zweck: Sie in die Defensive zu drängen.

Warum?

Der Grund ist einfacher, als Sie denken. Wer sich verteidigt, erweckt automatisch den Eindruck, das sei ein Schuldeingeständnis. Ob Ihnen wirklich etwas zur Last gelegt werden kann, spielt dabei keine Rolle. Sobald Sie beginnen, sich zu rechtfertigen, werden Meinungen und Mutmaßungen laut. Ist das unfair? Und ob. Aber so reagieren viele Leute. Infolge dieses Phänomens wurden schon Leben zerstört – ein Mann, den man fälschlicherweise einer Vergewaltigung beschuldigt, wird auch weiterhin mit einem Makel behaftet sein, selbst wenn seine Unschuld erwiesen ist. Die Wahrheit spielt keine Rolle. Der Ruf ist ruiniert, man traut ihm nicht mehr.

Der Psychopath macht Ihnen also alle möglichen lächerlichen Vorwürfe, und Sie sind plötzlich gezwungen, sich gegen Anschuldigungen zur Wehr zu setzen, die Ihnen nicht einmal im Traum eingefallen wären. Wie hätten Sie auch sonst reagieren sollen? Sie müssen Ihren Ruf verteidigen – wenn nicht vor anderen, so doch vor Ihrem Partner, der Sie angeblich liebt. Sie haben keine andere

Wahl, als zu beweisen, dass er sich irrt; und hier beginnt die einkalkulierte Selbstzerstörung.

Der Psychopath kann sich entspannt zurücklehnen und die Show genießen. Er kann gelassen auf das hysterische Opfer deuten und sagen: »Oje, die Arme, wieder mal völlig neben der Spur …« In Wahrheit hat er Ihre Wut provoziert und benutzt, um den eigenen Standpunkt ruhig und beherrscht darzulegen.

Vielleicht versuchen Sie, seine Lügen aufzudecken: »Er lügt, hier ist der Beweis!«, »Er hat mich betrogen, hier ist der Beweis!« oder »Das Gleiche hat er schon mit zehn anderen Partnerinnen gemacht, hier ist der Beweis!« – das Problem ist, dass sich niemand für Ihre Beweise interessiert. Außenstehende sehen nur, dass Sie verzweifelt versuchen, sich zu rechtfertigen, und genau deshalb hat es den Anschein, als wären Sie die Schuldige.

Eines sollten Sie sich unbedingt merken: Rechtfertigungen machen die Situation nur noch schlimmer. Manchmal ist weniger mehr, und das trifft in diesem Fall zu. Sie glauben, mit einer perfekten Antwort auf die lächerlichen Verleumdungen aufwarten zu können? Nur zu, der Psychopath hat damit gerechnet. Seine Beleidigungen sind wohlüberlegt und treffsicher. Er greift das an, was Sie am meisten wertschätzen, denn das sind die Dinge im Leben, die Sie besonders vehement verteidigen.

Und damit kein Zweifel aufkommt – genau das ist beabsichtigt.

Der einfachste Weg, Sie kleinzukriegen, besteht darin, Ihnen einen Verstoß gegen Verhaltensnormen vorzuwerfen, die er selbst ignoriert. Es ist fast zu einfach für Sie, auf die Heuchelei hinzuweisen. Und genau das ist der Punkt – es *ist* zu einfach. Weil es sich um eine Falle handelt. Wenn Sie ein perfektes Gegenargument haben, um den Angriff abzuwehren, gibt es dafür einen Grund: Es ist Teil seiner Strategie. Lassen Sie sich nicht auf seine schmutzigen Spielchen ein. Er versucht gezielt, Sie in die Defensive zu drängen und sich vor allen zu rechtfertigen. Sobald Sie den Köder geschluckt haben, ist seine Strategie aufgegangen.

Chronische Langeweile

Wenn Sie einen schlechten Tag haben, sehnen Sie sich vielleicht manchmal danach, allein zu sein, um Ihre Batterien wieder aufzuladen und in Ruhe nachzudenken. Vielleicht wollen Sie die »Klausur« für kreative Aktivitäten, zum Schreiben, Kochen, Fantasieren, Meditieren, Malen oder Träumen nutzen. Oder Sie sehen darin eine Möglichkeit, ein wohlverdientes Nickerchen zu machen. Ich behaupte, dass die gelegentliche Auszeit ein universelles menschliches Bedürfnis ist, gleich, ob Sie introvertiert oder extravertiert sind.

Bei einem Psychopathen ist das jedoch nicht der Fall.

Die sogenannte Auszeit gehört zu den wenigen Situationen, die ihn in Unruhe versetzen, mag er sonst auch noch so cool und gelassen erscheinen. Da er weder Skrupel noch Gewissensbisse kennt, gibt es nicht viel, worüber er im stillen Kämmerlein nachgrübeln müsste. Und da sich während dieser Zeit keine Menschenseele in seinem Umfeld befindet, die ihn mit Bewunderung und Aufmerksamkeit überschüttet, tritt ziemlich schnell Langeweile ein.

Psychopathen leiden unter chronischem Erlebnishunger und halten ständig nach Anregungen Ausschau, um sich von ihrem qualvollen Zustand der Langeweile abzulenken. Sie können es nicht ertragen, über einen längeren Zeitraum allein zu sein. Mental gesunde Menschen lernen, Mußezeiten zu genießen und den Blick nach innen zu richten – auf diese Weise entdecken wir oft einige der wichtigsten Dinge über uns selbst. Für Psychopathen gibt es jedoch nichts zu entdecken. Sie verbringen ihre Freizeit damit, andere zu spiegeln oder wünschenswerte Persönlichkeitsmerkmale zu kopieren. Empathie gestattet uns, Vorstellungskraft und Kreativität zu entwickeln, zwei bewundernswerte menschliche Eigenschaften, die Psychopathen nur vortäuschen können.

In verschiedenen Online-Foren, die bekennenden Soziopathen gewidmet sind, finden fortlaufend Diskussionen über das Problem statt, die überwältigende Ödnis zu überwinden, die den Alltag vereinnahmt. Es überrascht wohl nicht, dass sich die meisten Lösungsvorschläge um Sex, Alkohol, Drogen und – was auch sonst – um die Manipulation anderer drehen.

Zwischenmenschliche Beziehungen bieten auch dem Psychopathen eine sichere und zuverlässige Methode, die Langeweile zu bekämpfen, denn sobald Sie ihm ins Netz gegangen sind, kann er jederzeit auf Sie zugreifen, um Komplimente, Aufmerksamkeit und Lob einzuheimsen. Sobald er weitere leicht verfügbare Opfer ausfindig gemacht hat, fühlt er sich sicher genug, um emotional übergriffig zu werden, was wesentlich spannender für ihn ist, als Ihnen Liebe vorzugaukeln. Zu beobachten, dass Sie wie die Laborratte im Labyrinth hektisch nach einem Ausweg suchen, bietet ihm eine kurzweilige Ablenkung von seinem ansonsten unerträglich alltäglichen Leben. Die Idealisierungsphase ist lediglich ein Nebenprodukt dieser Langeweile – ein unerlässlicher Schritt im Eroberungsfeldzug, damit Sie so lange wie möglich ausgebeutet werden können.

Vielleicht haben Sie sich im Verlauf der Beziehung erschöpft gefühlt, weil es schien, als hätten Sie nach der Eroberungsphase kaum mehr Zeit mit Ihrem Partner allein. Stets waren seine Freunde dabei, wurden in jedes Vorhaben einbezogen; der Terminkalender war immer voll. Psychopathen neigen dazu, sich wie Kleinkinder mit mütterlichen und väterlichen Persönlichkeitstypen zu umgeben, die bereit sind, ständig für sie da zu sein, sie zu unterstützen und auf Schritt und Tritt zu umsorgen.

Diese Leute sollen ihnen helfen, die Langeweile zu vertreiben. Je mehr, desto besser. Anfangs hat der Psychopath sich vielleicht über seinen Tross beklagt. Doch sobald er Sie umgarnt und in sein Beziehungsnetz eingebunden hat, verteilt er seine Gunst zwischen Ihnen und seinem Gefolge, um alle gleichermaßen auf Trab zu halten. Ungeachtet dessen, auf wen seine Wahl an einem beliebigen Tag fällt, ist eines sicher: Er wird die Zeit nicht allein verbringen. Es ist erheblich spannender, Ihre Gefühle zu verletzen und Ihre Reaktion zu beobachten, als eine Stunde lang allein in einem Raum zu sein.

Besonders kränkend wird die Langeweile für Sie, wenn er Ihnen zeigt, dass er jedes Interesse an Ihnen verloren hat. Alles, was Sie tun, scheint ihn anzuöden. Während Sie kämpfen, um seine Aufmerksamkeit zurückzugewinnen, stellen Sie fest, dass Ihnen die Eigenschaften, die er früher angeblich bewundernswert fand, plötzlich als unverzeihliche Fehler angekreidet werden. Was immer Sie auch tun, Sie können die Zuwendung nicht wiedererlangen, mit der er Sie früher reichlich bedacht hat – die Zeit, in der Sie die *Einzige* waren, die ihn von dieser endlosen Langeweile zu erlösen verstand.

Selbst wenn der Psychopath beginnt, Sie grausam zu behandeln, wünscht sich vielleicht ein Teil von Ihnen den Platz als »Langeweile-Vertreiberin Nummer eins« zurück. Das ist völlig normal, denn sobald Sie bemerkt haben, dass die Idealisierungsphase beendet ist, besteht die nächstbeste Möglichkeit darin, alles zu tun, damit Sie wenigstens eine der vielen Quellen bleiben, die er unterhaltsam findet.

Was zeigt, wie leicht unsere Wertmaßstäbe in Schieflage geraten.

Boshafter Klatsch hinter vorgehaltener Hand

Psychopathen behaupten, dass sie »Dramen« hassen, aber Sie entdecken allmählich, dass es in ihrem Leben mehr Dramen gab als bei jedem anderen Menschen, den Sie kennen. Natürlich ist das niemals ihre Schuld, behaupten sie. Es lag nur daran, dass sie geradezu abartig geliebt, schlecht behandelt und allem Anschein nach immer Opfer von Personen wurden, die verrückt nach ihnen waren und nicht loslassen konnten. Wie unfair von ihnen!

Aber wie wir inzwischen entdeckt haben, entspricht das nicht den Tatsachen.

Der Psychopath fordert Dramen, Rivalität und Konkurrenzverhalten bewusst heraus. Was ihn von einer gewöhnlichen »Dramaqueen« unterscheidet, ist die Fähigkeit, stets die Fassade des Unschuldslamms aufrechtzuerhalten. Er beschränkt sich auf subtile Andeutungen, dann lehnt er sich entspannt zurück und sieht zu, wie andere sie mit Feuereifer weiterverbreiten. Und hier kommt die »verdeckte« Aktion ins Spiel.

Der Psychopath legt kleine vergiftete Köder aus, setzt hinter vorgehaltener Hand Klatsch über andere in die Welt, lobt sie in ihrem Beisein in höchsten Tönen, um sie hinter ihrem Rücken zu beleidigen. »Beleidigen« kann die Boshaftigkeit, die sich in den Gerüchten verbirgt, nicht vollends erfassen. Statt die Betroffenen öffentlich anzuprangern, stellt er sich selbst als Opfer dar. Irgendjemand fügt ihm immer auf die eine oder andere Weise Unrecht zu. Deshalb wird er nicht als Schandmaul, sondern als bemitleidenswertes Opfer wahrgenommen, das unter dem Fehlverhalten aller anderen zu leiden hat. Wie schon gesagt wurde, waren Sie vielleicht irgendwann sogar stolz darauf, dass er Ihnen etwas über die Machenschaften seiner bösen Mitmenschen anvertraut hat (auch hier zeigt sich wieder, wie sehr sich unsere Wertmaßstäbe und Wahrnehmungen eintrüben).

Doch dann sind Sie es plötzlich, die auf der Nehmerseite landen. Plötzlich sind *Sie* nicht mehr die Schöne, sondern das Biest – das ihm Kummer und Höllenqualen zugefügt hat. Dieser Prozess wird von ihm erst dann ernsthaft in Gang gesetzt, wenn das Beziehungsnetz zu zerfasern droht. Psychopathen wenden sich dann wieder denselben Leuten zu, über die sie sich bei Ihnen beklagt haben, um ihnen vorzujammern, dass *Sie* völlig von der Rolle sind. Damit häufen sie jede Menge Mitgefühl an, eine perfekte Strategie, um den Übergang zum nächsten Opfer vorzubereiten, ohne der offenkundigen Untreue bezichtigt zu werden.

Während der Beziehung haben Sie wie gesagt vermutlich auch festgestellt, dass Sie Personen, denen Sie nie begegnet sind, unsympathisch finden, ihnen ihr Verhalten übelnehmen. Könnte das mit den ständigen Andeutungen des Psychopathen zusammenhängen, dass die Betroffenen ihn angeblich abgöttisch geliebt, heiß begehrt, schlecht behandelt oder Ihnen das Glück mit ihm missgönnt haben? Im Lauf der Zeit baut sich bei Ihnen daher ein starker Hang zu Negativität und Neidgefühlen auf – mehr, als Sie in einer gesunden Beziehung empfinden würden. Und das Traurige ist, dass andere die gleiche negative Einstellung *Ihnen gegenüber* entwickeln.

Der Manipulator-Test

Wenn Sie nach einer Möglichkeit suchen, manipulative von empathischen Menschen zu unterscheiden, sollten Sie darauf achten, wie sie sich in Ihrer Gegenwart über andere äußern. Leute, die über Einfühlungsvermögen und Anstand verfügen, legen Wert darauf, Ihnen vor Augen zu halten, dass Freunde und Familienangehörige Sie wirklich mögen. Manipulatoren versuchen im Gegensatz dazu stets, Dreiecksbeziehungen ins Spiel zu bringen und mithilfe dieser sogenannten Triangulierung zu spalten. Sie fordern Rivalitäten und Eifersucht gezielt heraus, indem sie das Konkurrenzdenken schüren. Sie flüstern Ihnen ein, dass ihre Freunde, Verflossenen oder Familienmitglieder ungeheuer eifersüchtig auf Sie sind – oder etwas Boshaftes über Sie gesagt haben. Doch täuschen Sie sich nicht – Manipulatoren trichtern anderen das Gleiche über Sie ein. Fragen Sie sich deshalb, ob jemand nach Harmonie strebt oder ein Chaos anrichtet?

Mag sein, dass Freunde und Verflossene Ihnen mit einem Lächeln begegnen, genau wie Sie im umgekehrten Fall. Doch tief im Innern empfindet jeder, der sich im Bann eines Psychopathen befindet, wachsenden Groll gegenüber den anderen, die um seine Zuwendung buhlen. Und das nicht etwa aus einem berechtigten Grund – sondern weil er alle bewusst gegeneinander ausspielt. Sie sind nichts weiter als ein Faustpfand in dem Spiel, das der Psychopath inszeniert, um für Aufmerksamkeit und dramatische Situationen zu sorgen. Er achtet darauf, alle Zielpersonen weit genug auf Abstand voneinander zu halten, dass sie außerstande sind, ihre Notizen zu vergleichen, aber nah genug, damit sie ständig angespannt und verunsichert sind, welche Position sie in dem Drama einnehmen.

Auch wenn Sie es während der Beziehung nie für möglich gehalten hätten, sind alle Beschuldigten vermutlich nett und freundlich. Genau wie Sie wurden sie vom Gift des Psychopathen infiziert und einer Gehirnwäsche unterzogen, damit sie von allen anderen Beteiligten das Schlimmste glauben. Die meisten empathischen Menschen können es kaum erwarten, die Freunde ihres Partners kennenzulernen, und hoffen, einen positiven Eindruck bei ihnen zu hinterlassen. Das mag zu Beginn Ihrer Beziehung der Fall gewesen sein, doch wenn Triangulierung und boshafter Klatsch zunehmen, stellen sich mehr und mehr negative Gefühle ein. Und vielleicht haben Sie sich selbst die Schuld gegeben und krankhafte Eifersucht und heimlichen Groll dafür verantwortlich gemacht.

Diese Erfahrung bleibt Ihnen nicht erspart, wenn Sie in die Realität eines Psychopathen eintauchen – seine verdeckten Boshaftigkeiten und notorischen Lügen tragen dazu bei, Ihre eigene Wahrnehmung der Realität zu verzerren. Denn nun gibt es zwei Realitäten, zwischen denen Sie sich entscheiden müssen:

1. Der Partner ist normal. Alle anderen sind eifersüchtig, niederträchtig oder eigennützig.
2. Der Partner ist eifersüchtig, niederträchtig oder eigennützig. Alle anderen sind normal.

In der Phase der Idealisierung und Liebesbombardierung geben wir der ersten Option den Vorrang. Die Erfahrung fühlt sich absolut unglaublich an, und deshalb beginnen wir, eine neue Realität rund um unseren »Seelengefährten« zu schaffen. Er ist wunderbar, alle anderen sind wunderbar. Das Leben ist schön! Doch dann beginnt der Klatsch hinter vorgehaltener Hand, und damit beginnt sich unsere Wahrnehmung der Realität zu verändern. Um weiterhin in unserer Scheinwelt leben zu können, in der unser psychopathischer Partner aufrichtig und anständig ist, muss der Klatsch über andere ebenfalls den Tatsachen entsprechen. Alle anderen Beteiligten müssen eifersüchtig, niederträchtig und eigennützig sein.

Anderenfalls wäre der Psychopath ja ein Lügner, Schandmaul und Manipulator.

Je stärker diese Scheinrealität wird, desto schwieriger ist es, sich aus seinen Fängen zu lösen. Es fühlt sich so an, als wären all diese Leute tatsächlich gegen Sie – und genau dieses Gefühl wollte der Psychopath bei Ihnen auslösen. Weil Ihr Glücksempfinden dann ausschließlich von ihm abhängig ist. Hinzu kommt, dass Sie immer wieder Entschuldigungen und Erklärungen vorbringen müssen, die den Erhalt Ihrer Scheinrealität sichern und zur Folge haben, dass Sie weiterhin in Abwehrhaltung bleiben und Fakten leugnen. Das ist eine ungeheuer wirksame (und destabilisierende) Ablenkung von der Furcht einflößenden Wahrheit, dass Ihr Traummann in Wirklichkeit Ihr Feind ist.

Während der Trennungs- und Genesungsphase ist uns der Zugriff auf die erste Option verwehrt – die ohnehin nur eine Illusion war –, und wir sehen uns mit der harten Realität konfrontiert. Wir fühlen uns am Boden zerstört, leer und hoffnungslos. Ohne diese Illusion haben wir *alles* verloren. Wir haben den wichtigsten, wundervollsten, vollkommenen Partner der Welt verloren. Und darüber hinaus haben sich alle, die wir für Freunde hielten, als wankelmütig und toxisch erwiesen. Wir haben nichts und niemanden mehr.

Doch dann fangen wir an, die einzelnen Puzzleteile zusammenzufügen, und erleben, dass es kleine, vertrauensvolle Momente in unserem Umfeld gibt. Und genau hier kann eine Konstante das Leben von Grund auf verändern. Wir nehmen wahr, wie wir uns in Gegenwart von jemandem fühlen, der uns so behandelt, wie wir es verdienen. Wir nehmen das Gefühl der Freiheit wahr, das sich einstellt, wenn wir Zeit mit jemandem verbringen, der uns nicht ständig bewertet, in Dreiecksbeziehungen verstrickt oder Lügen verbreitet. Und schließlich beginnen wir, die Negativität dort zu verorten, wo sie in Wirklichkeit hingehört, statt sie auf den Rest der Welt zu verlagern.

Und am Ende ergibt alles einen Sinn.

Die Realität der zweiten Option gewinnt langsam die Oberhand. Die erste Option lässt sich für Sie kaum noch nachvollziehen. Es ging nie um »Mein Partner und ich gegen den Rest der Welt« – sondern vielmehr um »Mein Partner gegen mich«. Sie beginnen, Frieden zu finden und Mitgefühl mit den Personen aufzubringen, die Sie früher strikt abgelehnt haben. Die kognitive Dissonanz lässt nach, wenn Sie mehr Zeit in der »echten Realität« verbringen, losgelöst vom Lügengewebe des Psychopathen. Ihre natürliche Fähigkeit, Mitleid und Empathie zu empfinden, kehrt zurück. Die gezielt ausgelöste Paranoia verwandelt sich in aufrichtiges Vertrauen, und auf lange Sicht verschwinden die Ablenkungen, sodass Sie sich auf das *wahre* Problem fokussieren können.

Tortur durch Triangulierung

Um Sie stärker an sich zu binden, schafft der Psychopath wie gesagt eine Aura der Unwiderstehlichkeit – er gibt vor, von vielen begehrt und umworben zu werden. Das ist eine Strategie, die Sie stolz machen soll, weil Sie das bevorzugte Objekt seiner Aufmerksamkeit sind, dem es gelingt, ihn von der Schar seiner Bewunderer wegzulocken und für sich zu gewinnen. Er erzeugt bei Ihnen die Illusion allseitiger Beliebtheit, indem er sich mit Angehörigen des anderen Geschlechts umgibt: Freundinnen, Verflossene und schließlich Ihre Nachfolgerin. Dann schmiedet er Dreieckskonstellationen, die Rivalität auslösen und seinen vermeintlichen Wert steigern (siehe *Die 24 Gesetze der Verführung* von Robert Greene).

Der Psychopath genießt die Triangulierung; er bringt andere Zielpersonen ins Spiel, um das Konkurrenzdenken zu fördern und sich den Anschein zu geben, immer und überall heiß begehrt zu sein. Einige Zielpersonen werden benutzt, um Sie eifersüchtig zu machen, während andere als potenzieller Ersatz umworben werden. Nach den SMS, die früher im Minutentakt erfolgten, und Ihrer Ernennung zur »perfekten« Seelengefährtin beginnt der Psychopath nun, auf Abstand zu gehen und andere mit der gleichen Aufmerksamkeit zu überschütten, die Ihnen zuteilwurde. Das hat zur Folge, dass Sie sich noch größere Mühe geben und alles tun, um ihn zurückzugewinnen – ohne zu merken, dass er nur mit Ihnen spielt. In der Zwischenzeit ist ihm das nächste Opfer bereits ins Netz gegangen und fest überzeugt, dass Sie »verrückt«, »bipolar« und »übergriffig« sind. Doch trotz der widerlichen Verleumdungskampagne schmeichelt Ihnen der Psychopath auch weiterhin hinter verschlossener Tür, um Ihnen einen kleinen Hoffnungsschimmer zu geben – und bis zum bitteren Ende seine Macht über Sie zu behalten.

Noch eine kurze Anmerkung: Menschen verlieben und entlieben sich. Sie finden eine neue Liebe, bevor eine Beziehung beginnt oder endet. Hier geht es nicht um alltägliche Vorkommnisse, so herzzerreißend und unfair sie auch sein mögen, sondern um bestimmte Einstellungs- und Verhaltensmuster, die Psychopathen immer wieder aufs Neue nutzen, um ihre Opfer zu quälen und zu kontrollieren.

Sie streben, wie die meisten »Menschen im sozialen Raubtiermodus«, nach Macht und Kontrolle. Sie legen es darauf an, ihre Partner zu beherrschen, sexuell, emotional und physisch. Das gelingt ihnen, indem sie ihre Schwachstellen aufspüren und ausnutzen. Deshalb wurden Sie am Anfang der Beziehung mit Aufmerksamkeit und Schmeicheleien geradezu bombardiert – denn ungeachtet dessen, wie stark oder selbstbewusst Sie auch sein mögen, zu »lieben« macht verletzlich. Psychopathen sind nicht auf körperliche Gewalt angewiesen, um Sie zu kontrollieren (obwohl sie manchmal darauf zurückgreifen). Die Beziehung bietet ihnen auch so eine perfekte Gelegenheit, Sie gefügig zu machen, indem sie Ihnen Liebe vorgaukeln. Und es bringt Sie keinen Schritt weiter, wenn Außenstehende sagen: »Warum hast du dich nicht einfach von ihm getrennt?« Als Sie sich auf die Beziehung eingelassen haben, konnten Sie nicht damit rechnen, eiskalt verletzt, herabgesetzt und mit Kritik überhäuft zu werden. Sie wurden mit einem Trick dazu gebracht, sich zu verlieben und damit die stärkste Bindung der Welt einzugehen. Psychopathen wissen das.

Wie gelingt es einem Psychopathen also, so viel Macht über seine Opfer zu gewinnen? Eine ihrer bevorzugten Methoden ist die Triangulierung. Bei der Erwähnung dieses Begriffs denken die Betroffenen gewöhnlich auf Anhieb an die nächste Zielperson, die sich bereits am Start befindet, doch das ist nicht immer der Fall. Psychopathen bringen dritte Personen oft nur in eine Paarbeziehung ein, um darauf hinzuweisen, wie begehrt sie sind, und zu bewirken, dass die Gedanken ihrer Opfer nahezu zwanghaft um sie kreisen. Die Triangulierung kann die unterschiedlichsten Personen umfassen:

- Ihre Familie
- Seine Familie
- Ihre Freunde
- Seine Freunde
- Frühere Partner
- Künftige Partner
- Völlig Fremde

Die Fähigkeit des Psychopathen, andere zu umgarnen, ist unübertroffen. Für ihn ist es das höchste Glück, wenn er andere gegeneinander ausspielen kann, vor allem, wenn sie sich dabei gegenseitig Konkurrenz machen. Er führt gekonnt Dreieckssituationen herbei, um Sie eifersüchtig zu machen und seine Treue infrage zu stellen. In einer normalen Beziehung ist der Partner bestrebt zu beweisen, dass er vertrauenswürdig ist – doch der Psychopath zielt auf das genaue Gegenteil ab, um Sie zu verunsichern. Er deutet immer wieder an, dass er vielleicht noch andere Optionen verfolgt oder Zeit mit anderen Leuten verbringt, sodass Sie nie inneren Frieden finden. Und er leugnet stets, wenn Sie das Thema ansprechen, und erklärt Sie für verrückt, weil Sie es überhaupt angeschnitten haben.

Das Problem ist, dass Sie an Aufmerksamkeit auf höchstem Niveau gewöhnt sind, mit dem Sie anfangs geködert wurden, sodass Sie es persönlich nehmen und äußerst verwirrend finden, wenn der Psychopath seine Aufmerksamkeit plötzlich auf andere richtet. Und das ist ihm wie gesagt voll und ganz bewusst. Er »vergisst«, dass er Pläne mit Ihnen gemacht hat, und verbringt ein paar Tage mit Freunden, über die er sich vorher ständig bei Ihnen beklagt hat. Er ignoriert Sie, um mehr Zeit mit seiner Familie zu verbringen, die grässlich ist, wie er anfangs behauptet hat. Er sucht Trost bei der Ex, wenn ein Familienmitglied stirbt, und erklärt, dass ihn eine »spezielle Freundschaft« mit ihr verbindet, die Sie nicht verstehen. Oft – wenngleich nicht immer – ist die Ex eine Person, die er vorher als übergriffig und psychisch instabil geschildert hat.

Bei jemandem außerhalb der Paarbeziehung Aufmerksamkeit, Mitgefühl und Trost zu suchen, ist eine weitverbreitete Taktik bei einem Psychopathen. Als empathischer Mensch und Partner sind Sie zu Recht der Ansicht, dass er Trost bei Ihnen suchen sollte. Sie haben ihm früher stets geholfen, sein inneres Gleichgewicht wiederzufinden, warum sollte sich daran etwas geändert haben? Er hat behauptet, am Boden zerstört zu sein, und Sie hätten ihn wieder aufgerichtet und glücklich gemacht. Doch nun greift er auf Freundschaften zurück, in die Sie nicht einbezogen wurden, oder auf frühere Beziehungen, die Sie »nicht verstehen«. Und führt Ihnen vor Augen, wer oder was für ihn Vorrang hat.

Und das führt uns zum nächsten Thema: die sozialen Medien.

Die Technologie erleichtert dem Psychopathen die Manipulation durch das Spiel mit den Dreiecksbeziehungen. Die Taktik kann einfach nur darin bestehen, einen Kommentar von einer Ex zu liken und einen von Ihnen zu ignorieren. Er lädt »versehentlich« ein ganzes Fotoalbum mit Aufnahmen hoch, auf denen er seine Verflossene umarmt, die er angeblich zur Hölle wünscht. Das Ganze erweckt den Anschein, als wäre es unbeabsichtigt – Sie ordnen sein Verhalten oft seinem mangelnden Einfühlungsvermögen zu –, aber täuschen Sie sich nicht: Es ist sorgfältig einkalkuliert.

Er ist ein meisterhafter Stratege, postet zweideutige Statusmeldungen, Songs und Videos, die darauf hindeuten, dass Sie ihn »verlieren« könnten. Er teilt Informationen, die bewusst neue und alte Zielpersonen in seinen Bann ziehen sollen – beispielsweise einen Scherz für Eingeweihte, den nur das neue Opfer versteht, oder ein Liebeslied, das ihn mit Ihrer Vorgängerin verband. Damit erreicht er zweierlei: Sie sind verunsichert, angsterfüllt und eifersüchtig. Und gleichzeitig fühlt sich Ihre Rivalin zuversichtlich, geliebt und als etwas Besonderes. Er umgarnt sie, während er Ihre Identität untergräbt – und schlägt damit zwei Fliegen mit einer Klappe.

Er legt es darauf an, dass Sie ihn damit konfrontieren, denn Ihre Anschuldigungen wird er als verrückt und eifersüchtige Lappalien abstempeln, wenn Sie sie zur Sprache bringen. Er liefert Ihnen gelassen fadenscheinige Erklärungen und wirft Ihnen vor, aus allem ein Drama zu machen. Verdeckte emotionale Übergriffe lassen sich nicht nachweisen, weil sie strategisch immer zweideutig sind. Sie können nicht hieb- und stichfest belegen, dass er seine Ex mit dem Song, den er gepostet hat, wieder an sich binden will, aber Sie wissen es intuitiv. Und damit erreicht er sein Ziel, nämlich den Anschein zu erwecken, als wären Sie völlig übergeschnappt. Denn seien wir ehrlich: Sich über Statusmeldungen und Kommentare auf Facebook aufzuregen, lässt auf mangelnde Reife schließen. Genau dieses Gefühl möchte er bei Ihnen auslösen.

Verflossene, die eine »Freundschaft« mit dem Psychopathen aufrechterhalten, erkennen nicht, dass sie Marionetten für ihn sind. Sie glauben, sie müssten ihm die Treue halten – im Notfall für ihn da sein. Sie begreifen nicht, dass sie zu seiner Fangemeinde gehören, auf die er zurückgreifen kann, wenn er sich in der Beziehung zu langweilen beginnt und wieder ein bisschen mehr Spannung braucht. Sie sind blind für die Tatsache, dass sie zur Ursache zahlreicher Kämpfe werden – nicht etwa, weil die Freundschaft zu ihm so erstrebenswert und besonders ist, sondern weil er sie bewusst als Drama inszeniert. Sie lassen sich von der Illusion leiten, die Freundschaft sei brillant, einzigartig und beispiellos. In Wirklichkeit werden sie lediglich benutzt, um eine Dreieckskonstellation zu schaffen.

Psychopathen sind außerdem ungeheuer geschickt, wenn es gilt, Anhänger um sich zu scharen, für die Geben seliger ist als Nehmen – unsichere Menschen, die ihren Selbstwert aus der Fürsorge für andere herleiten. Deshalb scheint Ihre Uneigennützigkeit während der Beziehung so unbedeutend und ersetzbar zu sein. Der Psychopath vermittelt Ihnen den Eindruck, Leute zu bewundern, die anders gestrickt sind als Sie – manchmal sogar das genaue Gegenteil verkörpern. Die Botschaft ist einfach: Sie nehmen keine Sonderstellung ein. Sie sind jederzeit ersetzbar. Wenn Sie ihm nicht länger die Bewunderung entgegenbringen, die er verdient zu haben glaubt, gibt es ja noch andere Quellen, aus denen er schöpfen kann. Und wenn Sie ihm keine positive Energie mehr liefern, seinen permanenten Erlebnishunger nicht befriedigen, langweilt er sich irgendwann mit Ihnen. Er braucht Sie nicht. Seine aktuelle Fangemeinde wird ihn immer verwöhnen und bewundern, was Sie davon überzeugen soll, dass er wirklich fantastisch ist. Aber schauen Sie einmal genau hin. Dann werden Sie bemerken, dass seine Fans so aussehen, als würden sie stillschweigend leiden.

Die endgültige Triangulierung erfolgt mit der Entscheidung, Sie zu verlassen. Das ist der Zeitpunkt, an dem der Psychopath beginnt, in aller Offenheit zu erklären, wie sehr ihm die Beziehung zusetzt und dass er nicht weiß, ob er Ihr Verhalten noch länger ertragen kann. Meistens erwähnt er, dass er mit einem nahestehenden Freund über die Beziehung gesprochen hat, und geht auf die Einzelheiten ein, die nach Meinung der beiden absolut unzumutbar waren. In der Zwischenzeit hat er Ihre hektischen Botschaften unverfroren ignoriert. Sie hocken zu Hause und fragen sich, warum er nicht mit Ihnen über diese Probleme diskutiert hat, schließlich ging es ja um *Ihre* Beziehung.

Der Grund ist, dass die Entscheidung, Sie wie eine heiße Kartoffel fallen zu lassen, bereits gefallen ist – jetzt geht es ihm nur noch darum, den letzten Akt der Inszenierung genüsslich hinauszuzögern und Sie damit zu quälen. Er sucht ausschließlich Rat bei Leuten, von denen er weiß, dass sie ihm zustimmen. Der »Freund«, mit dem er sich austauscht, ist vermutlich weiblichen Geschlechts und die nächste Zielperson.

In der Liebesinszenierung eines Psychopathen gibt es drei Hauptakteure; bei jedem der Beteiligten muss er eine bestimmte Maske zur Schau stellen, die durch ein bestimmtes Verhalten gekennzeichnet ist:

1. Sie: Statt Schamgefühle zu empfinden wie die meisten normalen Menschen, ist der Psychopath bestrebt, dafür zu sorgen, dass Sie von seiner Treulosigkeit erfahren – natürlich ohne es jemals einzugestehen. Wie Sie wissen, gehört dazu, mit anderen (oft via Facebook) zu flirten, mit der Schar derer zu prahlen, die mit ihm schlafen wollen, und Sie als verrückt und eifersüchtig zu bezeichnen, wenn Sie entsprechend heftig reagieren. Sein Verhalten ist verdeckt, doppeldeutig, verächtlich und darauf ausgerichtet, Ihre Zweifel an der Beziehung aufrechtzuerhalten.
2. Die nächste Zielperson: Noch ist der Psychopath nicht daran interessiert, seine neue Zielperson zu quälen. Stattdessen nutzt er Ihre bevorstehende Selbstzerstörung, um das nächste Opfer anzulocken, seine aktuelle »Favoritin«. Während Sie den Boden unter den Füßen verlieren, fällt es ihm leicht, auf Ihre verzweifelten Textnachrichten hinzuweisen und Mitgefühl bei seiner neuem Flamme zu wecken, weil Sie offenbar den Verstand verloren haben. Er hebt seine neue Zielperson auf ein Podest und erklärt ihr, dass er sich viel besser fühlt, seit es sie gibt. Ihre Nachfolgerin fühlt sich geschmeichelt, weil sie diejenige ist, die ihn vor seiner vermeintlich übergriffigen Partnerin rettet (vor Ihnen). Mit der Maske, die der Psychopath aufsetzt, verleiht er sich den Anschein, als träfe ihn keinerlei Schuld an der Situation, als wäre er (Ihr) Opfer und müsste (vor Ihnen) gerettet werden. Gleichzeitig umgarnt er die neue Zielperson, die ihn angeblich glücklich macht, mit seinen Komplimenten und Dankesbezeugungen.
3. Der Fanclub: Der Psychopath muss darüber hinaus auch seinen Bestand an Freundschaften im Blick behalten. Selbst der oberflächlichste Mensch der Welt könnte merken, dass ein

Umbruch in seiner Beziehung bevorsteht und er seinen Abgang plant. Statt offen fremdzugehen und ein Opfer kurzerhand gegen das nächste auszutauschen, muss er umsichtig vorgehen. Er leitet ernste Diskussionen mit Freunden ein, in denen er erklärt, wie sehr ihm die Beziehung zusetzt, und stimmt nichtssagende Lobeshymnen auf sie an, um sich ihre Loyalität zu sichern. Das bezeichnet man als vorausschauende Schadensbegrenzung, die dafür sorgt, dass er auch dann noch gut dasteht, wenn sein Seitensprung offenkundig wird. Er will sich vergewissern, dass sein Fanclub lauter applaudiert denn je, wenn er seine neue Flamme präsentiert und jedermann zeigt, wie perfekt sein neues Leben jetzt ist. Jede noch so kleine Unterstützung, die er von seinen Freunden erhält, ist für Sie ein weiterer Schlag ins Gesicht. Sie fragen sich, wie um alles in der Welt man für einen solchen Typen Partei ergreifen kann. In Gegenwart seines Fanclubs ist der Psychopath jemand, der schmeichelt, seinen Charme spielen lässt, nach Zustimmung Ausschau hält und am Ende auf Wolke sieben schwebt, wenn er seine neue Trophäe vorführen kann, um die uneingeschränkte Unterstützung und Glückwünsche einzuheimsen, die er ersehnt.

Der Fanclub

Ungeachtet dessen, wie übergriffig sie in Gegenwart des Partners sind, toxische Menschen verfügen stets über eine loyale Gefolgschaft, die alles gutheißt, was sie tun oder lassen. Ihre Fans sind geblendet von der hohlen Schmeichelei, die als Kontrollinstrument dient. Die Fanclubs wechseln oft, da die Freundschaften von Psychopathen weder tiefgründig noch in irgendeiner Weise bedeutungsvoll sind. Alles, was für sie zählt, ist Aufmerksamkeit und grenzenlose Bewunderung. Jeder, der es versäumt, ihnen diese stumpfsinnige Form der Bestätigung zu liefern, wird prompt durch jemanden ersetzt, der gewillt oder dazu in der Lage ist.

Um ihr Verwirrspiel über die Bühne zu bringen, ist ein Höchstmaß an Berechnung und Planung erforderlich. Psychopathen sind listig, eiskalt und sich ihres Verhaltens vollauf bewusst. Sie schaffen es, in drei verschiedene Rollen zu schlüpfen, um Sie zu verunsichern und dazu zu bringen, an Ihrem gesunden Menschenverstand zu zweifeln.

Nach der Trennung, wenn die meisten normalen Menschen es peinlich finden und damit hinterm Berg halten würden, dass sie bereits eine neue Beziehung eingegangen sind, brüstet sich der Psychopath unverhohlen damit, wie glücklich er mit seiner neuen Partnerin ist. Und noch überraschender: Er erwartet allen Ernstes, dass Sie sich für ihn freuen. Wenn nicht, sind Sie in seinen Augen verbittert und eifersüchtig.

Nachdem er Sie abserviert hat, verschafft er sich einen Überblick über die Situation und nimmt eine Bewertung vor. Falls Sie zu Kreuze kriechen oder betteln, weiß er die Energie, die Sie mobilisieren, vermutlich zu schätzen. Er findet Ihr Verhalten abstoßend und erfreulich zugleich. Falls Sie zum Angriff übergehen und seine Lügen aufdecken, wird er alles tun, was in seiner Macht steht, um Sie fertigzumachen. Selbst wenn Sie ihn später reumütig um Verzeihung bitten, in der Hoffnung, ihn doch noch zurückzugewinnen, wird er Sie bis in alle Ewigkeit verachten, weil Sie es gewagt haben, ihm zu widersprechen. Sie haben zu viel gesehen – das soziale Raubtier, den Brandstifter hinter der Maske des Biedermanns.

Auch wenn die Beziehung beendet ist, nutzt er weiterhin die Triangulierung als Mittel, um Sie um den Verstand zu bringen. Er stellt sich öffentlich mit seiner neuen Partnerin zu Schau, postet Fotos und schildert das unsägliche Glück, das er genießt. Er will nicht nur beweisen, wie harmonisch die Beziehung ist und wie perfekt die beiden zueinander passen, sondern außerdem erreichen, dass Sie die neue Frau an seiner Seite hassen und ihr die Schuld am Bruch der Beziehung in die Schuhe schieben.

Wie können Sie sich also vor dem traumatischen emotionalen Missbrauch schützen? Zuerst sollten Sie an Ihrer Selbstachtung arbeiten, ein Thema, auf das wir an späterer Stelle ausführlicher eingehen. Doch unterm Strich gilt es, sich bewusst zu machen, welche Verhaltensweisen in einer Beziehung annehmbar beziehungsweise unannehmbar sind. Sie sollten erkennen, dass ein Partner, der Sie betrügt und gezielt provoziert, es nicht wert ist, Zeit mit ihm zu verbringen. Sie sollten nie Ihren gesunden Menschenverstand in Zweifel ziehen, wenn Sie nach Erklärungen für sein brisantes Verhalten suchen. Doch das ist schwierig bei subtilen, verdeckten emotionalen Übergriffen, die darauf angelegt sind, das Opfer in die Irre zu führen.

Hier hilft nur eins: die Einführung der »Detektiv-Regel«. Die Idee, die sich dahinter verbirgt, ist einfach: Wenn Sie feststellen, dass Sie bei jemandem Detektiv spielen, sprich ihm »auf den Zahn fühlen«, sollten Sie ihn unverzüglich aus Ihrem Leben verbannen. Erinnern Sie sich an Ihre Konstante? Observieren Sie diese Person auf Schritt und Tritt? Werfen Sie ständig einen Blick auf ihre Facebook-Seite und stellen alles infrage, was sie sagt oder tut? Natürlich nicht. Die Neigung, dieses Verhalten bei Ihrem Partner an den Tag zu legen, hat also nichts mit Ihnen zu tun – irgendetwas treibt Sie an, auf der Hut und argwöhnisch zu sein.

Detektiv spielen

Im Umgang mit Lügnern und Manipulatoren stellen wir oft fest, dass wir »Detektiv« spielen. Das ist auf unsere Intuition zurückzuführen, die uns sagt, dass irgendetwas grundlegend nicht stimmt mit dem Menschen, über den wir Informationen sammeln. Aus irgendeinem Grund erscheinen Ihnen die Behauptungen Ihres Partners unstimmig oder unglaubwürdig. Sie haben das Gefühl, dass er ständig Ausreden erfindet und anderen die Schuld zuschiebt, selbst wenn seine Geschichten etliche Ungereimtheiten aufweisen. Er verwickelt Sie in Gespräche, die Sie verwirren und stets dazu führen, dass Sie als eifersüchtig, hysterisch und paranoid abgestempelt werden. Doch wenn Sie später auf die Situationen zurückblicken, in denen er Sie als verrückt bezeichnet hat, wird Ihnen klar, dass es sich um eine perfide Strategie handelte. Jede Ausrede sollte eine weitere Täuschung, Treulosigkeit oder vollkommen überflüssige Lüge kaschieren (diejenigen, die er aus Spaß erzählt). Psychopathen sind Meister des verdeckten emotionalen Missbrauchs: Sie legen wie bei einer Schnitzeljagd Hinweise aus, die zur Folge haben, dass Sie an sich selbst zweifeln, weil Sie ein Verhalten an den Tag legen, das so gar nicht zu Ihrer vertrauensvollen Grundeinstellung passt.

Selbst wenn dieses Misstrauen vage und unvernünftig erscheint, sollten Sie auf Ihr Bauchgefühl hören. Wenn Sie sich ständig den

Kopf zerbrechen oder die Richtigkeit Ihrer Gedanken infrage stellen, ist es an der Zeit, die Selbstzweifel zu beenden und zu handeln.

Jedes Mal, wenn Sie diese toxische Person aus Ihrem Leben verbannen, werden Sie feststellen, dass Ihre Ängste wie von Zauberhand schwinden. Sie sind der einzige Mensch, der weiß, ob Ihnen jemand schadet. Sie sind der einzige Mensch, der weiß, was für Sie am besten ist. Sie entscheiden, ob Sie sich in Gesellschaft einer bestimmten Person wohlfühlen. Niemand außer Ihnen kann beurteilen, ob Ihre Gefühle richtig oder falsch sind. Denken Sie an die Frage: Wie fühlen Sie sich heute? Was zählt, ist allein Ihre Antwort.

Die Triangulierung hinterlässt lang anhaltende emotionale Verletzungen und leistet dem Gefühl Vorschub, eifersüchtig, emotional bedürftig, unsicher und ein Monster zu sein. Sobald Sie sich auf dem Weg der Genesung befinden, werden Sie erkennen, dass Ihre Verunsicherung bewusst ausgelöst wurde. Sie waren nicht Sie selbst – Sie wurden manipuliert. Ihr wahres Selbst ist zugewandt, liebevoll, aufgeschlossen und einfühlsam. Sie sind auf einem guten Weg, und es besteht kein Grund, an diesen Eigenschaften zu zweifeln.

Schweigen

Schweigen gehört zu den wirksamsten Werkzeugen, um die Identität eines Menschen nach und nach zu untergraben. Es ist eine verdeckte Strafe, die dazu dient, eine Verhaltensänderung herbeizuführen, ohne übermäßig manipulativ zu erscheinen. Wenn empathische Menschen der Schweigefolter unterzogen werden, zerstören sie sich oft selbst und grübeln über alles nach, was sie falsch gemacht haben könnten. Infolgedessen beginnen sie, die Ecken und

Kanten Ihrer Persönlichkeit immer mehr abzuschleifen, um zu vermeiden, dass Sie das vermeintliche Fehlverhalten wiederholen.

Die Schweigefolter ist eine brutale Form des emotionalen Missbrauchs – bei der Sie gegen Ihren eigenen Verstand zu Felde ziehen. Sie erklären Ihrer Intuition und allem, was Sie als real wahrnehmen, den Krieg. Sobald die Identitätserosion weit genug fortgeschritten ist, kann der Psychopath diese finale Technik anwenden, ohne Gefahr zu laufen, dass Sie ihn verlassen. Stattdessen quälen Sie sich selbst, übernehmen den Rest der Tortur, die er Ihnen zugedacht hat.

Er überlässt Sie sich selbst mit Ihren Gedanken, legt subtile Hinweise und Andeutungen in den sozialen Netzwerken aus, um Ihre Paranoia anzukurbeln. Sie lassen alle Dinge Revue passieren, die Sie in der Beziehung getan oder unterlassen haben, werfen sich Ihre Gefühle und Empfindungen vor. Sie wachen mitten in der Nacht auf, hoffen mit klopfendem Herzen auf eine SMS von ihm. Sie loggen sich bei Facebook ein und sehen, dass er stundenlang mit Freunden und Verflossenen chattet. Er ist sehr wohl erreichbar; er ignoriert Sie bewusst.

Er erwartet Verständnis von Ihnen, wenn er tagelang nicht mit Ihnen redet, obwohl er Ihnen zu Beginn der Beziehung jede Stunde eine Textnachricht geschickt hat. Sie haben mit einem Mal das Gefühl, unter »Bewährung« zu stehen, obwohl Sie keine Ahnung haben, was man Ihnen zur Last legen könnte. Sie neigen zu passiv-aggressivem Verhalten, entwerfen lange E-Mails über sein verändertes Verhalten und den Mangel an Kontakt. Vielleicht fühlen Sie sich sogar stark genug, eine Trennung vorzuschlagen, aber Sie halten Ihr Vorhaben nie länger als ein paar Stunden durch. Sie glauben vielleicht, dass Sie am längeren Hebel sitzen, wenn es ums Ignorieren geht, dass Sie die Situation so gelassen und gefasst aussitzen können, als wäre alles in bester Ordnung, um nicht den Eindruck zu erwecken, wie eine Klette an ihm zu hängen. Doch der Psychopath wird dieses Spiel immer gewinnen. Weil er Ihre Aufmerksamkeit nicht braucht – er hat bereits einen Ersatz gefunden. Ja, kein Zweifel: Wenn er Sie tagelang ignoriert, hat er bereits eine neue Zielperson in petto. Ansonsten würde er seine Bemühungen auch weiterhin ausschließlich auf Sie konzentrieren. Doch nun sind Sie nur mehr ein lästiges Anhängsel. Er hat eine neue, aufregende Partnerin an seiner Seite, und Ihre Emotionen sind lediglich ein Klotz am Bein auf dem Weg in ein neues romantisches Abenteuer.

Doch das wird er Ihnen niemals ins Gesicht sagen. Er wird Sie auch weiterhin bei der Stange halten, wird Ihre verzweifelten SMS lesen und sie wortlos ignorieren. Er wird Sie angreifen und Ihnen vorwerfen, unausstehlich, verrückt und klettenhaft zu sein. Er wird es ablehnen, sich auf eine Aussprache am Telefon oder von Angesicht zu Angesicht einzulassen, es sei denn, zu seinen Bedingungen. Der emotionale Missbrauch findet nicht mehr verdeckt statt. Die Verachtung, der er Ihnen gegenüber zum Ausdruck bringt, ist unverkennbar.

Doch trotz alledem wird er Sie nicht gleich abservieren. Noch nicht. Das spart er sich für den richtigen Zeitpunkt auf.

Finale mit Paukenschlag

Um die Beziehung endgültig zu beenden, wählt der Psychopath eine Strategie, die von unvorstellbarer Gleichgültigkeit gegenüber Ihren Gefühlen zeugt und Sie daher besonders tief trifft. Während er sein neuestes Opfer zu umgarnen beginnt, zielt er darauf ab, dass Sie den Prozess der Selbstzerstörung in Gang setzen. Das ist seine Art, sich zu vergewissern, dass die Trennung gerechtfertigt ist und die neue Zielperson besser zu ihm passt. Doch in erster Linie will er Sie vernichten, weil er Sie hasst. Er hasst Sie wegen Ihrer Empathie und Ihrer liebevollen Gefühle – Eigenschaften, die ihm fehlen und die er jeden Tag vortäuschen muss. Wenn er Sie zerstört, bedeutet dies, dass er die nagende Erinnerung an die Leere, die in seiner Seele herrscht, zeitweilig zum Schweigen bringen kann.

Die Nachwirkungen

Psychopathen hängen sich gern an erfolgreiche Menschen und nehmen ihnen, was sie sich hart erarbeitet haben. Wenn Sie sich eine solide berufliche Existenz aufgebaut haben, lassen sie sich finanziell von Ihnen aushalten und vermeiden es, sich selbst einen Job zu suchen. Wenn Sie sich einen wunderbaren Freundeskreis aufgebaut haben, starten sie eine Charme-Offensive, um die Leute in ihren Fanclub zu integrieren und schließlich gegen Sie aufzuhetzen. Sie vereinnahmen alles, was Ihnen wichtig ist, und sobald sie sich angeeignet haben, was Sie ihnen bieten konnten, suchen sich diese Parasiten einen neuen »Wirt«.

Wenn alles nach Plan verläuft, tritt der Bruch möglichst schmerzhaft und wie der Blitz aus heiterem Himmel ein, sodass Sie das Gefühl haben, Sie wären ihm nicht einmal eine Aussprache wert. Und dann schauen Sie fassungslos zu, wie er vor Ihren Augen ein neues Leben beginnt, während Sie sich noch fragen, was um alles in der Welt da gerade geschehen ist. Keine der herablassenden Erklärungen bezüglich der Trennung ergibt einen Sinn. Nichts passt mehr zusammen. Rückblickend erkennen Sie, dass dieser Mensch absolut nichts beigetragen hat, was für die Beziehung von Wert gewesen wäre – nur vorgetäuschtes Lob und Schmeicheleien, um zu verhindern, dass Sie auf seinen schmarotzerhaften Lebensstil aufmerksam wurden. Psychopathen lassen nichts als Leid, Verwirrung und Chaos auf ihrem Weg der Zerstörung zurück.

Die Trennungscheckliste des Psychopathen

Der Psychopath hat also fast immer eine neue Zielperson am Start als Ersatz für die derzeitige Partnerin. Doch anstatt die alte Beziehung einfach zu beenden und die neue zu beginnen, geht er strategisch vor und hakt die Aufgaben auf seiner Trennungscheckliste ab:

1. Verdeckte Hinweise ausstreuen, dass er sich für jemand anderen interessiert.
2. Schritt 1 so lange wiederholen, bis Sie schließlich reagieren.
3. Gelassen andeuten, dass Sie hysterisch und eifersüchtig sind.

4. Schweigefolter anwenden, weil Sie hysterisch und eifersüchtig sind.
5. Schritt 4 so lange wiederholen, bis Sie mit dem Selbstzerstörungsprozess beginnen.
6. Den Selbstzerstörungsprozess nutzen, um die neue Zielperson zu überzeugen, dass Sie verrückt sind, damit sie wegen des Seitensprungs kein »schlechtes Gewissen« hat.
7. Den Selbstzerstörungsprozess nutzen, um seine Freunde zu überzeugen, dass Sie verrückt sind; damit sichert er sich die volle Unterstützung seines Fanclubs, sobald er Sie ersetzt.
8. Übergang zu herablassendem Verhalten und Erklärungen, wie belastend Ihr psychisch instabiles Verhalten für ihn ist.
9. Sie Knall auf Fall und so kaltblütig wie möglich abservieren.
10. Die neue Flamme öffentlich präsentieren, um Ihnen zu zeigen, wie glücklich er ohne Sie ist.

Normale Trennungen laufen nie so durchgeplant ab, doch der Psychopath legt Wert darauf, den Anschein zu erwecken, dass Sie ein Monster sind und ihn keinerlei Schuld trifft. Obwohl er derjenige ist, der belogen und betrogen hat, gelingt es ihm damit, den Spieß umzudrehen, um in die Opferrolle zu schlüpfen und sich zu vergewissern, dass Ihnen am Ende absolut nichts mehr bleibt.

Die Kulisse

Damit Sie sich nicht täuschen: Der Trennungsprozess erfolgt weder Knall auf Fall noch aus einem Impuls heraus – er wurde seit Wochen, möglicherweise sogar seit Monaten akribisch geplant. In dieser Phase haben Sie allmählich das Gefühl, als würde er es darauf anlegen, dass Sie *ihm* den Laufpass geben. Er tut alles, um Sie auf die Palme zu bringen und zu verletzen; und tief in Ihrem Herzen spüren Sie, dass er kein Interesse mehr daran hat, die Beziehung fortzusetzen. Aber natürlich lässt er kein Wort darüber verlauten. Er leugnet, wenn Sie Mutmaßungen über seine Absichten äußern. Stattdessen weist er Ihnen die alleinige Schuld zu, gibt Ihnen das Gefühl, dass ausschließlich Ihre selbstzerstörerischen Verhaltensweisen für das Beziehungschaos verantwortlich sind – und nicht seine krassen emotionalen Übergriffe.

Während Sie hektisch versuchen, die Dinge wieder ins Lot zu bringen, hat er bereits die nächste Zielperson ins Auge gefasst. Vielleicht schlafen sie bereits miteinander. Und er sorgt dafür, dass Sie Verdacht schöpfen – er macht Andeutungen und verdeckte Anspielungen, bis Sie es nicht mehr aushalten und explodieren. Dann benutzt er Ihr sprunghaftes Verhalten als Mitleidsmasche, um sein nächstes Opfer um den Finger zu wickeln. Gibt es eine bessere Möglichkeit, Ihre Nachfolgerin davon zu überzeugen, dass Sie nicht mehr alle Tassen im Schrank haben, als ihr die scheinbar grundlosen hysterischen SMS zu zeigen, mit der Sie ihn unter Druck setzen?

Unterdessen denken Sie die ganze Zeit, dass es an Ihnen liegt, wenn sein Interesse nachlässt oder Ihre Eifersucht die Flamme der Leidenschaft zum Erlöschen bringt. Erst nach Monaten, wenn Sie sich bereits auf dem Weg der Genesung befinden, wird Ihnen plötzlich alles klar. Rückblickend erkennen Sie, dass die Geschehnisse unmittelbar vor der Trennung von ihm inszeniert waren, und können die Puzzlesteine zusammenfügen. Sie sind geschockt – unfähig zu begreifen, wie jemand so skrupellos sein kann. Sie sind empört, wenn Ihnen bewusst wird, wie lange er Sie schon an der Nase herumgeführt hat. Sie fragen sich, warum er nicht schon in dem Augenblick Schluss gemacht hat, als er Ihrer Nachfolgerin begegnet ist. Sie stellen fest, dass er Sie unverblümt ignoriert hat – nicht etwa, weil er beruflich, sondern im Bett eingespannt war.

Und die ganze Zeit über hat er Ihnen das Gefühl vermittelt, dass *Sie* ein Monster wären.

Selbstzerstörung

Für das Opfer des Psychopathen scheint die Trennung von einem Augenblick auf den anderen zu erfolgen. Aber der Psychopath hat diesen Schlussakt seit geraumer Zeit sorgfältig geplant. Er hat Lügen und boshaften Klatsch über Sie verbreitet und andere in aller Ruhe davon überzeugt, dass Sie psychisch instabil sind und die Beziehung mehr und mehr zerstören. Er benutzt diese Geschichte, um das nächste Opfer zu umgarnen und Freunde von seiner offenkundigen Untreue abzulenken. Sie stellen fest, dass Sie innerhalb von Tagen ersetzt werden und zusehen müssen, wie er aller Welt sein »perfektes« neues Leben mit Ihrer Nachfolgerin präsentiert. Während Sie noch verzweifelt bemüht waren, die Beziehung zu kitten, hat er bereits die nächste begonnen. Und statt einen klaren Schnitt zu machen, wie man es von einem normalen Menschen erwarten könnte, hat er Sie bis zum bitteren Ende zappeln lassen. Er hat Sie als »verrückt« und »eifersüchtig« abgestempelt und Ihre gesamte Identität auf perfide Weise aus den Angeln gehoben, während er mit seiner Neuen davonstolziert ist. Psychopathen trennen sich nicht einfach, vielmehr nutzen sie die Trennung als Gelegenheit, sich einen Kick zu verschaffen und Ihnen bei der Selbstzerstörung – auf der physischen, emotionalen und spirituellen Ebene – zuzuschauen.

Die verbale Abfuhr

Das Finale, das der Psychopath einleitet, wird nonchalant und hinterhältig inszeniert. Vielleicht informiert er Sie sogar per SMS über die Trennung, damit Sie sich vollkommen wertlos fühlen. Falls er Ihnen überhaupt eine Begründung liefert, dreht sie sich überwiegend um ihn und seine »Gefühle« – er erklärt, dass er einfach nicht mehr so weitermachen kann. Während der Unterhaltung sind Sie wie gelähmt und betäubt. Sie haben es geahnt, aber Sie können es einfach nicht glauben. Sie bekommen eine Menge Wortsalat über seine Ex und Ihr verändertes Verhalten zu hören, aber kein einziges Wort über Ihren Ersatz. Er scheint das Ende zu bedauern (auch Sie), aber unerklärlicherweise auch gut gelaunt zu sein.

Das Finale mit Paukenschlag erfolgt unter Umständen, mit denen Sie niemals gerechnet hätten. Wenn Sie weit voneinander entfernt leben, hat er kein Problem damit, Sie zu einem Besuch aufzufordern, um Sie auf halber Strecke abzuservieren. Dadurch, dass er Ihre Pläne durchkreuzt und Sie aus Ihrer vertrauten Umgebung herausreißt, vergewissert er sich, dass Sie angesichts der Hiobsbotschaft den Boden unter den Füßen verlieren – was die Verwirrung und Minderwertigkeitsgefühle noch verstärkt, die Sie ohnehin schon empfinden.

Dieser Bruch hat bei Ihnen ein Gefühl absoluter Leere zur Folge. Dieses Gefühl als Niedergeschlagenheit zu beschreiben reicht nicht aus, denn es ist mehr als das. In diesem Augenblick kommt es Ihnen so vor, als wäre jeder Funke Lebenskraft in Ihnen erloschen.

Der Schlussakt

Jemanden Knall auf Fall abzuservieren ist kein normales Verhalten. Wenn man echte Liebe und Leidenschaft empfindet, wie behauptet, ist man nicht imstande, Monate später ohne ein Wort von der Bildfläche zu verschwinden. Doch Ihr Partner, der erklärt hat, Sie wären seine Traumfrau, nicht zu vergleichen mit seinen verrückten Verflossenen, umgarnt bereits sein neues Opfer mit der Mitleidsmasche, indem er Sie als verrückte Ex darstellt. Alles, was aus dem Mund eines Psychopathen kommt, sind Worthülsen, Floskeln, die er mit Bedacht fabriziert. Das wird vor allem dann offensichtlich, wenn er die Phase der Persönlichkeitsspiegelung hinter sich lässt – »Wir stimmen in jeder Hinsicht überein« – und den unvermeidlichen Trennungsprozess einleitet, indem er sein nächstes Opfer zu spiegeln beginnt. Sobald Sie begreifen, wie dieser Zyklus verläuft, erkennen Sie, dass Sie keineswegs einen Seelengefährten verloren haben. Während er in diesem Teufelskreis gefangen bleibt, liegt ein neues Abenteuer vor Ihnen, befreit von den endlosen Lügen und Psychospielchen eines seelenlosen Menschen.

Dreiecksbeziehungen, die nächste Runde

Der Psychopath ist noch nicht fertig mit Ihnen. Er bevorzugt die Zeit unmittelbar nach der Trennung für seine Triangulierungsspielchen. Nachdem er seinen Beziehungsstatus auf Facebook geändert hat und dort nun als »Single« in Erscheinung tritt, denken Sie, dass es nicht schlimmer kommen kann. Ihre Freunde erkundigen sich, wie es Ihnen geht, aber Sie sind außerstande, sich auf etwas anderes als Ihren Ex-Partner zu konzentrieren. Sie fühlen sich sterbenselend, wenn Sie seine Fotos betrachten, aber Sie können nicht anders. Sie lassen alte Erinnerungen Revue passieren und löschen spontan alles, was geht – um es sofort zu bereuen.

Und dann läutet er die nächste Runde ein.

Nur wenige Tage nach dem Bruch postet er Fotos von sich selbst mit einer anderen. Mit einer Frau, die Sie nie zuvor gesehen haben. Er macht keine Anstalten, seine neueste Eroberung zu verstecken. Ganz im Gegenteil, er scheint Ihre Nachfolgerin voller Stolz vorzuführen. Er empfindet deutlich weder Scham- noch Schuldgefühle. Sie wissen, dass es keine gute Idee ist, aber Ihre Neugierde gewinnt die Oberhand: Sie fangen an, der Sache auf den Grund zu gehen, und entdecken dabei, dass es die Neue schon eine ganze Weile im Leben Ihres Ex gibt. Die beiden haben in den sozialen Medien miteinander gescherzt und geflirtet, was Ihnen vorher nie aufgefallen ist. Sie waren vermutlich ausschließlich auf Ihre Vorgängerin fokussiert.

Ehe Sie sich's versehen, hat er seinen Beziehungsstatus abermals geändert, und seine Freunde gratulieren dem frischgebackenen Paar mit Begeisterung. Es ist klar, dass sie schon seit Längerem von Ihrer Nachfolgerin wussten. Während Sie als verrückte Ex abgeschrieben wurden, schickte sich die Neue bereits an, Ihre Position einzunehmen. Der Fanclub des Psychopathen feuert die beiden an, klatscht lauter Beifall als jemals zuvor – ihr Held hat die (derzeit aktuelle) Liebe seines Lebens gefunden.

Überlegenheitskomplex

Nach der Trennung und abermaligen Triangulierung empfindet der Psychopath ein ungeheures Gefühl der Überlegenheit. Jetzt hat er seine persönliche »Bestmarke« erreicht – er strotzt vor Energie, während er zuschaut, wie Sie allerorten in Ungnade fallen. Er kostet seine Macht aus, stellt Ihre Nachfolgerin offen zur Schau, weil er will, dass Sie von ihrer Existenz erfahren. Er wartet auf Ihre Reaktion, und falls sie ausbleibt, erfindet er einen Grund, um Kontakt mit Ihnen aufzunehmen und sicherzugehen, dass sein neuestes Profilbild an allen Ecken und Enden zu sehen ist. Oft benutzt er unsinnige Anfragen als Vorwand, um Ihre Aufmerksamkeit auf sich zu lenken. Er erklärt beispielsweise, dass er Ihnen unbedingt etwas zurückgeben möchte, was Ihnen gehört, beispielsweise ein Kleidungsstück oder eine DVD – etwas, worüber normale Menschen einfach hinwegsehen würden.

Sobald er Ihre Aufmerksamkeit hat, nimmt er eine gelassene, gönnerhafte Haltung ein, lässt belehrende Sprüche ab, als wäre er eine Art Beziehungsguru, weil er sein Glück gefunden hat und Sie Single sind. Während der gesamten Unterhaltung wirkt er arrogant, als wollte er Ihnen klarmachen: »Ich habe hier die Kontrolle.« Nach der Trennung ist er nahezu versessen darauf, sich als cool und überlegen zu präsentieren. In Siegerpose.

Er redet alles klein, was geschehen ist, warnt Sie davor, ein Drama zu veranstalten. Statt sich für sein missbräuchliches Verhalten und die inzwischen offenkundige Untreue zu entschuldigen, greift er auf Allgemeinplätze zurück, erklärt beispielsweise, dass Trennungen immer schwierig sind. Er nimmt der Erfahrung jeden persönlichen Aspekt und schlägt einen Ton an, als würde er Sie bemitleiden. Er benutzt diese Pseudo-Freundlichkeit, um sich als der Überlegene fühlen zu können. Er wünscht Ihnen alles Gute, ganz angelegentlich, und möchte damit den Anschein erwecken, als wäre diese Trennungssituation etwas völlig Alltägliches.

Wenn Sie ihm diese Überlegenheitstour nach der Trennung nicht durchgehen lassen, kann er äußerst unangenehm werden. Er hat keine Lust, über seine Untreue oder notorischen Lügen zu sprechen. Er möchte, dass Sie ihn in Ihrer Erinnerung verklären. Wissen Sie noch, wie er Sie gegen Ende der Beziehung tagelang mit Schweigen abgestraft hat? Er erwartet immer noch unverzüglich eine positive Reaktion von Ihnen – sonst werden Sie, was sonst, als verbittert und eifersüchtig abgestempelt.

Wenn Sie sich zu diesem Zeitpunkt wie ein Boxsack fühlen, befinden Sie sich in guter Gesellschaft.

Die Falle des emotionalen Peinigers

Psychopathen, Narzissten und Soziopathen sind Experten der Schmeichelei und Charme-Offensive. Obwohl sich die Idealisierung anfangs unglaublich gut anfühlt, richtet sie den größten Schaden an, wenn die Beziehung mit einem Paukenschlag beendet wird. Es handelt sich um eine ausgeklügelte Falle, eine Falle, der keines der ahnungslosen Opfer zu entgehen vermag.

1. Indem er Sie idealisiert, kann der Psychopath damit rechnen, dass seine Aufmerksamkeit und Bewunderung unverzüglich erwidert werden. Die Liebesbombardierung führt schon nach kürzester Zeit zu einer emotionalen Bindung Ihrerseits, die bewirkt, dass Sie den Wunsch verspüren, das Übermaß an »Liebe«, das Sie erhalten, zurückzugeben. In Ihren Augen ist Ihr Partner der perfekte und der leidenschaftlichste Seelen-

gefährte, den man sich nur vorstellen kann. Sie empfinden und bringen diese grenzenlose Liebe jeden Tag aufs Neue zum Ausdruck.

2. Sie teilen Ihr Glück über diese traumhafte Beziehung mit allen Ihren Freunden und Familienangehörigen. Oft können sie diese fortwährenden Schmeicheleien sogar von einem Sitz in der ersten Reihe miterleben. Soziale Medien wie Facebook sorgen dafür, dass die gegenseitige Idealisierung für alle Welt sichtbar wird. Streicheleinheiten für das Ego, die von so viel öffentlichem Lob ausgehen, tun einfach gut.
3. Der emotionale Peiniger zieht sich nach und nach zurück. Zuerst kaum merklich. Sie können nicht genau sagen, was es ist, aber irgendetwas hat sich geändert. Er schreibt nicht mehr so viele SMS oder ruft Sie seltener an, sein Interesse scheint nachzulassen, Sie haben mehr und mehr das Gefühl, als wäre der Kontakt für ihn eine Pflichtübung, und zu Verabredungen kommt er ständig zu spät. Doch aufgrund der im ersten und zweiten Abschnitt beschriebenen Umstände sind Sie fest entschlossen, an der Idealisierung festzuhalten. Sie ignorieren sein Verhalten, das immer fragwürdiger wird, und heben ihn weiterhin auf ein Podest, in der Hoffnung, das Bild von Ihrem Traummann wiederherzustellen. Wie gesagt: Sie sind schließlich nicht wie seine verrückte Ex; Sie wollen zeigen, dass Sie unkompliziert sind und verzeihen können.
4. Sie reden Ihren Freunden, Familienangehörigen und sich selbst nach wie vor ein, wie wunderbar Ihr Partner ist. Auch wenn sich das Verhältnis zu ihm zunehmend trübt, sind Sie überzeugt, dass Sie die Beziehung mit genug Liebe und positiver Energie wieder kitten können. Zu diesem Zeitpunkt kann der Psychopath tun und lassen, was er will – Sie loben ihn trotzdem in den allerhöchsten Tönen.

5. Die Übergriffe des Psychopathen werden massiver. Die Triangulierung beginnt. Sie werden mit Schweigen und ätzender Kritik abgestraft. Sie werden als verrückt und hysterisch abgestempelt. Und schließlich werden Sie eiskalt abserviert. Während all dieser Phasen versuchen Sie verzweifelt, die Beziehung zu retten. Sie weinen, flehen ihn an und leugnen die Realität. Ihr Partner ist Ihr einziger Lebensinhalt geworden. Sie haben niemanden, den Sie um Hilfe oder Unterstützung bitten könnten, denn alle glauben, Ihre Beziehung sei perfekt.
6. Nach der Trennung beginnen Sie, die einzelnen Puzzleteilchen zusammenzusetzen. Sie stoßen im Zuge einer Internetrecherche auf den Begriff »Psychopathie« und denken: »O Gott, das darf doch nicht wahr sein!« Je mehr Informationen Sie sammeln, desto größer wird Ihre Wut. Plötzlich ergibt alles einen Sinn, Ihr Verdacht bestätigt sich auf unfassbare Weise, und Ihre Realitätswahrnehmung hat sich ein für alle Mal verändert.
7. Die Falle. Niemand glaubt Ihnen. Nach all der Begeisterung über die Beziehung kann niemand Ihre Anschuldigungen nachvollziehen. Wieso sollten Sie das Opfer eines emotionalen Missbrauchs geworden sein? Sie waren doch so glücklich – schwebten im siebten Himmel. Sie hatten Ihren Traummann gefunden, wurden auf Händen getragen. Das haben Sie selbst gesagt! Wenn die Beziehung wirklich so schlecht gewesen wäre, hätten Sie ihn doch nicht ständig gelobt, oder? Sie werden nicht als Opfer, sondern als hysterisch, verbittert und unfähig wahrgenommen, mit Zurückweisungen umzugehen.

So sieht die emotionale Falle aus, in die der Psychopath Sie nach allen Regeln der Kunst gelockt hat. Er hat Sie umgarnt, damit Sie ihn Ihrerseits mit Lob und Bewunderung überschütten, sodass Sie sich selbst schachmatt setzen, sobald der Missbrauch beginnt. Die Betroffenen stellen oft fest, dass selbst ihre eigenen Freunde Partei für ihren Peiniger ergreifen. Das ist niederschmetternd und der letzte Nagel im Sarg der psychopathischen Beziehung.

Um diese Situation zu vermeiden, sollten Sie darauf verzichten, sich zu verteidigen oder Erklärungen abzugeben – gleich, vor wem auch immer. Ja, Sie haben das verständliche Bedürfnis, sich jemandem anzuvertrauen, aber teilen Sie Ihre Erfahrungen lieber mit Menschen, die wissen, was Sie durchgemacht haben. Halten Sie sich an Foren und Fachzeitschriften, die Wege aus der Krise aufzeigen können. Wenn Sie nach professioneller Hilfe Ausschau halten, sollten Sie sich vergewissern, dass der/die Therapeut*in die Psychospielchen der Manipulatoren kennt. Er oder sie sollte Fachkenntnisse auf dem Gebiet der Cluster-B-Persönlichkeitsstörungen besitzen (die Borderline-Persönlichkeitsstörungen, narzisstische Persönlichkeitsstörungen, histrionische Persönlichkeitsstörungen und antisoziale Persönlichkeitsstörungen umfassen). Anderenfalls müssen Sie als Opfer vielleicht weitere Schuldzuweisungen verkraften. Sie brauchen niemanden, der Ihnen erzählt, Sie würden »schon irgendwann darüber hinwegkommen« oder Trennungen »gehörten nun mal zum Leben«. Sie brauchen jemanden, der Ihnen hilft, aus dieser Hölle zu entkommen, und Sie auf dem Weg zu innerem Frieden begleitet.

Sie sind nicht verrückt. Sie sind nicht bipolar, neben der Spur, hypersensibel, eifersüchtig oder emotional bedürftig. Sie haben einen emotionalen Missbrauch überlebt – und *können* sich aus dieser Falle befreien. Versuchen Sie, Ruhe zu bewahren, sich in Geduld zu üben und liebevoll mit sich selbst umzugehen. Irgendwann wird es Ihnen gelingen, offen und glaubwürdig über Ihre traumatische Erfahrung zu sprechen. Zerbrechen Sie sich nicht den Kopf darüber, wie Sie andere schon jetzt von Ihrer Geschichte überzeugen könnten. Genau darauf hofft der Psychopath. Indem er Sie in die Defensive drängt, sobald Sie Ihren emotionalen Tiefpunkt erreicht haben, stehen Sie am Ende als die Schuldige und psychisch Instabile da.

Also verabschieden Sie sich ein für alle Mal von diesen Spielchen. Denken Sie daran, Sie sind kein Einzelfall. Teilen Sie Ihre Geschichte mit Menschen, die begreifen, was Ihnen widerfahren ist, und nach und nach werden Sie feststellen, dass dieser Albtraum zu verblassen beginnt, zu einer bizarren, vagen Erinnerung wird. Der Psychopath hat keine Macht mehr über Sie. Sie befinden sich auf dem Weg der Genesung, der Ihr Leben von Grund auf verändert.

Warum ist er mit der anderen so glücklich?

Die vermutlich häufigste Frage, die sich die Betroffenen in den Anfangsstadien der Genesung stellen, ist, warum der Ex mit der anderen so glücklich zu sein scheint. Nach der Trennung wendet sich der Psychopath ja eilends seinem nächsten Opfer zu, das sich bereits am Start befindet, um Sie zu ersetzen. Zusätzlich zu den Täuschungsmanövern und Lügen sind Sie nun gezwungen, hautnah mitzuerleben, wie er mit einer anderen ein »perfektes« Leben aufbaut.

Wenn Sie glauben, dass er sie besser behandelt, sind Sie nicht die Einzige. Fast alle Verlassenen gelangen zu dieser Schlussfolgerung (auch die neue Partnerin, wenn sie dereinst zwangsläufig irgendwann ausgetauscht werden wird). Der Psychopath präsentiert ein Bild von der neuen Beziehung, das märchenhaft zu sein scheint, beinah zu schön, um wahr zu sein. Im Handumdrehen hat er sich wieder die Träume, Vorlieben und Abneigungen der aktuellen Zielperson zu eigen gemacht. Beide stellen nun vor aller Welt ihre wunderbare Beziehung zur Schau ohne das geringste Anzeichen von Scham- oder Schuldgefühlen, weil Sie im Lauf weniger Tage abgehalftert wurden.

Der emotionale Peiniger scheint mit seiner neuen Flamme auf Wolke sieben zu schweben, während Sie darüber nachdenken, ob er nicht vielleicht doch fähig ist zu lieben. Aber mit einem Psychopathen gibt es keine Beziehung mit einem Happy End. Er brüstet sich wieder einmal vor aller Welt mit seinem aktuellen Opfer, um Eifersucht und Dramen hervorzurufen, was bereits darauf hinweist, dass er nicht wie von Zauberhand ein Gewissen oder Unrechtsbewusstsein bekommen hätte.

Während Sie zuschauen, wie sich die neue Beziehung entwickelt, nehmen Sie plötzlich jedes noch so kleine Detail der Idealisierung wahr – Dinge, die Sie sich immer gewünscht, aber nie erhalten haben. Vielleicht ist er mit seiner neuen Partnerin zusammengezogen, obwohl ein gemeinsamer Hausstand mit Ihnen für ihn nie infrage kam. Vielleicht heiratet er nach kürzester Zeit, obwohl er bei Ihnen nicht imstande war, Nägel mit Köpfen zu machen. Vermutlich postet er nun endlos Fotos auf Facebook, während Sie eher zu den privaten Aspekten seines Lebens zählten. Im Grunde haben Sie das Gefühl, eine lästige Hemmschwelle auf dem Weg zur Verwirklichung seiner wahren Träume gewesen zu sein.

Aber es gibt einen Punkt, der schwer zu verstehen ist: Zu Beginn *Ihrer* Beziehung gab es jemanden, der genau das Gleiche empfunden hat wie Sie.

Jede Idealisierungsstrategie ist anders beschaffen, und deshalb hat es stets den Anschein, als würde die Nachfolgerin etwas bekommen, was Ihnen vorenthalten wurde. Hinzu kommt, dass Sie sich in einer emotionalen Talsohle befinden, während die neue Zielperson auf Wolke sieben schwebt, was die Situation in Ihren Augen noch ungerechter macht.

Die Tatsache, dass Ihrer Nachfolgerin ein »Sonderstatus« zuerkannt wird, ist kein Anzeichen dafür, dass mit Ihnen etwas nicht stimmt. Und er ist auch keine Folge Ihre Reaktionen während des emotionalen Missbrauchs oder angebliche Hysterie. Auch wenn Sie sich »vorbildlich« verhalten, der Psychopath hätte immer einen Grund gefunden, Sie zu verlassen und zu ersetzen. Alle Idealisierungsstrategien, die er nun bei anderen anwendet, dienen zwei Zielen: erstens, sich eine neue verlässliche Quelle der Aufmerksamkeit und Zuwendung heranzuziehen, und zweitens, Eifersucht und das Gefühl der Wertlosigkeit bei Ihnen hervorzurufen, indem er Ihre Nachfolgerin mit mehr Liebe überhäuft, als er Ihnen zugestanden hat.

Deshalb ist es von zentraler Bedeutung, auf jeglichen Kontakt mit Ihrem Ex zu verzichten. Wenn Sie auch weiterhin zuschauen, wie sich die neue Beziehung entwickelt, quälen Sie nur sich selbst mit noch mehr unerträglichen Fragen und Selbstzweifeln. Jedes Mal, wenn Sie der Versuchung nachgeben, wünschen Sie sich hinterher, Sie wären standhaft geblieben. Sie überlegen krampfhaft, warum diese neue Beziehung länger dauert als Ihre – warum er imstande ist, Ihre Nachfolgerin wesentlich länger zu ertragen als Sie. Kein Wunder, denn durch die Triangulierung während der Beziehung wurden Sie darauf konditioniert, sich ständig mit anderen zu vergleichen, und auch jetzt fühlen Sie sich wieder minderwertig und unzulänglich, weil er einer anderen den Vorzug gegeben hat.

Verschwenden Sie Ihr Leben nicht damit zu warten, dass die neue Beziehung ebenfalls in die Brüche geht. Denn am Ende macht das nicht den geringsten Unterschied. Nach der anfänglichen Befriedigung würden sich dieselben zerstörerischen Gefühle wieder einstellen, weil Sie Ihr Selbstwertgefühl nach wie vor von einem anderen Menschen abhängig machen.

Mit Ihnen ist alles in Ordnung, und Ihre Nachfolgerin ist Ihnen nicht hoffnungslos überlegen. Sie sind lediglich zwei unterschiedliche Opfer, die mit Liebesbezeugungen und Schmeicheleien bombardiert wurden, doch das war keineswegs Ihren Charaktereigenschaften oder inneren Werten geschuldet. Die Idealisierung war ein Werkzeug, das dem Psychopathen dazu diente, Macht über Sie zu gewinnen, und das ist weder schmeichelhaft noch eine Bestätigung – weder für Sie noch für Ihre Nachfolgerin. Sie fragen sich vielleicht, wer attraktiver, erfolgreicher oder intelligenter ist, aber nichts davon zählt. Wenn ein Psychopath eine neue Zielperson ins Auge fasst, konzentriert er seine gesamte Energie darauf. Selbst wenn Sie die aufregendste, witzigste und geistreichste Frau der Welt sind, werden Sie unter »ferner liefen« abgelegt und ignoriert. Es liegt nicht daran, dass Sie Ihre Charaktereigenschaften eingebüßt haben oder Ihr Ersatz mehr Vorzüge geltend machen kann. Es bedeutet einfach, dass Ihre Zeit als Quelle unerschöpflicher Aufmerksamkeit abgelaufen ist. Sie haben angefangen, seine Lügen zu hinterfragen, für Ihre eigenen Belange einzustehen, der Wahrheit auf den Grund zu gehen. Und dafür müssen Sie bestraft werden.

Es ist völlig in Ordnung, sich zu fragen, ob Sie nicht gut genug waren oder was Sie anders gemacht haben könnten. Das ist nur menschlich angesichts der Herausforderung, der Sie sich gegenübersehen. Doch dieses Buch zielt darauf ab, Ihnen verständlich zu machen, dass Sie absolut gut genug *waren und sind* – dass es nichts gibt, was Sie anders gemacht haben könnten. In einer psychopathischen Beziehung haben die Verhaltensweisen und Entscheidungen des emotional übergriffigen Partners nichts damit zu tun, dass Sie Ihre besten Eigenschaften eingebüßt haben. Wenn überhaupt, wurden Sie darauf abgerichtet, sie zu unterdrücken.

Nun, da Sie frei sind, haben Sie endlich die Chance, Ihr Potenzial für sich selbst zu erforschen und ein gesundes Selbstwertgefühl zu entwickeln. Doch das gelingt Ihnen nur, wenn Sie sich nicht ständig mit anderen vergleichen. Die meisten Opfer stellen fest, dass sie sich physisch angeschlagen fühlen, wenn sie die neue Beziehung ihres Ex unter die Lupe nehmen – das Herz schlägt ihnen bis zum Hals, und sie können nicht mehr richtig atmen. Warum wollen Sie sich das antun? Hören Sie auf Ihren Körper, der versucht, Sie vor Schaden zu bewahren. Er weiß, dass nichts Gutes dabei herauskommt, wenn man anderen nachspioniert.

Wenn möglich, sollten Sie Buch darüber führen, wie lange es Ihnen gelingt, die neue Beziehung aus Ihrem Sichtfeld zu verbannen. Jedes Mitglied der Selbsthilfegruppe auf unserer Website PsychopathFree.com legt sich gleich zu Beginn einen »Null-Kontakt-Zähler« zu, der genau aufzeichnet, wie lange Sie die selbstauferlegte Kontaktsperre durchgehalten haben. Sie werden feststellen: Je länger Sie standhaft bleiben, desto leichter fällt es Ihnen. Und vermutlich werden Sie Ihrer Nachfolgerin irgendwann sogar ein gewisses Maß an Mitgefühl entgegenbringen, wenn Ihnen klar geworden ist, dass die neue Beziehung Sie vor weiterem emotionalem Missbrauch bewahrt hat.

Und niemals lebten sie glücklich bis an ihr Ende …

Die neue Beziehung des Psychopathen mag auf den ersten Blick perfekt erscheinen. Sie müssen die Idealisierung des nächsten Opfers mit ansehen (er wird dafür sorgen, dass Ihnen nichts entgeht) und fragen sich verzweifelt: Was hat sie, was ich nicht habe? Aber der »Perfektes-Paar«-Status ist kein Dauerzustand. Der Psychopath beginnt sich rasch zu langweilen. Das bleibt nicht aus. Dieses Gefühl ist seinem exzessiven Erlebnishunger geschuldet, der ihn ständig heimsucht und an ihm nagt. Um zeitweilig für Abwechslung zu sorgen, beginnt er mit der Identitätserosion seines aktuellen Opfers – spielt wieder Katz und Maus mit ihm, um sich kurzfristig einen »Kick« zu verschaffen. Aber schlussendlich reicht das nicht. Er braucht mehr. Er muss sein Opfer auf Knien bitten und betteln sehen. Er muss miterleben, wie es sich selbst zerstört. Und so wiederholt sich der Teufelskreis des emotionalen Missbrauchs stets aufs Neue. Es ist müßig, sich zu fragen, ob er die wahre Liebe mit einer anderen gefunden hat. Jemand, der Ihnen gegenüber ein so skrupelloses und übergriffiges Verhalten an den Tag gelegt hat, ist nicht fähig, sich plötzlich zu ändern und einen anderen Menschen zu lieben. Diese Eigenschaften schließen sich gegenseitig aus.

In den meisten Fällen legen Psychopathen allergrößten Wert darauf, dass sie es sind, die ihren Opfern den Laufpass geben. Das ist für sie ein Zeichen der Macht und Kontrolle. Aber gelegentlich kommt es auch vor, dass sich ein Opfer aus eigener Kraft aus den Fängen eines Psychopathen befreit, ihn verlässt und versucht, die traumatische Erfahrung zu verarbeiten.

Wenn der Psychopath derjenige ist, der verlassen wurde, sollten Sie sich auf monatelange – wenn nicht sogar jahrelange – Stalking-Aktionen und Belästigungen gefasst machen. Bis er ein anderes Opfer gefunden hat, nutzt er seine Wut als Antriebskraft, um Ihnen das Leben durch Einschüchterungstaktiken und Panikmache zu verleiden. Er erfindet Online-Identitäten, um Ihre Internetaktivitäten auf Schritt und Tritt zu verfolgen. Dieses sogenannte Cyberstalking verleiht ihm ein Gefühl der Kontrolle – eine Bestätigung, dass seine Macht über Sie ungebrochen ist.

Vielleicht versucht er sogar, Sie zurückzugewinnen. Aber lassen Sie sich nicht täuschen. Das ist ein letzter manipulativer Versuch, das Blatt zu wenden, damit er die Beziehung zu seinen eigenen Bedingungen beenden kann. Es mutet absurd an, dass jemand sich die Mühe macht, Ihr Herz ein zweites Mal zu erobern, nur um Sie abzuservieren, aber das ist typisch für Psychopathen.

Manche Opfer, denen der Ausstieg gelungen ist, wünschen sich sogar, ihr Ex möge in irgendeiner Form Kontakt zu ihnen aufnehmen, als Beweis dafür, dass sie nicht ganz in Vergessenheit geraten sind. Doch wenn Ihr übergriffiger Ex-Partner weitergezogen ist, sollten Sie sich glücklich schätzen. Falls Sie zusätzlich Bestätigung brauchen, dass Sie relativ glimpflich davongekommen sind, machen Sie sich einmal kundig, wie es anderen ergangen ist, die einem Psychopathen den Laufpass gegeben haben. Wenn Sie diese Geschichten gehört haben, begreifen sie auf Anhieb, dass sein Schweigen ein Geschenk des Himmels ist.

Die Ironie des Schicksals

Seltsamerweise ist das Finale mit Paukenschlag gleichzeitig der wichtigste Beitrag des Psychopathen zur Rückgewinnung Ihrer eigenen Stärke. Er offenbart ungewollt seinen Respekt vor Ihnen. Das mag unwahrscheinlich klingen, weil Sie sich emotional am Tiefpunkt befinden. Sie haben sich nie zuvor in Ihrem Leben so wertlos gefühlt. Und genau dieses Gefühl hatte der Psychopath erzeugen wollen. Was könnte also gut daran sein?

Es gibt vier weitverbreitete Szenarien, die zu einem Finale mit Paukenschlag führen. Und in jedem einzelnen Fall macht Ihnen der Psychopath indirekt ein Kompliment.

1. Er hat eine neue Partnerin gefunden

Was genau lässt sich daraus schließen, wenn Ihre Nachfolgerin für den Psychopathen »wertvoller« ist als Sie? Es bedeutet, dass das neue Opfer ihm vermutlich die grenzenlose Bewunderung entgegenbringt, nach der es ihn gelüstet. Es bedeutet auch, dass Sie ihm nicht genug Lob und Anerkennung verschafft haben. Wenn der Psychopath Sie einer anderen wegen verlässt, schreibt er Sie als weniger ergiebiges Opfer ab. Sie sind in seinen Augen vermutlich nicht ganz so gefügig, nicht ganz so kontrollierbar und nicht ganz so verletzlich wie die neue Zielperson. Wenn er Sie abserviert und Ihnen unter die Nase reibt, dass er eine andere hat, ist das kein Beweis, dass er mit ihr das große Glück gefunden hat. Er versucht lediglich ein weiteres Mal, Ihre Selbstachtung zu untergraben, um Sie zu überzeugen, dass Sie Ihrer Nachfolgerin nicht das Wasser reichen können.

Menschen haben vor allem dann das Bedürfnis, anderen ihr Glück vor Augen zu führen, wenn sie insgeheim unglücklich sind. Falls Ihr Ex-Partner Sie wieder in eine Dreiecksbeziehung verstricken will und Fotos mit seiner neuen großen Liebe postet, sodass alle Welt darauf aufmerksam wird, ist er mit Sicherheit nicht glücklich. Es handelt sich dabei vielmehr um einen erbärmlichen, fast schon bemitleidenswerten Versuch, sich selbst von einer Lüge zu überzeugen, indem er darauf hinarbeitet, einen Scherbenhaufen in Ihrem Leben zu hinterlassen. Diese Obsession ist im Grunde ein Kompliment.

2. Sie haben seine Lügen aufgedeckt

Haben Sie jemals zu hören bekommen: »Meine Güte, musst du alles bis zum Gehtnichtmehr analysieren?« Seltsam, dass Ihre Nachforschungen immer in Zusammenhang mit seinen Täuschungsmanövern, Lügen und Dreiecksbeziehungen erfolgten. Diese Reaktion ist typisch für den Psychopathen, der Ihnen das Gefühl vermitteln will, verrückt zu sein, wenn Sie ihn auf Fakten hinweisen. Indem er Sie bestraft, weil Sie seine Lügen aufgedeckt haben, macht er Ihnen abermals ein Kompliment. Mit dem Versuch, Ihren gesunden Menschenverstand und Ihre Intuition zu untergraben, sagt er in Wirklichkeit, dass diese Eigenschaften für ihn bei Ihnen derzeit zu stark zum Ausdruck kommen. Er möchte Sie davon überzeugen, dass es sich dabei um Schwächen handelt – um sicherzugehen, dass Sie sich in Zukunft nicht mehr auf sie verlassen. Wenn er Ihnen vorwirft, sich ständig den Kopf über das kleinste Detail zu zerbrechen, bedeutet dies, dass Sie sich mit Ihrer Detektivarbeit auf der richtigen Spur befinden.

3. Sie sind für seinen Geschmack zu glücklich

Der Psychopath genießt es, seine Opfer in der Idealisierungsphase aufzubauen, doch danach stören ihn das Glück und die Liebe, die er bei ihnen hervorgerufen hat. Merkwürdig, oder? Das ergibt absolut keinen Sinn. Die Lösung besteht für ihn darin, diesen heimlichen Groll während der Phase der passiv-aggressiven Übergriffe zu pflegen. Er weckt in Ihnen das Gefühl, den Boden unter den Füßen zu verlieren, schürt Ihre Ängste und zerstört das Selbstvertrauen, das *er* aufgebaut hat. Im Grunde schmeichelt er Ihnen damit. Das bedeutet nämlich, dass Sie alles verkörpern, was er hasst: Liebe, Glück und Freude. Er verachtet diese Gefühle, weil sie ihn an das erinnern, was er niemals empfinden kann. Er betrachtet sie als töricht und nutzlos. Wenn Sie lächeln und lachen, muss er sich dem quälenden Gedanken stellen, dass es besser sein könnte, menschlich statt seelenlos zu sein. Um sich vom Gegenteil zu überzeugen und sich über Ihre Gefühle lustig zu machen, hat er das Finale mit Paukenschlag geplant.

4. Ihre Gefühle langweilen ihn

Der Psychopath fühlt sich am wohlsten in der Idealisierungsphase, weil in dieser Zeit alles perfekt ist. Es gibt keine Probleme, und er muss sich nicht mit den Emotionen anderer auseinandersetzen, vor denen ihm graut. Doch nachdem er jemanden in die Falle gelockt hat, befindet er sich plötzlich in einem Dilemma. Das Opfer liebt ihn und möchte die emotionale Bindung stärken. Das führt dazu, dass sich der Psychopath schon bald langweilt und nicht mehr gut fühlt in der Beziehung. Wenn er Ihnen im Finale also vorwirft, verrückt, bipolar oder hysterisch zu sein, verbirgt sich dahinter die schmeichelhafte Aussage: »Du hast ein Herz.« Doch der Psychopath verabscheut alles, was er nicht versteht, und deshalb versucht er, Sie zu zerstören. Sie haben alle Eigenschaften mitgebracht, die man sich in einer normalen Beziehung nur wünschen kann. Gefühle sind das, was uns Menschen ausmacht, und der Psychopath hat diese menschlichen Eigenschaften irgendwann gründlich satt.

Alles, was er wertschätzt, ist Ihren eigenen Werten diametral entgegengesetzt. Wenn er Sie also bestraft, zollt er im Grunde den Eigenschaften Tribut, die Ihnen wahrscheinlich am wichtigsten sind. Das ist eine abartige und manipulative Strategie, die Sie veranlassen soll, Ihre besten Eigenschaften anzuzweifeln – doch rückblickend wird Ihnen klar, dass dieser emotionale Missbrauch eine unterschwellige Anerkennung Ihrer eigenen Stärken war.

Zugegeben, im Moment wollen Sie davon vermutlich nichts hören. Nach dem Finale mit Paukenschlag gibt es für Sie keine Hoffnung mehr. Keine gute Laune. Keine Zukunft. Sie sind tief verletzt durch den Schmerz, den Ihr Ex-Partner Ihnen bewusst zugefügt hat, und es wird Jahre dauern, bis Sie das volle Ausmaß des Missbrauchs verstehen. Aber wichtig ist, dass Sie sich aufraffen, um sich auf den Weg der Genesung zu begeben, den wir gemeinsam gehen.

DER WEG DER GENESUNG

Die Heilung nach einem emotionalen Missbrauch durch einen psychopathischen Partner verläuft weder linear noch logisch. Sie können davon ausgehen, dass Sie zwischen den einzelnen Etappen des Weges hin und her pendeln und dabei vielleicht den einen oder anderen Umweg hinzufügen. Sie lassen sich nicht mit den herkömmlichen Phasen der Trauerbewältigung vergleichen, weil Sie in Wirklichkeit keinen Verlust erlitten, sondern vielmehr eine Menge hinzugewonnen haben. Sie wissen es nur noch nicht.

Warum dauert es so lange?

Die Trennung von einem Psychopathen unterscheidet sich beträchtlich vom Trennungsprozess bei gewöhnlichen Partnerbeziehungen. Sich von dieser traumatischen Erfahrung zu erholen dauert normalerweise ziemlich lange. Die Betroffenen sind oft frustriert, weil der Genesungsprozess nicht so schnell vorangeht, wie sie es sich wünschen. Außerdem müssen sie sich mit Freunden und professionellen Unterstützern auseinandersetzen, die ihnen den wohlgemeinten Rat erteilen, daran zu denken, dass »das Leben weitergeht«.

Gleich, ob es sich um eine langfristige Ehe oder eine kurze Sommer-Liebelei handelt, der Prozess der Heilung nach einer psychopathischen Beziehung verläuft nach dem gleichen Muster. Es dauert im Schnitt ein bis zwei Jahre, bis Sie Ihr Herz wieder »am rechten Fleck« haben, und selbst dann sehen Sie sich noch schwierigen Tagen gegenüber.

Bitte setzen Sie sich keinen Termin, an dem Sie Ihr Ziel erreicht haben möchten. Alles hat seine Zeit, und irgendwann werden Sie erste Augenblicke des Glücks, der Zufriedenheit und der Hoffnung erleben. Diese Augenblicke werden intensiver und häufiger, wenn Sie sich an die selbstauferlegte Kontaktsperre halten, sodass die Erinnerung an Ihren Peiniger schließlich verblasst und von Ihrem Radarschirm verschwindet. Rückblickend scheint er nicht einmal mehr »real« zu sein. Sie werden es nahezu unglaublich finden, dass Sie so panisch reagieren und in den Bann eines Menschen geraten konnten, der Ihre Persönlichkeitsmerkmale gezielt gespiegelt und Sie dann mit seinen Dreieckskonstellationen gegen andere ausgespielt hat. Es gibt inzwischen Wichtigeres, worauf sich Ihr Herz und Ihr Verstand konzentrieren müssen – vor allem auf Ihre Selbstachtung und Ihr Glück.

Wie lange der Heilungsprozess auch dauern mag, machen Sie sich keine Sorgen, dass Sie die Verletzungen, die Ihnen zugefügt wurden, bis zum letzten Atemzug mit sich herumtragen werden. Ihre Lebenskraft stirbt nicht. Sie ist voller Empathie, begleitet Sie auf Schritt und Tritt und kehrt in einer neuen und wunderbaren Form zurück, wenn sie bereit dazu ist. Es wird Höhen und Tiefen geben, aber Sie befinden sich auf dem Weg zu innerer Freiheit, die ein Leben lang währt.

Wichtig ist, sich keine Selbstvorwürfe mehr zu machen. Sich nicht mehr zu wünschen, schneller wieder in die Spur zu kommen. Nicht mehr zu denken, der Psychopath hätte irgendwie »gewonnen«, wenn die Erfahrung noch schmerzt. Er ist nicht länger Teil des Bildes. Bei der Heilreise, die Sie nun antreten, geht es ausschließlich um Sie. Wenn Sie sich Zeit lassen, wird diese Reise wesentlich angenehmer verlaufen. Sie können ohne Druck neue Bekanntschaften schließen und sich mit den einzelnen Schritten im Genesungsprozess anfreunden.

Und warum dauert er so lange?

Sie haben ihn geliebt

Ja, es war eine Liebe, die passgerecht auf Ihre Bedürfnisse zugeschnitten wurde. Ja, er hat Ihre Persönlichkeit eins zu eins gespiegelt und Ihre Träume manipuliert. Aber Sie haben ihn geliebt. Liebe ist das intensivste menschliche Gefühl und die stärkste Bindung der Welt, und Sie haben beides aus ganzem Herzen empfunden. Es ist immer schmerzhaft, jemanden zu verlieren, den man liebt – jemanden, mit dem man den Rest seines Lebens verbringen wollte.

Die menschliche Seele muss sich von diesen Liebesverlusten erholen. Ihre Liebe war real, ungeachtet der Absichten Ihres Peinigers. Um sich aus der Depression zu befreien, die nach einer Trennung einzusetzen pflegt, sind Zeit und eine Menge Hoffnung erforderlich.

Sie haben ihn verzweifelt geliebt

An dieser Stelle weicht das Beziehungsaus von anderen Trennungen ab. Der Psychopath legt es darauf an, Verzweiflung und Sehnsucht hervorzurufen. Sie haben an dieser Beziehung vermutlich härter als jemals zuvor gearbeitet, richtig? Sie haben mehr Zeit, mehr Energie und mehr Überlegungen als je investiert. Und im Gegenzug wurde Ihre Mühe mit der schlimmsten, schmerzlichsten Erfahrung Ihres Lebens belohnt.

In der Idealisierungsphase hat Ihr Ex-Partner Sie mit Aufmerksamkeit, Geschenken, Liebesbriefen und Komplimenten überhäuft. Er hat Ihnen vorgegaukelt, dass Sie wie geschaffen füreinander sind. Alles, was Sie getan haben, war in seinen Augen perfekt. Er hat Sie auf einen Sockel gestellt, und dabei ist Ihnen entgangen, dass er mit der nachfolgenden Identitätserosion Ihren Fall vorbereitet.

In dieser Phase haben Sie erste Hinweise entdeckt, dass Sie jederzeit ersetzt werden könnten. Das hat dazu geführt, dass sich Ihre Gedanken ständig im Kreis gedreht und sich Tag und Nacht mit Ihrem Partner beschäftigt haben. Sie haben die Bodenhaftung verloren, und das ist genau das, was er mit seinen notorischen Lügen, seinem emotionalen Missbrauch, der Zerstörung Ihres Realitäts- und Selbstbewusstseins und seinen Dreiecksbeziehungen zu erreichen hoffte.

Indem Sie ständig an ihn gedacht haben, sind Sie in einen Zustand geraten, bei dem Liebe mit Verzweiflung einhergeht. Das ist ungesund und ein Zeichen, dass der Mensch, dem Sie so starke Gefühle entgegenbringen, Ihre Liebe nicht wert ist. Ihr Verstand hat Sie davon überzeugt, dass Sie nie wieder jemandem begegnen werden, für den Sie das Gleiche empfinden. Und wenn Sie diese Liebe Ihres Lebens verlieren, geht Ihre ganze Welt zu Bruch. Und damit leisten Sie Panik und dem Prozess der Zerstörung Vorschub.

Die chemische Reaktion

Der Psychopath ist in der Lage, eine intensive emotionale und sexuelle Bindung bei seinen Opfern zu bewirken. Das ist seiner sexuellen Anziehungskraft und seiner Fähigkeit geschuldet, sie von seiner Anerkennung abhängig zu machen.

Nachdem er Sie zu Beginn der Beziehung in jeder Hinsicht bewundert hat, haben Sie Ihre Selbstschutzmechanismen abgebaut und Ihr Selbstwertgefühl ausschließlich über ihn bezogen. Seine Meinung über Sie wurde ausschlaggebend für Ihr Glücksempfinden. Glücksgefühle sind eine chemische Reaktion, die im Gehirn stattfindet – Botenstoffe wie Dopamin und stimmungsfördernde Rezeptoren bewirken, dass die Nervenzellen feuern und gute Gefühle erzeugen.

Diese natürliche Droge bietet Ihnen der Psychopath anfangs in Hülle und Fülle an. Doch sobald Sie abhängig geworden sind, setzt er Sie auf Entzug. Die Dosis, die Sie brauchen, um das gleiche Hochgefühl zu verspüren, wird immer größer. Sie tun alles, was Sie können, um es zu bewahren, während er alles unternimmt, was in seiner Macht steht, um Ihren Hunger nach seiner Liebe und Anerkennung aufrechtzuerhalten.

Minderwertigkeitskomplexe und Vergleiche mit anderen

Es gibt unzählige Selbsthilfegruppe für die Opfer notorischer Fremdgeher. Untreue hinterlässt lang anhaltende Unsicherheiten und das Gefühl, nicht gut genug zu sein. Sie hat zur Folge, dass Sie sich ständig mit anderen vergleichen. Allein sich von dieser Verletzung zu erholen kann bei vielen Menschen Jahre in Anspruch nehmen.

Vergleichen wir diese Situation mit den Dreiecksbeziehungen eines Psychopathen. Er betrügt Sie nicht nur, sondern reibt es Ihnen auch noch ungeniert unter die Nase. Er prahlt damit, versucht zu beweisen, wie gut es ihm mit Ihrer Nachfolgerin geht. Scham- oder Schuldgefühle, die in der Regel mit Seitensprüngen einhergehen, kennt er nicht. Er genießt es vielmehr, Bilder zu posten und seinen Freunden zu erzählen, wie glücklich er ist.

Ich kann nicht einmal ansatzweise schildern, wie traumatisch diese Erfahrung für die Opfer ist, vor allem nach der Idealisierungskampagne des Psychopathen. Allein die Aufarbeitung der Dreiecksbeziehung, die er in die Wege geleitet hat, braucht viel Zeit.

Sie sind dem personifizierten Bösen begegnet

Alles, was Sie einst über Menschen zu wissen glaubten, trifft auf den Psychopathen nicht zu. Während der Beziehung haben Sie versucht, einfühlsam und unkompliziert zu sein, bereit, alles zu vergeben. Sie wären nie auf die Idee gekommen, dass der Mann, den Sie geliebt haben, genau diese Eigenschaften gegen Sie verwenden würde. Das hätte einfach keinen Sinn ergeben. Und deshalb haben Sie ein normales menschliches Gewissen auf ihn projiziert und nach Erklärungsmöglichkeiten für sein unerklärliches Verhalten gesucht.

Doch sobald Sie Informationen über Psychopathie, Soziopathie, Narzissmus und ähnliche Persönlichkeitsstörungen eingeholt haben, ändert sich das Bild. Sie finden Ihren Ex-Partner abstoßend – und sind entsetzt, dass Sie ihm Macht über Ihr Leben verschafft haben. Plötzlich geht Ihnen ein Licht auf und alles wird klar. Die vermeintlich »unbeabsichtigten« oder »unsensiblen« Verhaltensweisen ergeben mit einem Mal einen Sinn.

Sie versuchen, Freunden und Familienmitgliedern zu erklären, was Ihnen widerfahren ist. Wie Sie wissen, scheint Ihnen aber niemand Glauben zu schenken. Deshalb ist die Bestätigung Ihrer Erfahrungen so wichtig, Wenn Sie Verbindung mit anderen aufnehmen, die das Gleiche wie Sie erlebt haben, können Sie sich überzeugen, dass Sie keineswegs verrückt sind. Sie sind nicht die Einzige, die diese traumatische Erfahrung gemacht hat.

Es dauert lange, um sich in diese schwere Persönlichkeitsstörung hineinzufinden. Am Ende werden Sie alles vergessen, was Sie über die Natur des Menschen zu wissen glaubten, und Ihre Wahrnehmung von Grund auf verändern. Sie werden erkennen, dass nicht alle Menschen von Haus aus edel, hilfreich und gut sind. Sie werden das Gefühl haben, paranoid, hyperwachsam und ängstlich zu sein. Im Heilungsprozess geht es nun darum zu lernen, wie Sie ein Gleichgewicht zwischen diesem neuen Zustand der Achtsamkeit und Ihrer früheren Vertrauensseligkeit herstellen.

Sie haben tiefe seelische Wunden davongetragen

Nach der unvermeidlichen Trennung macht sich bei den meisten Opfern ein Gefühl der inneren Leere und Antriebslosigkeit bemerkbar, das man mit dem Begriff »Depression« nur unzureichend beschreiben kann. Es ist so, als hätte sie jeder Funke Lebensfreude verlassen. Sie sind innerlich wie betäubt, lassen nichts und niemanden an sich heran. Dinge, die sie früher glücklich gemacht haben, lassen sie nun kalt. Sie fragen sich besorgt, ob sie durch die Begegnung mit diesem Monster ihre Fähigkeit eingebüßt haben, empathisch, gefühlvoll und fürsorglich zu sein.

Diese Fähigkeit zurückzugewinnen wird nach meiner Einschätzung die meiste Zeit in Anspruch nehmen. Zunächst fühlt sich das Unterfangen hoffnungslos an, aber Ihr innerster Wesenskern, Ihre Lebenskraft, ist unversehrt. Sie haben sie nicht eingebüßt, trotz der seelischen Verletzungen. Wenn Sie beginnen, Selbstachtung und Grenzen zu entwickeln, tritt sie Schritt für Schritt wieder zutage. Es fühlt sich sicher an, gelegentlich aus der Versenkung aufzutauchen, um Hallo zu sagen. Sie werden dankbar registrieren, dass Sie wieder weinen können, und sich freuen, dass Ihre Gefühle allem Anschein nach wiederaufleben. Eine fantastische Entwicklung, die sich mehr und mehr festigt.

Am Ende werden Sie aus dieser Erfahrung mit unverhofften Erkenntnissen über die Menschen in Ihrem Umfeld hervorgehen. Ihre

Lebenskraft wird die Oberhand gewinnen und sich weigern, jemals wieder so schändlich behandelt zu werden. Mag sein, dass Sie in Ihrem Leben erneut toxischen Menschen begegnen, aber Sie werden nicht zulassen, dass sie sich darin einnisten. Sie haben keine Zeit für Psychospielchen und Manipulation. Sie ziehen die Gesellschaft von freundlichen, aufrichtigen und einfühlsamen Menschen vor. Sie wissen, dass Sie nichts weniger als das verdienen.

Diese neu entdeckte Stärke ist das größte Geschenk nach den traumatischen Erfahrungen, die Sie in einer psychopathischen Beziehung gemacht haben. Und sie ist jede Sekunde des Genesungsprozesses wert, denn sie wird Ihnen für den Rest Ihres Lebens gute Dienste leisten.

Die Trauerphasen – 1. Teil

Die ersten Phasen des Heilungsprozesses gleichen einem Wirbelsturm – chaotisch, wechselhaft und unkontrollierbar. In dieser Zeit ist Ihnen vermutlich noch gar nicht klar, dass Sie in die Fänge eines Psychopathen geraten sind. Sie geben sich selbst die Schuld an der Trennung und glauben, dass Sie nie wieder glücklich sein können. Ihr Verhalten nimmt Formen an, die Sie früher nie für möglich gehalten hätten.

Sie haben noch nicht begriffen, dass der emotionale Missbrauch Ihr Urvertrauen und Ihre Identität zerstört hat – weil Sie keine Worte finden, um zu beschreiben, was Ihnen widerfahren ist. Sie wissen nur, dass die Erfahrung schmerzhafter ist als alles, was Sie bisher in Ihrem Leben verkraften mussten. Doch trotz der Stärke des Wirbelsturms, der Sie erfasst hat, dürfen Sie die Hoffnung nicht aufgeben. Sie sind nicht allein in der Dunkelheit, und am Ende wird alles gut.

Zerstörung

Symptome: innere Leere, Schockzustand, Substanzmissbrauch, Suizidgedanken, Konzentrationsschwäche, Depressionen, physischer Abbau.

Diese Phase folgt unmittelbar auf die Trennung, nach der Sie sich am Boden zerstört fühlen. Herz und Verstand sind wie betäubt, Sie sind nicht einmal mehr in der Lage, die einfachsten Aufgaben zu verrichten. Die süchtig machenden chemischen Prozesse in Ihrem Gehirn wurden abrupt unterbrochen, ein kalter Entzug, bei dem Sie die Welt noch eine Weile wie durch einen Schleier wahrnehmen. Ihr Körper leidet unter den Entzugserscheinungen, baut ab; und wenn Sie sich im Spiegel betrachten, wirken Sie zerbrechlich und gehetzt. Fotos von Opfern vor und nach dem psychopathischen Missbrauch zeigen die erschreckenden Auswirkungen.

Ihr sexuelles Verlangen wechselt zwischen der Sehnsucht nach Ihrem Ex und den Qualen hin und her, die Sie bei dem Gedanken an alles empfinden, was Sie nicht länger haben. Aus psychologischer Sicht sind Sie aufgrund der Identitätserosion dünnhäutig und verletzlich geworden, aber zu diesem Zeitpunkt ist Ihnen noch nicht bewusst, dass ein schleichender Identitätsverlust stattgefunden hat. Ihnen ist das ganze Ausmaß der traumatischen Erfahrung noch nicht bewusst. Statt die perfiden Taktiken des Psychopathen zu durchschauen und den ersten Schritt im Genesungsprozess einzuleiten, sind Sie nach wie vor ihr Opfer. Sie sind der festen Überzeugung, dass Sie ohne ihn nicht existieren können und dass Sie sich das Ganze selbst zuzuschreiben haben: Sie waren eifersüchtig, hysterisch und emotional bedürftig, haben geklammert; Sie allein sind schuld an allem.

Sie fühlen sich wertlos.

Emotional verlieren Sie jeden Bezug zu Ihrer Umwelt. Ihre Empathie- und Wahrnehmungsfähigkeiten tendieren gegen null. Rückblickend werden Sie außerstande sein, sich an alle Einzelheiten aus dieser Phase zu erinnern. Ihr Gehirn hat, wie bei einer außerkörperlichen Erfahrung, viele der unerträglich schmerzhaften und beschämenden Erinnerungen ausgeblendet. Ein Teil von Ihnen schottet sich ab, um Ihre Seele, Ihre Lebenskraft, zu schützen. Im Verlauf der Trauerphasen wird sie wieder geweckt.

Selbstfürsorge

Während des gesamten Heilungsprozesses – doch insbesondere in dieser Phase – sollten Sie sich daran erinnern, pfleglich mit Ihrem Körper umzugehen. Das ist das Mindeste, was Sie in Anbetracht der Tatsache tun können, dass Ihr Geist noch einige Zeit außer Gefecht gesetzt ist. An späterer Stelle finden Sie weitere Tipps, aber hier einige grundlegende Ideen, um in Gang zu kommen:

1. Meditieren Sie, sooft Sie können. Atmen Sie beispielsweise zehnmal hintereinander tief ein und aus – eine einfache Übung, die Sie jederzeit und überall durchführen können!
2. Nehmen Sie jeden Tag ein Multivitaminpräparat aus der B-Gruppe ein. Damit stellen Sie sicher, dass Sie alle Nährstoffe erhalten, die Sie brauchen. Vitamin B6 und Vitamin B12 tragen außerdem dazu bei, Depressionen zu bekämpfen.
3. Omega-3-Kapseln, die Fischöl enthalten, fördern nicht nur die Gesundheit von Haut und Haaren, sondern enthalten auch Wirkstoffe, die Depressionen lindern.
4. Körperliche Bewegung! Machen Sie jeden Tag einen Spaziergang. Trainieren Sie mindestens eine halbe Stunde lang im Fitnessstudio. Zerbrechen Sie sich aber nicht den Kopf, wenn das Training nicht so intensiv ist wie sonst. Bis heute weigern sich meine Freunde, mit mir ins Fitnessstudio zu gehen, weil ich mich die meiste Zeit darauf beschränke, auf dem Gymnastikball durch die Gegend zu rollen und Spaß zu haben.

5. Nehmen Sie drei Mahlzeiten am Tag zu sich, auch wenn Sie keinen Appetit haben. Vermutlich ist Ihnen einige Wochen lang nicht nach essen zumute, aber Sie sollten Ihren Körper nicht auch noch aushungern. Achten Sie auf eine ausgewogene Ernährung und auf Ihre Gesundheit.
6. Stehen Sie jeden Morgen zu einer vernünftigen Zeit auf. Sie möchten sich sicher nicht bis nachmittags im Bett verkriechen, weil Sie zu deprimiert sind, um dem neuen Tag ins Gesicht zu sehen. Stellen Sie sich den Wecker, wenn es sein muss.
7. Versuchen Sie, sieben bis neun Stunden Schlaf zu bekommen. Eine ausreichende Nachtruhe ist für Ihre mentale Gesundheit von entscheidender Bedeutung – Sie werden nicht wieder auf die Beine kommen, wenn Sie jeden Tag erschöpft sind.
8. Gehen Sie an die frische Luft und tanken Sie Sonne. Natürlich mit Sonnenschutz, aber genießen Sie das natürliche Sonnenlicht, eine Quelle, aus der Sie Vitamin D schöpfen können. Sie werden sich auf Anhieb besser fühlen.
9. Achten Sie immer auf Ihre persönliche Hygiene. Lassen Sie weder das Zähneputzen noch das Duschen aus. Je mehr diese Verrichtungen zur Routine werden, desto leichter wird es Ihnen fallen, positive Gewohnheiten zu entwickeln.
10. Schauen Sie nicht ständig in den Spiegel. Sie müssen keinen Schönheitswettbewerb gewinnen. Der Psychopath hat Sie darauf konditioniert, Ihr äußeres Erscheinungsbild fortwährend zu kontrollieren, doch niemand beurteilt Sie mehr so unerbittlich wie er.

Selbstreflexion

Während der Phase, in der Sie sich am Boden zerstört fühlen, wird es Ihnen schwerfallen, überhaupt nachzudenken. Aber Sie sollten unbedingt einen Blick in Ihr Inneres werfen, und wenn auch nur für einen kurzen Augenblick.

Dieser Abschnitt ist der wichtigste im ganzen Buch. Machen Sie sich bitte eines bewusst: Viele Betroffene kämpfen mit Suizidgedanken, sind unfähig, sich ein Leben nach dieser traumatischen Erfahrung vorzustellen. Einige suchen Vergessen im Alkohol oder werden tablettenabhängig. Wenn Sie Medikamente im Übermaß einnehmen oder mit dem Gedanken spielen, sich umzubringen, sollten Sie das Buch beiseitelegen und unverzüglich professionellen Beistand in Anspruch nehmen. Selbsthilfebücher oder Websites können Ihnen nicht die fachspezifische Unterstützung bieten, die Sie jetzt brauchen.

Selbst wenn Suizid keine Option für Sie ist, kann eine professionelle Begleitung bei der Verarbeitung Ihrer traumatischen Erfahrungen von großem Vorteil sein. Es gibt viele hervorragende Psychologen, Therapeuten und Beratungsstellen, die jeden Tag dazu beitragen, das Leben ihrer Klienten von Grund auf zu verändern. Die meisten sind in diesem Bereich tätig, weil sie das angeborene Bedürfnis haben, anderen zu helfen. Die Schwerpunkte ihrer Arbeit sind normalerweise auf ihrer Website aufgelistet. Halten Sie nach Therapeuten Ausschau, die sich auf das Thema Beziehungsmissbrauch spezialisiert haben – sie verstehen auf Anhieb, dass der Genesungsprozess nicht beschleunigt werden kann.

Die Beziehungen zwischen Patienten und Therapeuten unterscheiden sich, doch sie sollten von Einfühlsamkeit, Vertrauen und Offenheit geprägt sein. Sie sollten nie den Eindruck haben, dass man Sie bewertet oder dass es nicht angeraten ist, Ihre Meinung zu äußern. Wenn Sie Bücher oder Online-Artikel entdecken, die Ihre Erfahrung widerspiegeln, sollten Sie das Gefühl haben, dass es Ihnen freisteht, sie in der Diskussion anzusprechen.

Nach einigen Monaten Therapie dachte ich nicht mehr daran, mich umzubringen, und war imstande, morgens aufzustehen, meinen Alltag zu bewältigen und wieder auf meine Ernährung zu achten. Ich hatte noch einen weiten Weg vor mir, aber meine Therapeutin schaffte es, mich wieder auf die Füße zu stellen, als ich jeden Funken Hoffnung verloren hatte. Manchmal reicht schon ein kleiner zusätzlicher Anstoß, um dem schwarzen Loch zu entkommen, das uns zu verschlingen droht. Es ist keine Schande, die Hand auszustrecken und um Unterstützung zu bitten. Vielleicht werden Sie überrascht feststellen, dass es viele Fremde gibt, die bereit sind, Ihnen herauszuhelfen.

Leugnen

Symptome: Unbeständigkeit, Pseudoglücksgefühle, manisch-depressive Stimmungsschwankungen, Substanzmissbrauch, Neigung zu impulsivem Handeln, Bedürfnis nach Aufmerksamkeit, Cyberstalking.

Sie können davon ausgehen, dass diese Phase mit voller Wucht über Sie hereinbricht, wenn der Psychopath beginnt, Ihnen sein Glück vor Augen zu führen. Sie sehen, dass er Sie ersetzt hat und aller Welt erzählt, wie perfekt sein Leben nun ist. Die Triangulierung spielt sich meistens in den sozialen Medien ab. Zu diesem Zeitpunkt sind Sie nicht einmal wütend auf die Neue, weil Sie wahrscheinlich keine Ahnung haben, wie lange er Sie schon betrogen hat. Sie haben nur das Bedürfnis zu beweisen, dass es Ihnen gut geht und Sie es sich genauso gut gehen lassen wie er – denn dann verspürt er vielleicht den Wunsch, zu Ihnen zurückzukehren.

Machen Sie sich bewusst, dass es sich in dieser Phase des Heilungsprozesses noch immer darum dreht, für den Psychopathen wieder begehrenswert zu sein.

Um sich selbst zu überzeugen, dass alles in bester Ordnung ist, wechseln Sie den Arbeitsplatz, geben Geld aus und definieren Ihr gesamtes Leben neu. Sie reagieren aggressiv auf alles und jeden, mit Ausnahme Ihres psychopathischen Ex-Partners. Sie neigen dazu, übermäßig zu trinken, keine Party auszulassen und bei jedem Date hemmungslos zu flirten – ein Kraftakt, der ausschließlich dazu dient, die Botschaft zu übermitteln, dass es Ihnen super geht. Sie handeln impulsiv, verschwenden Ihre Ersparnisse und hängen der illusorischen Vorstellung nach, zu Ihrem »Ritter in schimmernder Rüstung« zurückzukehren. Vielleicht versuchen Sie auch, die Beziehungsdynamik, die Sie mit ihm verband, eins zu eins mit einem neuen Partner zu kopieren, nur um frustriert festzustellen, dass Ihr Sexleben mit ihm nicht annähernd so gut ist oder er Sie nicht mit Liebesbezeugungen überschüttet.

Sie verbringen viel Zeit im Internet, werfen einen Blick auf sein Facebook-Profil und entdecken, dass für ihn tatsächlich ein neues Leben angefangen hat. Ein Teil von Ihnen ist noch nicht bereit oder gewillt zu glauben, dass die Beziehung ein für alle Mal beendet ist. Sie denken, wenn er Ihre Fotos oder Beiträge anschaut, merkt er vielleicht, was für einen Fehler er begangen hat. Doch wie Sie bestürzt feststellen müssen, scheint er Ihnen nicht die geringste Aufmerksamkeit zu schenken. Vielleicht malen Sie sich immer noch aus, dass er Sie insgeheim zurückhaben möchte. Sie handeln nach wie vor aus verletztem Stolz, ohne zu merken, dass Ihre Selbstwahrnehmung von jemand anderem gesteuert wird. Sie befinden sich jetzt in einer Phase, in der Sie höchstwahrscheinlich Dinge tun, die Sie nach Abschluss des Heilungsprozesses bereuen.

Alkoholkonsum

Bitte hören Sie auf zu trinken. In den ersten Monaten des Genesungsprozesses scheint das vielleicht die einfachste Methode zu sein, mit dem Schmerz umzugehen. Jeden Abend eine Flasche Wein zu konsumieren wird irgendwie »normal« – und Sie rechtfertigen Ihr Verhalten mit Ausreden oder mit einem beiläufigen Scherz. Doch das ist nicht lustig. Sie richten damit großen Schaden auf der körperlichen und geistigen Ebene an. Wenn es Ihnen mit dem Weg der Heilung ernst ist, sollten Sie imstande sein, uneingeschränkten Kontakt mit Ihrem unverfälschten Selbst herzustellen und dazu müssen Sie nüchtern sein. Sie werden keinen Frieden finden, wenn Sie unter Alkoholeinfluss Hetztiraden vom Stapel lassen, in betrunkenem Zustand aus dem Nähkästchen plaudern oder keine Party auslassen. Solche Ablenkungen haben lediglich zur Folge, dass der Heilungsprozess verzögert wird. Wenn Sie am nächsten Morgen aufwachen, haben Sie trotzdem die gleiche Arbeit vor sich – die durch den Kater und die peinlichen Erinnerungen an den Abend zuvor noch erheblich erschwert wird.

Es ist nichts dagegen einzuwenden, hin und wieder ein Glas zu trinken, aber das sollte die Ausnahme sein. Verzichten Sie für ein paar Monate vollständig auf Alkohol. Führen Sie Buch darüber, wenn nötig, und kreuzen Sie jeden Tag im Kalender an, an dem Sie Ihrem Vorsatz treu geblieben sind. Sie werden feststellen, wie sehr sich der Heilungsprozess durch die Karenz beschleunigt. Ihr Verstand ist das wichtigste Werkzeug in diesem Prozess – erweisen Sie ihm daher Ihre Wertschätzung, indem Sie sich selbst gut behandeln.

»Hätte-ich-doch-nur«-Momente

Ein großer Teil der Phase, in der Sie Ihre Erfahrung leugnen, wird von der Überzeugung beherrscht, dass sein Interesse an Ihnen nach wie vor besteht, wegen der Liebe, die Sie teilten, und der wunderbaren Zeiten, die Sie miteinander verbrachten. Es scheint unmöglich zu sein, dass er sich in eine andere verliebt hat (was in einer normalen Beziehung auch nicht vorkommt). Was Sie miteinander verband, war einzigartig, etwas ganz Besonderes, wie er während der Beziehung zu Ihnen ja immer wieder betont hat.

Statt zu erkennen, dass es aus und vorbei ist, verbringen Sie viel Zeit damit, sich zu fragen, was Sie anders gemacht haben könnten, um Ihre perfekte Beziehung zu bewahren. Sie nehmen rückblickend jeden einzelnen Augenblick unter die Lupe, der zu Ihrer »Vertreibung aus dem Paradies« geführt haben könnte, und wünschen sich im Nachhinein, er wäre anders verlaufen. Sie suchen nach kreativen Möglichkeiten, Probleme zu beheben, die Sie nach Ihrem Dafürhalten verschuldet haben.

Hier einige Beispiele:

- »Hätte ich ihn doch nur nicht wegen seiner Ex zur Rede gestellt, dann wären wir heute noch zusammen.«
- »Wäre ich an dem Wochenende doch nur nicht verreist, dann hätte er mich nicht betrogen.«
- »Hätte ich ihm doch nur hin und wieder etwas Schönes geschenkt, dann wäre ihm aufgefallen, wie viel mir an ihm liegt.«
- »Hätte ich mir doch nur nicht die ständige Kritik an mir verbeten, dann wäre er nicht zu der Schlussfolgerung gelangt, dass ich überempfindlich bin.«
- »Hätte ich doch nur so getan, als wäre alles in Ordnung,

wenn er mich mal wieder mit Schweigen bestraft hat, dann würde er nicht denken, ich sei emotional bedürftig.«

- »Hätte ich an dem Tag doch nur etwas anderes angezogen, dann hätte er mich attraktiver gefunden.«

Was um alles in der Welt soll das? Kann auch nur einer dieser Selbstvorwürfe jemals Schweigen, Fremdgehen, emotionalen Missbrauch oder ein sang- und klangloses Ende der Beziehung rechtfertigen? Und warum sollten solche belanglosen Vorkommnisse Auswirkungen auf den Erfolg oder das Scheitern einer Beziehung haben? Liebe sollte einem fest verwurzelten Baum und nicht einem Segelschiff gleichen. Sie sollte tragfähig und dauerhaft sein, nicht an Bedingungen geknüpft oder an sich ändernden Situationen ausgerichtet werden – vor allem, wenn die Hälfte Ihrer »Fehler« vollkommen verständliche Reaktionen auf ein unannehmbares Verhalten seinerseits waren.

Wie schrecklich, wenn die Beziehung einzig und allein davon abhängig gewesen wäre, sich in ein paar »Hätte-ich-doch-nur«-Momenten anders verhalten zu haben. Sie hätten ständig einen Eiertanz aufführen müssen, am Rande des Abgrunds, wenn irgendetwas nicht genau nach Plan verlaufen wäre. Das hat nichts mit einer Partnerschaft auf Augenhöhe und gegenseitiger Unterstützung zu tun. Eine solche Beziehung gleicht eher einem Drahtseilakt mit einem Partner, der die ganze Zeit mit verschränkten Armen zuschaut, wie Sie das Kunststück meistern, statt die Hand auszustrecken und Ihnen zu helfen, sicher auf die andere Seite zu gelangen. Und wenn Sie abstürzen, dann ist das eben so! Ach, »hätten Sie doch nur« …

Aber ich greife vor. Hier geht es um die Phasen der Trauerbewältigung, nicht um Jackson MacKenzie, der mit seinem einundzwanzigjährigen Selbst hadert.

Sie sollen sich einfach nur bewusst machen, dass solche Gedanken völlig normal sind und verblassen, sobald Sie in den späteren Trauerphasen die Merkmale der psychopathischen Persönlichkeitsstörung genauer betrachten. Bitte verzichten Sie nach Möglichkeit darauf, Ihr Verhalten an diesen »Hätte-ich-doch-nur«-Momenten auszurichten. Sie befinden sich vielleicht gerade in Hochstimmung, sind voller Optimismus, blenden die emotionalen Übergriffe aus und denken, dass eine einzige Geste oder Entschuldigung ausreichen würde, damit alles wieder ins Lot kommt. Das können Sie vergessen. Wenn Ihrem Ex wirklich etwas an Ihnen läge, würden Sie jetzt nicht jeden Fehler, den Sie gemacht haben, vor Ihrem inneren Auge Revue passieren lassen und sich fragen, ob das der Grund dafür war, dass Sie ersetzt worden sind. Genau diese Auswirkung haben Schweigen und emotionaler Missbrauch auf einen liebevollen, einfühlsamen Menschen. Und genau das ist die Folge, wenn sich ein Partner weigert, Verantwortung für sein Handeln zu übernehmen, während der andere bereit ist, die ganze Schuld auf sich zu nehmen – um des lieben Friedens willen.

Weitreichende Entscheidungen

Ein Aspekt der therapeutischen Arbeit mit Missbrauchsopfern, der demütig macht, ist die Erfahrung, dass es keine allgemeingültigen Regeln für den Ablauf des Heilungsprozesses gibt. Erinnern Sie sich noch, wie Ihre Eltern Ihnen als Kind eine Reihe von Lektionen fürs Leben auf den Weg mitgegeben haben, beispielsweise dass Sie ja nicht die gleichen Fehler begehen sollten wie sie? Natürlich haben Sie den Rat ignoriert, denn niemand kann Ihnen sagen, wie Sie glücklich werden; sie mussten in die Welt hinausgehen und Ihre eigenen Fehler machen, die Ihrer Eltern inbegriffen.

Mit den Trauerphasen verhält es sich ähnlich, aber ich möchte dennoch ein paar Ratschläge erteilen für den Fall, dass sie zufällig einen Widerhall bei Ihnen finden.

Während der Phase des Leugnens sollten Sie auf weitreichende, lebensverändernde Entscheidungen verzichten. Damit würden Sie dem Glück in den unterschiedlichsten Bereichen hinterherjagen, ohne zu erkennen, dass Glücksgefühle von innen kommen müssen. Ihr Leben wäre das reinste Stückwerk, wenn Sie von jeder neuen Idee, die Sie haben, begeistert und überzeugt sind, die Lösung Ihres Problems entdeckt zu haben.

Doch da ist keine Lösung.

Es ist nichts gegen Ihren Job einzuwenden. Es ist nichts gegen Ihr Gehalt einzuwenden. Es ist nichts gegen Ihr Zuhause, Ihr Handy, Ihr Profilbild, Ihren Status als Single einzuwenden. Nichts davon ist das Problem. (Sie wurden lange genug darauf gedrillt, das eigentliche Problem zu ignorieren.)

In dieser Phase lege ich Ihnen daher dringend nahe, keine Entscheidungen von großer Tragweite zu treffen – vor allem, wenn es Geld und Freunde betrifft. Im Augenblick sollten Sie Ihrem Bauchgefühl *nicht* trauen. Diesen Rat gebe ich selten, doch derzeit ist bei Ihnen alles aus dem Gleichgewicht geraten. Ihre Intuition ist verzerrt, durch die Übergriffe des Psychopathen völlig ausgehebelt.

Sie werden viel Zeit haben, sich nach dem Genesungsprozess mit dem Thema Freundschaft auseinanderzusetzen. Wenn Sie den Verdacht hegen, dass es toxische Freunde in Ihrem Umfeld gibt, halten Sie sich einfach fürs Erste von ihnen fern. Dieser Schritt muss keine persönliche Note enthalten oder mit einem Eklat enden. Sagen Sie einfach, dass Sie sich derzeit in einer schwierigen Situation befinden und sich wieder melden, wenn bei Ihnen ein wenig mehr Ruhe und Frieden eingekehrt ist. Dann steht es Ihnen frei, Zeit online oder offline in Selbsthilfegruppen und mit Leuten zu verbringen, die verstehen, was Sie durchmachen. Ihre alten Freunde wissen es nicht, aber das sollten Sie ihnen nicht zum Vorwurf machen. »Zieh endlich einen Schlussstrich und schau nach vorn«, ist der beste Rat, den sie kennen. Wüssten Sie, wie Sie Missbrauchsopfern Empathie bezeugen können, wenn Sie diese Erfahrung nicht selbst gemacht hätten?

Wenn Sie in einem Jahr immer noch den Arbeitsplatz wechseln oder langjährigen Freunden einen gepfefferten Brief schreiben wollen, dann nur zu. Doch im Augenblick sollten Sie darauf verzichten: Ihr künftiges Selbst könnte sehr dankbar für die Geduld Ihres gegenwärtigen Selbst sein.

Erkenntnisse und Selbstzweifel

Symptome: Unsicherheit, Panikattacken, Neugierde, Ungläubigkeit, exzessives Geschichtenerzählen, Selbstvorwürfe, innere Konflikte.

Von diesem Punkt an beginnt sich die Situation rasant zu verändern. Irgendwie sind Sie auf das Thema Psychopathie, Narzissmus oder Soziopathie gestoßen. Und damit haben Sie das größte und wichtigste Puzzleteil entdeckt, gleich, ob durch eine erfolgreiche Suche im Internet, eine Lebensweisheit, die Sie aufgeschnappt haben, oder einen kompetenten Therapeuten. Die Zuordnung Ihrer Erfahrung unter der Rubrik »antisoziale oder dissoziale Persönlichkeitsstörung«, zu der die Psychopathie zählt, ist von zentraler Bedeutung. Von hier an können Sie sich plötzlich alles zusammenreimen.

Sie wissen tief in Ihrem Innern, dass irgendetwas in Ihnen unwiderruflich zerbrochen ist. Obwohl Sie ungeduldig darauf warten, dass es mit Ihnen bergauf geht, möchten Sie herausfinden, was um alles in der Welt passiert ist. Wenn Sie die Liste mit den Alarmsignalen lesen, die auf eine psychopathische Beziehung hindeuten, machen sich zunächst wieder einmal Selbstzweifel bemerkbar. Sie erkennen die meisten – wenn auch nicht alle – Warnzeichen, fragen sich aber, ob Sie Ihren Ex nicht deshalb als psychisch gestört abstempeln, weil Sie mit der Wahrheit nicht umgehen können – dass Sie diejenige waren, die das Scheitern der Beziehung zu verantworten hat. Das ist natürlich die Wahrheit des *Psychopathen.*

Und so fühlen Sie sich zwischen dem Bild des Ritters und des Peinigers hin- und hergerissen. Es kann doch nicht sein, das es sich um ein und dieselbe Person handelt? Es kann doch nicht sein, dass er wie auf Knopfdruck von Bewunderung auf Verachtung umschaltet? Das ist nicht möglich. Sie hätten sich doch nie im Leben auf eine Beziehung zu einem Psychopathen eingelassen! Er hat Sie doch geliebt. Oder?

Kognitive Dissonanz

Das soeben beschriebene psychologische Phänomen wird als »kognitive Dissonanz« bezeichnet, von der schon die Rede war. Es handelt sich um einen Gefühlszustand, in dem Ihre Intuition Ihnen zwei widersprüchliche Ansichten präsentiert. Das ist nach einer psychopathischen Beziehung ganz natürlich, weil Sie daran gewöhnt sind, dass man Ihnen Dinge einredet – statt sie mit eigenen Augen zu betrachten oder sie in Ihrem Herzen als richtig oder falsch zu empfinden. Sie haben ständig die hinreißenden Liebesbeteuerungen und Lobeshymnen des Psychopathen gehört, aber sie haben in Ihrem tiefsten Innern keine Saite zum Klingen gebracht. Sie erinnern sich mit Freuden an die Träume, die Sie hatten, an die

Pläne von einer gemeinsamen Zukunft – die sich ganz offensichtlich zerschlagen haben.

Was sollen Sie also glauben? Was überzeugt Sie mehr, seine Worte oder seine Taten? Während der Beziehung haben Sie vermutlich viel Zeit damit verbracht, über seine Worte nachzudenken. Sie haben sie geschätzt, in Ehren gehalten, analysiert und ihnen am Ende misstraut. Doch obwohl Ihre Intuition Ihnen gesagt hat, dass etwas nicht stimmt, wollte ein Teil von Ihnen noch immer verzweifelt an Ihren passgenauen Seelengefährten glauben.

Doch nun räumen Sie mit diesen Illusionen auf. Sie verstehen noch nicht ganz, was in seinem Kopf vorgegangen sein mag, aber Sie wissen, dass da etwas nicht so war, wie es sein sollte. Und so beginnt der Kampf in Ihrem eigenen Kopf – ein innerer Konflikt, bei dem es gilt, den Traum von Liebe und Leidenschaft zu überwinden, damit Sie eine Chance haben, die Situation rational zu bewerten.

Sie werden von einem Extrem ins andere fallen. Zuerst ist er ein Monster, das Sie während der gesamten Beziehung belogen und betrogen hat. Und im nächsten Augenblick ist er nur unsensibel, hat Sie mit Sicherheit nicht absichtlich verletzt. Aber halt, einige seiner Vorwürfe waren wirklich grausam. Damit hat er Ihnen das Gefühl gegeben, der letzte Dreck zu sein, und Sie so gönnerhaft behandelt, als wären Sie ein Kind. Andererseits … jeder verdient eine zweite Chance – man hat Ihnen von klein auf beigebracht, dass man nicht nachtragend sein sollte, und ein harmonisches, freundschaftliches Verhältnis aufrechtzuerhalten ist wesentlich angenehmer. Außerdem können Sie die wunderbaren Erinnerungen nicht löschen, wenn er Ihre Hand gehalten und »Ich liebe dich« gesagt hat …

Und das ist die Gefahr bei der kognitiven Dissonanz. Dieser Zustand führt Sie zu den süchtig machenden Liebeserinnerungen zurück. Er löst die Sehnsucht nach einem zerbrochenen Traum, einer Illusion aus, die auf einer gezielt eingesetzten Lüge beruhte.

Wenn Sie beginnen, diese Gefühle aufzuarbeiten, treten die diametral entgegengesetzten Gedanken seltener und in abgemilderter Form auf. Doch in der Zwischenzeit sind Sie noch äußerst anfällig für den anhaltenden emotionalen Missbrauch. Solange der Zustand der kognitiven Dissonanz anhält, sollten Sie sich bewusst machen: Ihr Ex-Partner ist immer noch in der Lage, Sie wieder in seinen Bann zu ziehen. Ein einziges Kompliment kann einen Rückfall in die Idealisierungsphase zur Folge haben. Wie können Sie sich davor schützen?

Zwei Gesichter

Ein weitverbreitetes Merkmal von Soziopathen ist die verdeckte Überheblichkeit, die erst nach geraumer Zeit sichtbar wird. Auf den ersten Blick wirken sie völlig harmlos, bescheiden, arglos wie ein Kind und rücksichtsvoll. Doch im Lauf der Zeit lassen sie unausweichlich die Maske fallen, und dahinter kommt das Monster zum Vorschein: manipulativ, arrogant und skrupellos. Solange der Soziopath ein neues Opfer umgarnt, ist sein Verhalten mustergültig, sodass er andere mit seinem Charme um den Finger wickelt. Der Grund für diese Tarnung ist, dass offenkundige Arroganz bei den meisten Menschen nicht gut ankommt; deshalb entwickelt er eine zweite »liebenswerte« Identität, um die Krallen in seine Beute schlagen zu können. Sobald er Macht über sein Opfer gewonnen hat, zeigt er sein wahres Gesicht. In seinem Wesenskern ist er selbstgefällig, gönnerhaft und narzisstisch. Aufgrund der zwei Gesichter dauert es einige Zeit, bis die Opfer das Monster und den

Unschuldsengel, an den sie sich erinnern, in Einklang bringen. Hinzu kommt, dass man ihnen häufig die Schuld zuweist, ihnen einen Hang zu »Exzentrikern« vorwirft oder dass »immer zwei dazu gehören«. Von »It takes two to tango« oder Mitschuld kann aber keine Rede sein, wenn der eine Partner eine Scheinidentität aufbaut, um den anderen Partner zu überzeugen, dass sich beide in jeder Hinsicht auf der gleichen Wellenlänge befinden.

Kontaktsperre

Nach dem Beziehungsaus stellt die selbstauferlegte Kontaktsperre die einzige Möglichkeit dar, sich künftig vor Manipulation und Missbrauch durch Ihren psychopathischen Ex-Partner zu schützen. Es gibt keine Ausnahme von dieser Regel. Wie sehr er Sie auch verletzt haben mag, der Kontakt mit ihm macht es nur noch schlimmer. Falls Sie gemeinsame Kinder oder andere dauerhafte Verbindungen zu ihm haben, sollten Sie versuchen, den Kontakt auf ein Minimum zu beschränken.

Wenn Sie die Verbindung zu toxischen Menschen kappen, wird sich Ihr Leben von Grund auf ändern. Zunächst ist dieser radikale Schnitt schmerzhaft – wie ein kalter Drogenentzug. Doch im Lauf der Zeit werden Sie feststellen, dass jeder Tag, der vergeht, unverhoffte neue Lichtblicke mit sich bringt. Sie beginnen, Selbstachtung zu entwickeln, Grenzen zu setzen, echte Freundschaften zu schließen. Statt anderen Macht über Sie einzuräumen, alles hinzunehmen und zu verzeihen, verbringen Sie Ihre Zeit mit Menschen, deren Verhalten nicht erfordert, dass Sie ständig nach Erklärungen suchen. Diese Freiheit ermöglicht eine ungehinderte Entfaltung Ihrer Lebenskraft. Irgendwann werden Sie zurückblicken und sich selbst fragen, wie Sie den Umgang mit derart negativen Personen überhaupt ertragen haben. Ihr neues Selbst beginnt das Bedürfnis zu entwickeln, sich schützend vor Ihr altes Selbst zu stellen, eine Position, die äußerst erstrebenswert ist!

Die Kontaktsperre ist genau das, wonach es klingt. Kontaktsperre bedeutet, dass Sie jede Verbindung zu Ihrem Ex-Partner kappen, wann, wo und wie auch immer. Was das alles impliziert? Mehr, als Sie vielleicht denken:

- Telefonate
- SMS
- persönliche Treffen
- E-Mails
- Facebook-Freundschaften
- Facebook-Nachrichten
- Cyberstalking

Beim abermaligen Kontakt ist das böse Erwachen geradezu programmiert, ungeachtet, wie belanglos er auch zu sein scheint. Sie behindern damit Ihren Heilungsprozess und werden es später mit Sicherheit bereuen. Jede Form der Kommunikation mit Ihrem psychopathischen Ex-Partner dient nur dazu, Sie zu verletzen. Er legt es wieder darauf an, Sie in Dreiecksbeziehungen zu verstricken, was leicht als aufrichtige Fürsorge und Interesse missverstanden werden kann. Wenn er die Chance erhält, wickelt er Sie mit seinem Charme erneut um den Finger, um Sie anschließend dem gleichen Albtraum auszusetzen, den Sie während der Identitätserosion schon einmal erlebt haben. Er lässt die Idealisierungsphase wiederaufleben und versteht es, die richtigen Köpfe zu drücken, um Sie in den Zustand der kognitiven Dissonanz zu versetzen. Er greift wie eh und je zu seinen pathologischen Lügen und bringt Sie damit schier um den Verstand. Er sorgt mit seinem Wortsalat dafür, dass Sie die Orientierung verlieren, und macht damit alle bisherigen Fortschritte auf dem Weg der Heilung zunichte. Sobald er Macht über Sie gewonnen hat, landen Sie erneut in seiner manipulativen Welt. Sie müssen sich aus dieser Abhängigkeit befreien – und die einzige Möglichkeit, das zu erreichen, ist absolute Abstinenz, sprich Kontaktsperre.

Wenn Ihre Gedanken zu rasen beginnen und Sie das überwältigende Bedürfnis verspüren, Verbindung mit ihm aufzunehmen, sollten Sie achtsam sein. Halten Sie nach Ablenkungen Ausschau. Ein neues Hobby, Meditation, kreatives Schreiben, arbeiten, ein Haustier – alles, was Ihnen einfällt, um Ihren Ex-Partner aus Ihren Gedanken zu verbannen. Das Gehirn ist lernfähig, entwickelt neue Gewohnheiten, bringen Sie ihm daher Ihrer Gesundheit zuträglichere Verhaltensweisen bei. Wenn Sie merken, dass Ihre Gedanken wieder zu Ihrem Ex abschweifen, sollten Sie ein paarmal tief ein- und ausatmen und sich zwingen, an etwas anderes zu denken.

Dasselbe gilt für Cyberstalking. Selbst wenn Sie nicht direkt mit ihm kommunizieren, sind Sie dadurch, dass Sie seine Aktivitäten in den sozialen Medien genau verfolgen, nach wie vor auf ihn fixiert. Der einzige Ausweg aus dieser Abhängigkeit besteht darin, alle Kommunikationskanäle mit ihm zu kappen, und zwar auf einen Schlag. Fangen Sie gleich damit an, indem Sie ihn auf Facebook, Twitter und auf Ihrem Handy blockieren.

Sie denken vielleicht, dass Sie sich besser fühlen, wenn Sie sehen, dass er sein nächstes Opfer genauso abserviert. Doch das ist ein Trugschluss. An dem Schmerz, den Sie empfinden, wird sich nichts ändern. Um ihn zu überwinden, braucht es Zeit und persönliches Wachstum. Ob Sie es glauben oder nicht, Sie werden irgendwann den Punkt erreichen, an dem es Ihnen völlig egal ist, was er tut oder wen er gerade umgarnt.

Das Kapitel aus eigener Kraft abschließen

Dieser Beitrag stammt von meiner Freundin und Co-Administratorin HealingJourney. Ihre Erkenntnisse und Tipps könnten auch für Sie hilfreich sein.

Alle Betroffenen wissen, wie schwer es ist, die Verbindung zu einem Psychopathen ein für alle Mal zu lösen. Sobald sie sich die Kontaktsperre verordnet haben, stellen sie fest, dass sie mit dem Versuch beginnen, die Scherben ihres gebrochenen Herzens und Lebens aufzusammeln. Viele schreiben, dass sie das Kapitel mehr als alles in der Welt abschließen wollen. Einige hoffen, dass der Psychopath es auf irgendeine Weise beendet. Wieder andere sind überzeugt, dass es ihnen niemals gelingen wird, einen Schlussstrich zu ziehen. Und alle fragen sich irgendwann auf ihrer Heilreise, ob sie jemals einen Weg aus der Dunkelheit finden.

Die gute Nachricht ist: *Ja,* Sie können das Kapitel abschließen. Und *nein,* der Psychopath wird Ihnen die Aufgabe *nicht* abnehmen. Diesen Schritt müssen Sie allein bewältigen, aus eigener Kraft. Die folgenden Meilensteine stellen Orientierungshilfen auf einem Weg dar, der zum Ziel führt. Sie sind nicht an eine Zeitachse gebunden und viele der Empfehlungen überschneiden sich:

Versuchen Sie, sich von der Illusion zu trennen

Der erste Schritt auf dem Weg der Heilung besteht darin, jeden Kontakt zu Ihrem psychopathischen Ex-Partner zu beenden. Und das lässt sich nur bewerkstelligen, wenn Sie das Bild löschen, das

Sie sich von dem Menschen gemacht hatten, dem Ihre Liebe galt. Leider gab es diesen Menschen nie wirklich. Es handelte sich vielmehr um ein Trugbild, eine Illusion, die Ihr Ex-Partner aufgebaut hat, um Sie zu spiegeln und zu manipulieren. So hart und schmerzhaft es auch sein mag, der einzige Weg, der in die Freiheit führt, erfordert, sich von dieser Illusion zu verabschieden.

Ich erinnere mich noch sehr gut an den Beginn der Beziehung mit einem Psychopathen; ich war überzeugt, er sei der perfekte Partner für mich! Er schien der Einzige zu sein, der mich verstand, und uns verbanden unendlich viele Gemeinsamkeiten. Es war beinah zu schön, um wahr zu sein! Als ich später entdeckte, wie abgrundtief er mich getäuscht hatte, auf eine Weise, wie ich es nie für möglich gehalten hätte, wurde mir klar, dass es sich immer zu schön anfühlte, um wahr zu sein. Alles beruhte auf einer Lüge … ich selbst und das, was ich für ihn empfand, ausgenommen. Ich war real, genauso real wie meine Gefühle. Doch inmitten dieser zutiefst schmerzhaften Erkenntnis klammerte ich mich an das Licht – das Licht der Wahrheit –, von dem kaum mehr als ein Funke in meiner Seele übrig geblieben war. Den »Traummann« loszulassen, den er mir vorgespielt hatte, brachte mich meinem eigenen Herzen näher.

Tun Sie daher Ihr Bestes, um sich von dieser Illusion zu trennen und Ihr wahres Selbst zu entdecken.

Suchen Sie nach Antworten – aber achten Sie auf Ihre Sicherheit

Als mir klar wurde, dass ich mich mit einem pathologischen Lügner eingelassen hatte, verspürte ich das dringende Bedürfnis, mich auf »die Suche nach der Wahrheit« zu begeben. Alle, die mir nahestanden – *absolut jeder* –, versuchten, mich davon abzubringen, dass ich ihn genauer unter die Lupe nähme. Aber ich empfand es als unerlässlich, so viele Lügen wie möglich zu entlarven, deshalb ignorierte ich ihren Rat. Wie sich herausstellte, hatte ich die richtige Entscheidung getroffen, denn ich bewältigte die Aufgabe, *ohne den Kontakt mit ihm oder irgendjemandem herzustellen, der mit ihm in Verbindung stand.* Außerdem ließ ich weder ihm noch seinem Fanclub gegenüber auch nur ein einziges Wort darüber verlauten, was ich herausgefunden hatte, auch wenn ich es liebend gern getan hätte. Als ich alle verfügbaren anonymen Informationsquellen ausgeschöpft hatte, war meine Mission beendet. Ich war weit davon entfernt, geheilt zu sein, und hatte auch nur einen Teil der Wahrheit aufgedeckt, aber ich spürte, dass ich einen Teil der Macht und Kontrolle über mich selbst zurückgewonnen hatte. Der gesamte Prozess erwies sich als wichtiger Schritt beim Wiederaufbau meiner Selbstachtung.

Es ist nichts gegen den Versuch einzuwenden, so viele Antworten wie möglich zu finden und der Wahrheit, soweit es geht, auf die Spur zu kommen – *solange Sie auf Ihre Sicherheit achten und sich an die Kontaktsperre-Regel halten!*

Informieren Sie sich über Psychopathie und andere schwere Persönlichkeitsstörungen

Die Begegnung mit einem Psychopathen ist nicht mit einer normalen Beziehung zu vergleichen. Es sind vor allem die Nachwirkungen, die sich von einer gewöhnlichen Trennung unterscheiden. Die Betroffenen bleiben mit zahlreichen *Warum*-Fragen zurück, die eine Antwort verlangen, um den Heilungsprozess in Gang zu bringen. Dazu kommt, dass sie sich die Schuld für das Scheitern der Beziehung geben, häufig deshalb, weil andere nicht einordnen können, was ihnen widerfahren ist, und taktlose Bemerkungen machen wie »Warum bist du denn bei ihm geblieben?«, »Warum warst du blind für die Warnsignale?« oder das bereits erwähnte »Tangotanzen«, zu dem immer zwei gehören.

Aber Psychopathen sind nicht mit normalen Maßstäben zu messen! Als Sie Ihrem Ex-Partner begegnet sind, wussten Sie nicht, dass es solche Menschen gibt. Sie waren *arglos*. Vermutlich werden andere Ihnen dringend abraten, sich eingehender mit dem Thema zu befassen – und möglicherweise sogar darauf hinweisen, dass sich der Genesungsprozess dadurch verzögern könnte –, doch Informationen über das Krankheitsbild einzuholen kann den Heilungsprozess in Wirklichkeit sogar beträchtlich voranbringen. Wenn Sie lernen, die weitverbreiteten Taktiken und Psychospielchen beutegieriger Psychopathen als solche zu erkennen, wird Ihnen bewusst werden, dass Sie nicht für den emotionalen Missbrauch verantwortlich sind. Wenn Sie erfahren, wie der Psychopath »tickt«, wird Ihnen klar, dass Sie von Anfang an als Zielperson ins Visier genommen wurden. Und wenn plötzlich alles einen Sinn ergibt, beginnen Sie, die Macht und Kontrolle über sich selbst und Ihr Leben zurückzugewinnen!

Lassen Sie Ihre Gefühle und Gedanken zu

Alle normalen Menschen sind bemüht, Schmerz zu vermeiden. Paradoxerweise entdecken wir oftmals erst, wie schön das Leben sein kann, wenn wir uns dem Schmerz stellen und ihn durchstehen, denn auf der anderen Seite des Tunnels bietet sich uns die Chance, Freude und Erfüllung zu finden. Auf dem Weg zur Genesung werden Sie feststellen, dass Sie sich zwischen den verschiedenen Phasen der Trauer, die für die Nachwirkungen der Begegnung mit einem Psychopathen typisch sind, hin- und hergerissen fühlen. Lassen Sie alle Emotionen zu, die Sie überkommen, was wahrscheinlich in Wellen geschieht. Lassen Sie auch die Gedanken an Ihren Ex-Partner zu, wenn sie sich Eingang verschaffen, selbst wenn Sie Angst haben, den Verstand zu verlieren, weil Sie an nichts anderes mehr denken können. Sollten Sie die obsessiven Gedanken ständig verdrängen, können sie mehr schaden als nutzen. Höchstwahrscheinlich machen sich bei Ihnen darüber hinaus Symptome einer posttraumatischen Belastungsstörung bemerkbar; hier ist es wichtig, professionelle Hilfe in Anspruch zu nehmen, um das Trauma zu verarbeiten. Das könnte eine Psychotherapie und/oder andere Heilverfahren einschließen. Wenn Sie den Schritt in den Schmerz wagen, statt vor ihm davonzulaufen, werden Sie interessanterweise auf eine tiefere Ebene gelangen und einen Blick auf Ihr wahres Selbst werfen können. Sie entwickeln Selbstachtung, Selbstliebe und schöpfen neue Zuversicht. Sie lernen, Ihrer Intuition zu vertrauen. Und wenn es Ihnen gelingt, *sich selbst* zu vertrauen, werden Sie andere Menschen finden, die Ihr Vertrauen verdient haben.

Ändern Sie, was Sie ändern können, und akzeptieren Sie, was Sie nicht ändern können

Als ich die Wahrheit über meinen psychopathischen Ex-Partner erkannte, konnte ich nicht begreifen, dass Menschen zu so teuflischen Manipulationen fähig sind. Die Beziehung war beendet, und ich sah fassungslos zu, wie er das nächste Opfer ins Visier nahm, allem Anschein nach glücklich, ohne sich um den Scherbenhaufen zu kümmern, den er hinterlassen hatte (mich … mein zerbrochenes Selbst). Meine erste Reaktion war überwältigender Kummer, Scham und Wutgefühle. Ich hatte nur noch einen Gedanken, ihn als das Monster zu entlarven, das sich hinter seiner Maske verbarg. Ich wollte meinen Nachfolger von der Notwendigkeit überzeugen, ihn zu verlassen. Ich wollte Gerechtigkeit und ich wollte Rache!

Ich wusste jedoch, dass ich ihn nicht daran hindern konnte, andere zu belügen, zu manipulieren und zu verletzen. Ich wusste, dass ich sein neues Opfer nicht von der Wahrheit überzeugen konnte. Und ich wusste, dass ich wegen dem, was er mir angetan hatte, keine Schuldgefühle in ihm wecken konnte. Was ich jedoch *tun konnte*, war, mich auf meine eigene Heilung und mein eigenes Leben zu konzentrieren. Als ich diese Entscheidung traf und beschloss, immer nur einen Tag nach dem anderen anzugehen, fühlte ich mich ganz allmählich besser und in Einklang mit mir selbst. Ich muss immer noch jeden Tag gegen das Bedürfnis ankämpfen, etwas zu ändern, was ich nicht ändern kann, aber zu akzeptieren, dass es bestimmte Dinge gibt, die sich meinem Einfluss entziehen, fällt mir inzwischen nicht annähernd so schwer wie früher. Akzeptieren Sie, dass Sie das dunkle Kapitel »Psychopath« nie auf herkömmliche Art abschließen können. Aber Sie können etwas ändern, wenn Sie sich auf die Suche nach dem Licht in Ihrer eigenen Seele begeben, und das macht Ihr Leben *unendlich* viel besser!

Vertrauen Sie Ihrer eigenen, einzigartigen Wahrnehmung der Realität

Die vielleicht wichtigste Offenbarung während des Genesungsprozesses war die Entdeckung meiner Fähigkeit, an mich selbst zu glauben und meiner eigenen Wahrnehmung der Realität zu vertrauen. Psychopathen gleichen sich in vieler Hinsicht auf unheimliche Weise, aber dennoch schienen sich die Einzelheiten meiner Beziehung von den Geschichten der anderen Betroffenen erheblich zu unterscheiden. Während ich mich verzweifelt bemühte, mir das Geschehen zusammenzureimen, bekam ich zahlreiche Meinungen zu hören, wie ich die Erfahrung verkraften sollte, was für ein Mensch ich war, wie ich sein oder woran ich glauben sollte. Ich stellte mich selbst infrage – wie immer –, und solange mich starke Selbstzweifel plagten, bestand der Schmerz fort. Ironischerweise begann sich der Nebel zu lichten, als ich eine Opfergeschichte nach der anderen las, die zwar Ähnlichkeit mit meiner hatten, aber sich dennoch von ihr unterschieden. Erst dann und nachdem es mir gelungen war, meinen eigenen Wert zu erkennen, wurde mir die Realität meiner persönlichen Erfahrung bewusst. Ich ziehe immer noch viele Dinge in Zweifel, aber nun gelingt es mir, sie in die richtige Perspektive zu rücken und zuallererst auf die Stimme in meinem Herzen zu hören.

Auch Sie haben eine Stimme in Ihrem Herzen, die Ihnen den Weg weist. Schenken Sie ihr Gehör!

Und bitte halten Sie an *dieser* Realität fest: Sie können dank der selbstauferlegten Kontaktsperre mit diesem traumatischen Kapitel in Ihrem Leben abschließen und Frieden jenseits des Albtraums finden. Lesen und informieren Sie sich über schwere Persönlichkeitsstörungen wie die Psychopathie, stellen Sie sich dem Schmerz, erobern Sie Ihre Macht und innere Stärke zurück, und streben Sie vor allem jeden Tag danach, sich selbst zu lieben und an sich selbst zu glauben, an *Ihr authentisches* Selbst. *Sie* sind der beste Führer auf diesem Weg.

Wie Sie nach der Gehirnwäsche einen klaren Kopf bekommen

Dies ist ein Beitrag von Searchingforsunshine:

Ich habe diese Zeilen insbesondere für alle geschrieben, denen es schwerfällt, die selbstauferlegte Kontaktsperre einzuleiten und einzuhalten. Ich weiß, dass die ersten Tage ohne ein Lebenszeichen von ihm die reinste Hölle sind und nicht alle Methoden, die sich bei mir als wirksam erwiesen haben, auch bei anderen zum Erfolg führen, aber ich hoffe dennoch, dass der eine oder andere Tipp für Sie eine Hilfe ist:

Der Zustand, in dem Sie sich vermutlich zu Beginn der Kontaktsperre befinden

Sie haben entdeckt, was der Begriff »Psychopath« bedeutet, zum ersten Mal in Ihrem Leben. Während der verzweifelten Suche nach Antworten hinsichtlich der toxischen Beziehung, in die Sie geraten sind und die noch immer nachwirkt, beginnen Sie zu googeln. Das Schlagwort, das Sie eingeben, führt Sie zu einem Artikel über Psychopathen, Narzissten oder Soziopathen. Sie können es kaum glauben, aber die Persönlichkeitsmerkmale, die dort aufgelistet sind, kommen Ihnen bekannt vor, bringen eine Saite zum Klingen, die Ihrem Bauchgefühl entspricht. Selbst Ihr Verstand erfasst, was gerade passiert ist. Ein Aha-Moment folgt dem anderen, Schlag auf Schlag. Sie können es kaum fassen, dass Sie endlich des Rätsels Lösung gefunden haben. Sie sind bereit, einen Schlussstrich zu ziehen, auf der Stelle.

Nicht lange nach Ihrer Entscheidung (gleich, ob Sie diese umgesetzt haben oder nicht) beginnen Sie zu Ihrem eigenen Entsetzen, wieder an Ihrer Wahrnehmung zu zweifeln. »Was ist, wenn er doch nicht …? Angenommen, nur mal angenommen, dass es an mir lag? Vielleicht bilde ich mir nur ein, dass er ein Psychopath ist. Vielleicht bin ich wirklich verrückt und emotional bedürftig, wie er gesagt hat …« Sie googeln abermals den Artikel, den Sie gefunden haben. Sie lesen ihn erneut. Sie erleben weitere Aha-Momente wie in der ersten Runde. Sie fügen weitere Puzzlesteine zusammen. »Ja, es ist eindeutig seine Schuld, nicht meine!«, denken Sie. Er ist ein Psychopath beziehungsweise Soziopath, daran kann es jetzt keinen Zweifel mehr geben. Sie erkennen, warum er so widersprüchliche Dinge gesagt hat. Sie erinnern sich an den genauen Wortlaut, an jede Einzelheit der Szenarien, und sehen plötzlich alles in einem anderen Licht. Doch Sie fallen erneut in das schwarze Loch der Selbstzweifel zurück. Fragen sich zum x-ten Mal: »Bin ich schuld daran, dass die Beziehung gescheitert ist? Kann ich mit absoluter Sicherheit behaupten, dass es nicht an mir lag?«

Warum uns die kognitive Dissonanz innerlich zerreißt

Diese Beschreibung gibt wieder, wie sich der Zustand der kognitiven Dissonanz anfühlt – wie er sich für Sie anfühlt und für mich angefühlt hat, als ich verzweifelt bemüht war, mich mit meiner traumatischen Erfahrung auseinanderzusetzen. Dieses Gefühl der inneren Zerrissenheit stellt sich nur ein, weil man Sie einer Gehirnwäsche unterzogen und Ihnen eingeredet hat, Sie wären der »gestörte« Teil der Beziehung. Ihr Ex-Partner hat Sie mit seinen Lügen/der Untreue/den gebrochenen Versprechen provoziert, hat Ihre Reaktion herausgefordert. Und dann hat er dieses Verhalten gegen Sie verwendet, um Sie zum Sündenbock zu stempeln, denn nur so konnte er seine Macht über Sie erhalten. Das hat in Ihnen den Wunsch ausgelöst, der Beziehung »eine letzte Chance zu geben«, denn das Gefühl, die Schuld läge allein bei Ihnen, verleiht Ihnen Kontrolle über die Situation: Sie glauben, dass er sich Ihnen wieder liebevoll zuwendet, wenn Sie Ihr Verhalten ändern.

Die Gedanken, dass das Scheitern der Beziehung Ihnen anzulasten ist, entsprechen keineswegs den Tatsachen. Sie erkennen es nur nicht, denn Sie haben lediglich Lügen über Ihren Charakter zu hören bekommen, und Ihre Rolle in dieser Beziehung wurde Ihnen immer wieder eingehämmert. Das führt zu einer kognitiven Dissonanz, einem inneren Widerspruch, der bewirkt, dass Sie an der

Entscheidung zweifeln, einen Schlussstrich zu ziehen. Erschwerend kommt hinzu, dass es Ihrem Ex-Partner in der Anfangsphase der Beziehung meisterhaft gelungen ist, Sie zu idealisieren und mit Liebesbezeugungen zu überschütten. Dann kommt der Teufelskreis ins Spiel, der Ihren Blick trübt, sodass Sie den Wolf im Schafspelz nicht klar erkennen können. Die kognitive Dissonanz endet erst dann, wenn Sie die Kontaktsperre eine Weile durchgehalten haben. Aber es ist schwierig, sich mit der Entscheidung auszusöhnen, jede Verbindung zu ihm abzubrechen, während der innere Konflikt ein Chaos in Ihren Gedanken anrichtet.

Was bei mir gewirkt hat, um die kognitive Dissonanz zu beenden

Dieses höllische mentale Tauziehen war in den ersten sechs Wochen der selbstauferlegten Kontaktsperre besonders schlimm. Doch jedes Mal, wenn ich mich mit dem Informationsmaterial über Psychopathen befasste, löste sich der innere Konflikt auf. Das lag vor allem daran, dass mein Instinkt die Wahrheit erkannte, dass nämlich nicht *ich*, sondern *er* unter einer Persönlichkeitsstörung litt. Die Merkmale, die darin beschrieben wurden, riefen einen so starken Widerhall in meiner Seele hervor, dass selbst mein zwiespältiger Verstand ihn nicht zu überlagern vermochte. Mir wurde bewusst, dass ich mehr Augenblicke der Klarheit brauchte und dass ich einer Gehirnwäsche unterzogen worden war; ich begriff, dass ich diese Aha-Momente vorher schon erlebt hatte, als sich mein Bauchgefühl zu Wort meldete, schon wenige Wochen nach dem Beginn der Beziehung. Und ich erkannte, dass es nur einen Weg aus dem Dilemma gab, nämlich meinem Verstand zu befehlen zu schweigen, wenn das qualvolle Tauziehen der kognitiven Dissonanz erneut einsetzte.

Ich beschloss, das Informationsmaterial über psychopathisches Verhalten jedes Mal zu lesen, wenn ich meinem Verstand Redeverbot erteilten wollte. Ich konnte den Genesungsprozess nur dann unterstützen und meinen Verstand dazu bringen, die Wahrheit zu akzeptieren, wenn ich das Gedankenkarussell in meinem Kopf anhielt und mehr Wahrheiten – mehr Aha-Momente – in der Tiefe meiner Seele einen Widerhall fanden. In der Anfangszeit hielt ich mich also von allen potenziellen Auslösern fern – Orten, Musik, Menschen –, die mich an die Beziehung erinnerten und/oder meine Erfahrung als Opfer außer Kraft setzten.

Und damit gelang es mir, die Kontaktsperre aufrechtzuerhalten und die zweifelnde Stimme zum Verstummen zu bringen, die sich während der kognitiven Dissonanz lautstark zu Wort meldete und der allem Anschein nach nie die Ideen ausgingen, mit denen sie mich herausfordern konnte.

Was ich damit sagen will, ist, dass auch im Verlauf Ihres Genesungsprozesses eine Zeit kommen wird, in der alle Antworten auf die Fragen, die Sie stellen, zu immer weiteren Fragen führen. Irgendwann ist der Punkt erreicht, an dem die endlosen Analysen ein Ende finden und Sie lernen müssen, Ihren Verstand zur Ruhe zu bringen, auf Ihr Bauchgefühl zu hören und zu akzeptieren, was es Ihnen sagt. Wenn Sie Ihren Verstand nach all den Lügen, die Ihnen der Psychopath aufgetischt hat, weiterhin mit Zweifeln füttern und sie immer wieder bestätigen, lassen Sie ihm keinen Raum für die Wahrheit.

Ihr Verstand muss tief in den Fluss der Wahrheit eintauchen, um wieder so aufnahmebereit zu werden wie ein unbeschriebenes Blatt. Der Prozentsatz der Wahrheit, dem Sie Einlass in Ihren Verstand gewähren, steht in direktem Verhältnis zum Prozentsatz der mentalen Umprogrammierung durch die psychopathische Gehirnwäsche, von der Sie sich reinwaschen möchten. Einfacher ausgedrückt: Je tiefer Ihr Verstand in die Wahrheit eintaucht, desto fadenscheiniger werden die Lügen, die er Ihnen eingehämmert hat, bis sie irgendwann völlig verblassen. Und dann wachen Sie eines Morgens auf und stellen fest, dass die Wahrheit Eingang in Ihren Verstand gefunden hat; sie wurde gefiltert und von Ihrem Bauchgefühl nach und nach weitergeleitet, um alle Lügen zu ersetzen, die Ihnen der Psychopath aufgetischt hat. Und dann finden Sie endlich inneren Frieden.

Ich hoffe, dass diese Beiträge Ihnen einige nützliche Werkzeuge an die Hand gegeben haben, mit denen Sie Ihre Heilreise unverzüglich beginnen können. Die Wahrheit zu verbreiten ist die beste Methode, um sich aus der Dunkelheit zu befreien. Wissen ist Macht für die Betroffenen und Gift für Psychopathen. Je mehr Informationen Sie haben, desto besser. Und sobald Ihnen alles klar geworden ist, dürfen Sie sich auf eine Riesenüberraschung gefasst machen.

Bitte werfen Sie auch einen Blick auf die Quellenangaben am Ende des Buches. Die dort aufgelisteten Artikel, Bücher und Videos tragen zur Aufklärung bei und sollen Ihnen helfen, gegen kognitive Dissonanzen anzukämpfen.

Die Trauerphasen – 2. Teil

Sie haben das fehlende Puzzleteil entdeckt – den Begriff »Psychopathie«, der alles von Grund auf verändert. Sie haben Informationen über schwere Persönlichkeitsstörungen gesammelt. Und mit einem Mal wird Ihnen vieles klar. Plötzlich stehen Ihnen Worte zur Verfügung, um zu beschreiben, was Ihnen widerfahren ist. Jede unerklärliche Erinnerung wird nun verständlich, löst viele neue seltsame Gefühle aus. Zunächst werden Sie diesen Zustand vermutlich als belastend empfinden, doch das liegt daran, dass Sie sich von einer zutiefst belastenden Erfahrung erholen müssen. Sie werden sich selbst oft infrage stellen, und das ist gut so. Sich selbst (und Ihr Umfeld) auf den Prüfstand zu stellen ist der Ausgangspunkt eines langen Weges der Innenschau, der den Kurs Ihres Lebens ein für alle Mal verändern wird.

Verstehen, was in Psychopathen vorgeht

Symptome: physische Gesundheitsprobleme, Bedürfnis nach Bestätigung der Erfahrung, Schock, Abscheu, Aha-Momente, Paranoia, Engegefühl in der Brust.

Das ist eine der merkwürdigsten und zugleich wichtigsten Phasen im Heilungsprozess. Die Informationen, die Sie gesammelt haben, bringen Sie nicht weiter. Um zu verstehen, wie der Psychopath »tickt«, müssen Sie sich in ihn hineinversetzen. Für die meisten Opfer sind Werte wie Einfühlsamkeit und Liebe handlungsweisend, aber es ist nahezu unvorstellbar, dass man Psychopathen mit Empathie in Verbindung bringen kann. Und genau deshalb gelingt es ihnen, ungestraft davonzukommen – denn normale Menschen projizieren ihr Gewissen automatisch auf alle anderen.

Wenn Sie Ihre Recherche vertiefen, lässt es sich nicht vermeiden, dass Sie sich ein Stück weit darin verlieren. Sie tauchen so tief in das Thema ein, dass Sie zu verstehen beginnen, wie der Verstand eines Psychopathen arbeitet. Sie erkennen nicht nur die Warnsignale und den verbalen Missbrauch, sondern auch das sadistische Vergnügen, mit dem Ihr Ex-Partner Ihr Leben zerstört hat, und erinnern sich an das Schweigen – oder Lachen – als Reaktion auf flehentliche Bitten und Tränen. Statt sein Verhalten als unsensibel oder begriffsstutzig zu entschuldigen, betrachten Sie es nun beim Rückblick auf die Beziehung aus einer völlig anderen Perspektive.

Und plötzlich fällt es Ihnen wie Schuppen von den Augen.

Alles, was Sie sich vorher nicht erklären konnten, ergibt plötzlich einen Sinn. Von der Spiegelung bis hin zur Liebesbombardierung, Identitätserosion, Triangulierung und schließlich zum abrupten Bruch. Sie empfinden Abscheu. Sie erkennen, dass Sie niemals wirklich geliebt wurden – sondern nur ein weiteres Opfer in einem endlosen Kreislauf des Missbrauchs waren. Ihnen wird klar, dass Sie sich in keiner früheren Beziehung so verhalten haben, und nicht etwa, weil sie etwas Besonderes waren. Der Grund war, dass Ihr Ex-Partner von dem Augenblick an, als Sie von ihm als Zielperson ins Visier genommen wurden, aktiv daran gearbeitet hat, Sie zu Fall zu bringen.

Sie blicken auf all die Situationen zurück, die ein Gefühl der Paranoia bei Ihnen ausgelöst haben. Jetzt sind Sie imstande zu erkennen, dass jeder emotionale Missbrauch und jede Vernachlässigung einkalkuliert war, in voller Absicht erfolgte. Und schließlich gelangen Sie zu der Erkenntnis, dass die große Liebe Ihres Lebens – der Mensch, dem Sie von ganzem Herzen vertraut haben – das Scheitern der Beziehung von vornherein eingeplant hatte.

Der Roboter

Da der Psychopath keine festgelegte Identität besitzt, ist er in der Lage, sich stets in den Menschen zu verwandeln, den sich seine Zielperson als Partner in einer Liebesbeziehung wünscht. Eine kurze »Beobachtungsphase« reicht aus, um enthusiastisch darauf hinzuweisen, wie groß die Übereinstimmung zwischen Ihnen ist. In dieser Zeit hört er einfach nur aufmerksam zu, wie Sie Ihre Träume und Hoffnungen schildern, um Ihnen dann ein überzeichnetes Spiegelbild aller Merkmale zu präsentieren, die Sie angeblich miteinander teilen. Er benutzt diesen künstlich erzeugten »Gleichklang«, um auf Anhieb eine Vertrauensbasis aufzubauen und Sie rasch davon zu überzeugen, dass Sie den perfekten Seelengefährten gefunden haben. Er scheint in jeder Hinsicht fasziniert von Ihnen zu sein, schreibt Ihnen SMS im Minutentakt und postet ständig auf Ihrem Facebook-Profil, damit alle Welt sieht, wie viel Sie ihm bedeuten. Er beginnt, Ihr gesamtes Leben zu vereinnahmen, und plötzlich können Sie sich nicht mehr vorstellen, wie Sie jemals ohne ihn glücklich sein konnten. Doch dann bringt er die Dreiecksbeziehungen ins Spiel. In dieser Phase tritt die Identität des Psychopathen, die so wechselhaft ist wie bei einem Chamäleon, am deutlichsten zum Vorschein. Er beginnt, frühere und künftige potenzielle Partnerinnen mit zweideutigen Andeutungen und Scherzen, die nur Eingeweihten bekannt sind, zu umgarnen und auf subtile Weise dafür zu sorgen, dass Sie es mitbekommen. Sie haben das Gefühl, dass Sie Detektiv spielen, während Ihnen die Indizien in Wirklichkeit zugespielt werden. Die Hinweise sind darauf ausgelegt, Sie eifersüchtig zu machen und Sie schier um den Verstand zu bringen, wenn Sie zuschauen müssen, wie Ihr Seelengefährte andere unverhohlen auf ein Podest stellt. Besonders befremdlich ist, dass sich die Persönlichkeit des Psychopathen drastisch verändert, um sich diesen neuen Zielpersonen anzupassen. Er findet Dinge anziehend, die ihn früher abgestoßen haben, lacht über Scherze, die nicht lustig sind, und verwandelt sich in einen Menschen, den Sie kaum wiedererkennen. Wenn Sie ihn darauf hinweisen, dass sich in Ihrer Beziehung etwas verändert hat, werden Sie als »verrückt« oder »hyperempfindlich« abgestempelt. Und besonders verstörend ist, dass er sich bestimmte Aspekte Ihrer Persönlichkeit aneignet, um sie beim Umgarnen seines nächsten Opfers zu verwerten. Wie ein hochleistungsfähiger Roboter entwickelt und optimiert er seine Fähigkeiten mit jeder neuen Zielperson, die er ins Visier nimmt, übernimmt die Eigenschaften, die Erfolg versprechen, und entsorgt die Überreste, die ihm nicht mehr nutzen.

Strategie und Sadismus

Einer der größten Mythen, die Psychopathen umgeben, ist die Pseudopsychologie in den Hollywoodfilmen, dass Menschen mit einer so schweren Persönlichkeitsstörung in Wirklichkeit selbst Opfer sind. Gleich ob eine von Gewalt geprägte Kindheit, ein abwesender Vater oder eine prekäre Situation irgendwo in der Mitte der Skala – dahinter steht der Gedanke, dass Psychopathen im Grunde schuldlos sind an ihrem Verhalten.

Da bin ich völlig anderer Meinung.

Im Gegensatz zu Menschen mit anderen psychischen Störungen nehmen Psychopathen die Auswirkungen ihres Verhaltens auf andere sehr wohl wahr. Das ist für sie ein Teil des Kicks – Menschen leiden zu sehen. Sie sind in der Lage, Unsicherheiten und Verletzlichkeiten in null Komma nichts auf die Spur zu kommen, und treffen dann bewusst die Entscheidung, aus diesen Eigenschaften Kapital zu schlagen. Sie kennen den Unterschied zwischen Richtig und Falsch, beschließen aber, sich unbeirrt darüber hinwegzusetzen.

Der psychopathische Beziehungszyklus ist kein zufälliges Nebenprodukt von mangelndem Einfühlungsvermögen und emotionaler »Dickfelligkeit«. Es ist vielmehr ein eiskalt einkalkulierter, personalisierter Prozess, den der Psychopath nutzt, um seine Opfer systematisch zu quälen. Davon zeugen die Zeit und die Planung, die in die Spiegelung ihrer Hoffnungen und Träume einfließen. Der Psychopath verbringt Monate – bisweilen sogar Jahre – damit, immer wieder eine neue Rolle zu spielen. Und das alles dient einem einzigen Zweck: Ihrer Zerstörung. Er empfindet nicht das geringste bisschen Liebe für Sie, auch wenn er behauptet, Sie wären die Einzige, die jemals dieses Gefühl in ihm geweckt habe. Nein, er hat Sie die ganze Zeit genau beobachtet und geduldig darauf gewartet, dass der Spaß beginnt. Ist Ihnen aufgefallen, dass die emotionalen

Übergriffe erst dann anfingen, als Sie sich unsterblich verliebt hatten und die Bindung an ihn enger wurde? Von diesem Punkt an verbrachten Sie den Rest der Zeit bis zur Trennung damit, Ihren vermeintlichen Seelengefährten zurückzugewinnen.

Das Problem ist, dass viele Opfer im Nachhinein das unstillbare Bedürfnis des Psychopathen nach Aufmerksamkeit mit kindlicher Unsicherheit gleichsetzen. Aber der Psychopath ist alles andere als unsicher. Er ist selbstverliebt. Er ist fasziniert von seinem äußeren Erscheinungsbild, seiner Fähigkeit, alle Menschen in seinem Umfeld um den Finger zu wickeln, seine Opfer so weit zu bringen, dass sie betteln und flehen. In einer psychopathischen Beziehung füllen Sie keine Lücke in seiner zerbrochenen Seele. Der Psychopath hat keine Seele. Er möchte angebetet werden, sonst nichts. Er ist kein kleiner Junge, der sich hinter einer rauen Schale verbirgt, die psychische Störung ist kein Verteidigungsmechanismus für eine tief verwurzelte Zerbrechlichkeit. Sie werden keinen »weichen Kern« in ihm finden. Nur endlose Dunkelheit.

Irgendwann müssen Sie sich von dem Gedanken verabschieden, durch den Verzicht auf jeden Kontakt seiner grandiosen/narzisstischen Selbsteinschätzung den Nährboden entziehen zu können. Das bedeutet nämlich, dass Sie immer noch glauben, ein persönliches, inneres Bedürfnis des Psychopathen zu erfüllen (oder erfüllt zu haben). Das ist ein Trugschluss, und daran wird sich auch in Zukunft nichts ändern. Er zielt nicht darauf ab, die Aufmerksamkeit anderer auf sich zu lenken, um sein Selbstbewusstsein zu verbessern. Sein Ego ist bereits bis zum Anschlag aufgebläht, und ich kann Ihnen versichern, dass es niemandem gelingen wird, dort Luft abzulassen.

Der Psychopath ist auf Ihre Aufmerksamkeit bedacht, um Sie zu beherrschen und zu zerstören. Er hat Sie als nützliches Objekt betrachtet, das er entsorgt, sobald Ihre Zeit abgelaufen ist. Und wenn er die Chance erhält, Sie zu recyceln, sprich noch einmal für seine Zwecke einzuspannen, dann nicht etwa, weil er Sie für sein Selbstbild bräuchte.

Dazu kommt, dass es bei Ihrem Heilungsprozess nicht darum geht, jemand anderem Aufmerksamkeit zu widmen oder zu entziehen. Die Kontaktsperre sollten Sie sich auferlegen, weil Sie aufrichtig überzeugt sind, etwas Besseres verdient zu haben. Sie sind in die Fänge eines Menschen geraten, der Sie manipuliert, belogen, benutzt und zutiefst verletzt hat. Während Sie Ihr Augenmerk darauf richten, Selbstachtung zu entwickeln, gilt es zu begreifen, dass es damit mehr als genug Gründe gibt, ihn aus Ihrem Leben zu verbannen – ein für alle Mal.

Leide ich vielleicht selbst unter einer psychopathischen Persönlichkeitsstörung?

Viele Opfer gelangen zu der verstörenden Schlussfolgerung, dass *sie* es sein könnten, die unter einer psychopathischen Störung leiden. Wenn Sie sich monatelang mit dem Thema beschäftigt und über Ihre Erfahrungen nachgegrübelt haben, ist es nur natürlich, dass Sie beginnen, sich selbst und Ihre positiven Charaktereigenschaften infrage zu stellen. Es ist ein trickreiches Thema, das zeitweilig sogar abhängig machen kann. Wenn Ihre Gedanken ständig um schwere Persönlichkeitsstörungen wie die Psychopathie kreisen, ist es nicht verwunderlich, dass Sie Ihr Wissen anwenden, um fast jeden Menschen in Ihrem Leben auf den Prüfstand zu stellen, Sie selbst eingeschlossen.

Ich habe bereits mehrere Gründe genannt, warum Sie vermutlich nicht in diese Kategorie gehören; das Letzte, was Sie während des Heilungsprozesses brauchen, ist der nagende Zweifel, ob Sie vielleicht doch das Monster sind. Diese Sorge können Sie getrost vergessen – denn das ist das Schlüsselwort: Sorge. Ein Psychopath käme nie auf die Idee, sich darüber den Kopf zu zerbrechen. Und selbst wenn, wäre es ihm egal. Sie sind verstört, weil Sie in den psychopathischen Charaktereigenschaften die Wurzeln allen Übels sehen. Der Psychopath betrachtet sie keineswegs als die schwere Persönlichkeitsstörung, die sie ist. Er sieht darin Merkmale seiner eigenen Stärke. Er ist überzeugt, dass seine Rücksichtslosigkeit zu seiner Überlegenheit beiträgt. Denken Sie genauso? Ich schätze, nicht. Es gibt jedoch einige wichtige Gründe, die Sie vermutlich bewogen haben, sich diese Frage zu stellen:

1. Der Psychopath hat Ihnen dieses Gefühl eingeredet

Während der Beziehung projiziert der Psychopath seine Schwächen auf Sie. Er wirft Ihnen oft vor, emotional bedürftig, eifersüchtig, klettenhaft, kontrollsüchtig, boshaft und verrückt zu sein, bis Sie es irgendwann selbst glauben. Hatten Sie dieses Gefühl jemals zuvor in einer Beziehung oder Freundschaft? Oder in Gegenwart der Konstanten in Ihrem Leben? Nein. Was ist hier also der gemeinsame Nenner? Alle oben beschriebenen Verhaltensweisen sind typisch für eine psychopathische Persönlichkeitsstörung, die Sie nur im Beisein Ihres toxischen Partners zum Ausdruck gebracht haben. Und es ist kein Zufall, dass diese Merkmale nach und nach verschwinden, sobald Sie mehr Zeit ohne ihn verbringen.

Opfer neigen dazu, sämtliche Probleme in einer Beziehung hinzunehmen, weil sie glauben, dass sie alles verstehen und verzeihen können, um die perfekte Idealisierungsphase zu retten. Am Ende haben Sie die schlimmsten Fehler und Unzulänglichkeiten des Psychopathen verinnerlicht, was Sie zu der Überzeugung veranlasst, dass Sie tatsächlich über diese Charaktereigenschaften verfügen.

Nach der Identitätserosion und dem Finale mit Paukenschlag ist es nur natürlich, von sich selbst und dem eigenen Verhalten entsetzt zu sein. Aber Sie waren nicht Sie selbst. Sie haben dem Psychopathen lediglich als Zielscheibe für sein Gift gedient. Doch im Lauf der Zeit und bei Einhaltung der Kontaktsperre beginnen Sie zu erkennen, dass Sie keines dieser Merkmale zeigen, wenn Sie sich nicht in seiner Gesellschaft befinden. Fakt ist, dass Sie dann sanfter, empathischer und mitfühlender erscheinen – Ihrem authentischen Selbst näher sind. Und das ist Ihr wahres Selbst.

2. Ihr Persönlichkeitstyp

Es gibt diesen Spruch, der besagt: »Man soll nicht alles glauben, was man denkt.« Sich daran zu erinnern ist nach dem Finale mit Paukenschlag außerordentlich wichtig. Die meisten Betroffenen teilen eine Vielzahl von Persönlichkeitsmerkmalen. Zwei von ihnen sind Aufgeschlossenheit und Empfänglichkeit für Anregungen. Diese beiden Eigenschaften sind echte Stärken, können aber Probleme verursachen, wenn man es versäumt, hin und wieder ein wenig in sich zu gehen und zu lernen, sie in Schach zu halten. Das Problem ist, wenn Sie sich fragen: »Leide ich an einer psychopathischen Störung?«, wägt Ihr Verstand, der offen für alles Neue ist, den Gedanken automatisch ab. Das liegt nicht etwa daran, dass es reale Gründe für die Annahme gibt, sondern an Ihrer aufgeschlossenen Wesensart. Das ist alles. Wenn Ihr Verstand Ihnen Denkanstöße gibt, hören Sie auf ihn. Obwohl Sie manchmal gut daran täten, ihn wegen dieser lächerlichen Mutmaßung einfach auszulachen.

Bedauerlicherweise neigen viele Betroffene dazu, auch für Andeutungen offen zu sein, dass sie selbst unerträglich sind – und sich vor Hinweisen zu verschließen, dass der Partner unerträglich sein könnte. Wenn Sie sich während des Genesungsprozesses nach und nach wieder in einen Zustand zurückkämpfen, der Ihrer Gesundheit zuträglicher ist, sollten Sie aufhören, sich so negativ zu beurteilen, und sich um eine ausgewogenere Perspektive bemühen. Das bedeutet, dass Sie eine »Ich-bin-okay-du-bist-okay«-Mentalität entwickeln, statt an der toxischen Einstellung »Ich bin nicht okay, du bist okay« festzuhalten, die während Ihrer Beziehung größtenteils vorherrschend war. Denken Sie also daran, dass Sie zu den aufgeschlossenen Menschen gehören, die anfälliger für Hypnose und Suggestionen sind als andere Persönlichkeitstypen. Achten Sie darauf, und lernen Sie, mit dieser Stärke richtig umzugehen.

Es kann auch passieren, dass Sie zeitweilig unter einer Depression leiden, die Ihre Sichtweise beeinflusst. Während einer depressiven Episode werden Sie von negativen Gedanken überflutet, die Ihr Gehirn überzeugen, dass sie wichtiger sind als positive Gedanken. Eine Depression ist imstande, sich wie ein Virus auszubreiten und Überlebensmechanismen zu entwickeln, sodass der Zustand eine Weile anhält. Sie fördert die Überzeugung, dass Ihre positiven Gedanken auf Trugbildern und Unwissenheit beruhen. Doch in Wirklichkeit sind die negativen Gedanken, die Ihnen ständig durch den Kopf gehen, nicht real. Ihr Gehirn spielt Ihnen einen Streich. Von psychopathischen Persönlichkeitsstörungen kann keine Rede sein.

3. Ihre Leidensfähigkeit hat Grenzen

Menschen mit schwerer Persönlichkeitsstörung betrügen, lügen, verunglimpfen, manipulieren, verwirren und ignorieren andere mit dem größten Vergnügen, doch wenn sich die Opfer mit Nachdruck gegen diesen Missbrauch zur Wehr setzen, haben viele am Ende ein schlechtes Gewissen. Lassen Sie diese inneren Turbulenzen los. Grenzen zu setzen ist unerlässlich, um gesund zu bleiben.

Psychopathen sind daran zu erkennen, dass sie anderen absichtlich und skrupellos schaden.

Sie sind vermutlich nicht daran gewöhnt, Grenzen zu setzen. Tatsache ist, dass viele Betroffene niemals Grenzen aufgezeigt haben. Eine ungewöhnliche Gabe, die Sie aus der psychopathischen Erfahrung mitnehmen, ist die Fähigkeit, diese Grenzen zu entdecken. Einige bezeichnen sie als »gesunden Narzissmus«, aber »Selbstachtung« ist meiner Meinung nach ein besserer Begriff. Das Problem ist, dass Grenzsetzung und Selbstachtung Ihnen bis jetzt völlig fremd waren. Wenn Sie also damit beginnen, beide Fähigkeiten zu entwickeln, kommen Sie sich selbstsüchtig und streitbar vor, während Sie sich in Wirklichkeit weigern, auch weiterhin die Rolle des selbstlosen Fußabtreters zu spielen.

Sie stellen möglicherweise fest, dass alte Freundschaften in die Brüche gehen und toxische Kraftproben entfallen, je mehr Sie an innerer Stärke gewinnen. Sie haben beinah das Gefühl, als würden Sie für Ihren Heilungsprozess bestraft. Doch das ist nicht der Fall. In Wirklichkeit sind Sie endlich stark genug, nur das in Ihr Leben einzulassen, was Ihrer Gesundheit zuträglich ist. Sie sind weder psychopathisch noch narzisstisch, wenn Sie Grenzen setzen und den Ihnen gebührenden Respekt erwarten, wie jeder normale Mensch mit Gefühlen. Doch vielleicht befinden sich Leute in Ihrem Umfeld, denen nicht daran gelegen ist, dass Sie Ihre Gefühle zum Ausdruck bringen und Nein sagen – sie ziehen Ihr altes Selbst vor, das darauf bedacht war, es jedem recht zu machen. Sie impfen Ihnen ein schlechtes Gewissen ein, weil Sie gesunde Gewohnheiten angenommen haben. Diese Form der Konditionierung kann in Ihnen den Gedanken hervorrufen, psychopathisch und gefühlskalt zu sein, doch auch hier gilt wieder: Das ist nicht der Fall. Genau das geschieht, wenn selbstsüchtige Menschen ihren Willen nicht mehr durchsetzen können. Sie kämpfen, um den Status quo aufrechtzuerhalten, weil ihnen die bestehende Dynamik zugutekommt. Aber Ihnen kommt sie nicht zugute, und Grenzen zu setzen trägt dazu bei, dieses Missverhältnis zu erkennen. Nur weil Sie jemandem eine Absage erteilen oder ein wenig mehr Respekt einfordern, sind Sie nicht psychopathisch. Sie haben eine Fähigkeit entwickelt, die Sie stärkt. Jedes Mal, wenn Sie für sich selbst und Ihre Belange einstehen, wird ein Teil Ihrer Lebenskraft reaktiviert.

4. Sie kennen den Beziehungszyklus aus eigener Erfahrung

Psychopathische Beziehungen weisen ein Muster auf, das – immer wieder – erprobt und für gut befunden wurde: idealisieren, entwerten, abservieren. Der Psychopath ist nicht der Einzige, der diesem Schema gefolgt ist. Sie kennen den Zyklus aus eigener Erfahrung. Der Unterschied ist die Reihenfolge der einzelnen Phasen. Zuerst haben Sie Ihren Ex-Partner idealisiert, mehr als jeden anderen Menschen. Dann wurden Sie von ihm abserviert, blieben zerbrochen und allein zurück, um die Trümmer Ihres Lebens aufzusammeln. Und zum Schluss haben Sie ihn entwertet, als Sie mehr über psychopathische Persönlichkeitsstörungen in Erfahrung gebracht hatten. Sie haben die Fassade des Charmeurs aus der Anfangsphase der Beziehung demontiert, genau wie er Ihr Selbstverständnis während der Identitätserosion zerstört hat.

Das ist kein natürlicher Kreislauf für jemanden, der ein Beziehungsaus verkraften muss. Zugegeben, viele Verflossene lassen nach der Trennung kein gutes Haar mehr am anderen, aber sie durchlaufen weder eine Gefühlsachterbahn mit allen Höhen und Tiefen, noch prangern sie Persönlichkeitsmerkmale Ihres Ex-Partners an, die sie einst in höchsten Tönen gelobt haben. Leider besteht die einzige Heilungsmöglichkeit darin, diesen toxischen Zyklus selbst in Gang zu setzen. Erst dann werden Sie erkennen, dass alles

Lug und Trug war. Eine Illusion. Ein Zerrspiegel. Auch wenn Ihnen dieser Prozess unnatürlich vorkommt: Sie müssen bereit sein, alles auseinanderzunehmen, was Sie an Ihrem Ex-Partner einmal geliebt haben. Nicht nur bestimmte Aspekte. Nein, alles! Weil nichts davon der Realität entsprach. Erst dann können Sie Selbstachtung entwickeln und Ihre Träume wieder in Besitz nehmen.

Abgesehen davon werden Sie noch viele Entwertungsprozesse durchlaufen. Viele Betroffene neigen eine Zeit lang zum Cyberstalking, vor allem weil sie keine Ahnung haben, was da gerade passiert ist. Die Aktivitäten des Ex-Partners in den sozialen Netzwerken zu verfolgen bietet Ihnen die Möglichkeit, der Wahrheit ein Stück näher zu kommen, doch am Ende werden Sie feststellen, dass dies für den Heilungsprozess keineswegs förderlich ist. Unter dem Strich zählt Cyberstalking als Kontakt und reißt alte Wunden wieder auf. Vermutlich sind Sie während der Idealisierungsphase süchtig danach geworden, als Sie jedes seiner Updates klammheimlich am Computer verfolgt haben. Das hat er natürlich gewusst und die Macht genossen, die er damit über Sie erhielt. Aber machen Sie sich klar, dass er mit Sicherheit das Gleiche getan hat, nur ist es ihm vermutlich wesentlich besser gelungen, es vor Ihnen zu verbergen. Vielleicht hat er behauptet, sich Ihre Facebook-Beiträge kaum noch anzuschauen, um ein paar Tage später versehentlich auf etwas Bezug zu nehmen, was Sie gepostet haben. Oder er hat angeblich nicht mit Ihrem Anruf gerechnet, während er sich in Wirklichkeit gefragt hat, warum Sie sich damit so lange Zeit gelassen haben. Gehen Sie also nicht zu streng mit sich selbst ins Gericht, wenn Sie sich auf solche Psychospielchen eingelassen haben. Begreifen Sie nur, dass diese Gewohnheit ungesund ist und durch Selbstkontrolle ein für alle Mal abgelegt werden kann.

Während und nach der psychopathischen Beziehung haben Sie vermutlich Dinge getan, auf die Sie alles andere als stolz sind – Sie haben gelogen, krampfhaft Aufmerksamkeit zu wecken versucht und wütende E-Mails verschickt. Das macht Sie nicht zu einem psychisch gestörten Menschen. Irgendwann sollten Sie sich selbst verzeihen und sich bewusst bemühen, in Zukunft bessere Entscheidungen zu treffen. Sie sind nicht wie Ihr Ex-Partner, der Sie aus reiner Boshaftigkeit verfolgt, spiegelt und auf Rache sinnt. Es erfordert viel Zeit und Anstrengung, den toxischen Beziehungszyklus aus Ihrem System zu entfernen, aber wenn Sie diesen Punkt erreicht haben, sind Sie in der Lage, eine normale, liebevolle Beziehung einzugehen.

5. Ihre Empathie ist völlig aus dem Lot geraten

Sie werden sich über einen längeren Zeitraum leer und abgestumpft fühlen. Das ist ein typisches Merkmal des Genesungsprozesses nach einer psychopathischen Beziehung. Doch diese emotionale Befindlichkeit ist nicht mit einer psychopathischen Persönlichkeitsstörung gleichzusetzen. Ihre Gefühlsfähigkeit wurde mit Füßen getreten und manipuliert, und es dauert geraume Zeit, bis sie zurückkehrt. Ja, ein Psychopath ist gefühlskalt, aber das bleibt er bis an sein Lebensende. Er würde nicht monatelang den Verlust des Glaubens an das Gute im Menschen beklagen oder an gebrochenem Herzen leiden.

Ihre Emotionen und Ihre Empathie halten nur gerade Winterruhe. Der Tag wird kommen, an dem der schlafende Bär erwacht und stärker ist als je zuvor. Unter dem Strich werden Sie womöglich feststellen, dass Wahrnehmungs- und Einfühlungsvermögen sogar in noch größerem Ausmaß vorhanden sind als früher. Deshalb machen Sie sich jetzt bitte keine Sorgen. Das Gefühl, abgestumpft zu sein, wird mit der Zeit vergehen und durch etwas viel Besseres ersetzt.

Erinnern Sie sich an meine Empfehlung, mehrere Monate zu warten, bevor Sie nach neuen Freundschaften und Beziehungen Ausschau halten. Der Grund ist, dass Sie frustriert und niedergeschlagen sein werden, wenn Sie merken, dass Sie nicht die gleiche innige Verbundenheit oder Hochgefühle mit Ihrem neuen Partner empfinden. Sie haben ein schlechtes Gewissen, wenn Sie sich über ihn ärgern, weil er nicht so aufmerksam und einfühlsam ist. Verstricken Sie sich nicht in solche postpsychopathischen Beziehungen, weil sie Ihnen und den Menschen, die Ihnen nahestehen, nur schaden. Sie werden am Ende wieder einmal unter Schuldgefühlen leiden, zusätzlich zu Ihrer ohnehin schon angeschlagenen Empathie.

Anstatt sich also mit Vorwürfen zu überhäufen, weil Sie es nicht schaffen, das Unmögliche möglich zu machen, sollten Sie sich die Zeit nehmen, einen Blick in Ihr Inneres zu werfen und Freundschaft mit sich selbst zu schließen. Doch die Innenschau hat ihre Grenzen – irgendwann müssen Sie aufhören, über sich nachzudenken, und zu leben beginnen. Es könnte Jahre dauern, bis Sie diesen Punkt erreicht haben, aber tief in Ihrem Herzen werden Sie wissen, wann Sie bereit dazu sind. Wenn Sie zu viel grübeln, laufen Sie Gefahr, den Verstand zu verlieren. Im richtigen Maß kann Nachsinnen jedoch zu Erkenntnis und Kreativität führen.

6. Sie haben einen Einblick in menschliche Abgründe gewonnen

Viele Betroffene sind früher mit Scheuklappen durchs Leben gegangen, in der festen Überzeugung, dass alle Menschen einen guten Kern besitzen. Der Psychopath diente als traumatischer Weckruf aus diesem Zustand der seligen Unwissenheit. Während Sie Informationen über psychopathische Persönlichkeitsstörungen sammeln, erfahren Sie mehr über die menschliche Natur. Sie begreifen, wie und warum der Psychopath Sie umgarnen konnte – wie er mit Ihren tiefverwurzelten Unsicherheiten gespielt hat, wie er Sie mit seiner Liebesbombardierung um den Finger gewickelt hat, wie er eine chemische Abhängigkeit in Gang gesetzt hat.

Und plötzlich entdecken Sie vielleicht auch in Ihrem Innern einen kleinen dunklen Schatten. Es ist so, als wären Sie dem Bösen zu nahe gekommen. Nun wissen Sie, wie Sie jemanden mit Schmeicheleien dazu bringen können, alles für Sie zu tun. Oder wie Sie Suizidgedanken bei jemandem auslösen können. Ein unheilvolles Wissen, auf das Sie vermutlich gern verzichtet hätten. Aber denken Sie einmal darüber nach – würden Sie dieses Wissen jemals in die Tat umsetzen? Natürlich nicht. Ihr Gewissen würde Ihnen sofort Einhalt gebieten. Und genau das unterscheidet Sie von einem Psychopathen. Nicht das Wissen, sondern Ihr Gewissen, das handlungsweisend ist. Und nein, Sie gehören nicht zu den Bösen, nur weil Sie einen Einblick in die Abgründe der menschlichen Seele gewonnen und die dunkle Seite der Welt kennengelernt haben.

J. K. Rowling schrieb in einem ihrer *Harry-Potter*-Bände, wir hätten alle eine helle wie auch eine dunkle Seite in uns. Es komme darauf an, welche Seite wir für unser Handeln aussuchten. Das mache uns wirklich aus. Daran sollten Sie während des Heilungsprozesses denken. Jeder Mensch hat seine eigenen Dämonen – was uns definiert, ist die Entscheidung, wie wir damit umgehen.

Rufen Sie sich die unbeschwerte Zeit ins Gedächtnis zurück, in der Sie nichts über schwere Persönlichkeitsstörungen wie die Psychopathie wussten. Das Leben war schön. Hatten Sie jemals das Gefühl, ein schlechter Mensch zu sein, weil Sie sich über ein Kompliment gefreut haben? Manipulativ zu sein, weil Sie nett zu jemandem waren? Böse Absichten zu hegen, wenn Sie eine gute Tat begangen haben? Ich nehme an, die Antwort lautet: »Nein.« Erst als

Sie einem so unheilvollen Menschen wie Ihrem Ex-Partner begegnet sind, haben Sie begonnen, an sich selbst zu zweifeln. Bereits zur Genüge. Sie sind nicht psychopathisch und waren es nie. Die Zeit heilt bekanntlich alle Wunden, auch die seelischen, und Sie werden Ihr Gleichgewicht wiedergewinnen, wenn Empathie und Emotionen erneut zum Leben erwachen.

Sie wurden darauf konditioniert, Komplimente und Aufmerksamkeit als eine Art Waffe zu betrachten, doch das sind sie nicht. Sich über ein Kompliment zu freuen oder Aufmerksamkeit zu genießen macht Sie noch nicht zu einem Psychopathen. Sie müssen lernen, sich wieder wohlzufühlen, wenn diese Formen der Wertschätzung von normalen, mental gesunden Menschen stammen. Lassen Sie nicht zu, dass Ihr Wissen, wie Sie manipuliert wurden, Sie daran hindert, eines der angenehmsten Dinge im Leben zu genießen: positive Energie.

Sie sind kein Psychopath, sondern das genaue Gegenteil. Und das ist der Grund dafür, dass Sie sich diese Frage überhaupt erst gestellt haben.

Aufgestaute Emotionen

Symptome: Wut, Niedergeschlagenheit, extreme Eifersucht, rasende Gedanken, Hass, die überwältigende Versuchung, wieder Kontakt zu Ihrem Peiniger aufzunehmen.

Sobald Sie verstanden haben, wie der Psychopath tickt, werden Sie zahlreiche unangenehme Gefühle durchleben. Machen Sie sich also mit dem Gedanken vertraut, denn dieser Zustand wird eine Weile andauern.

In dieser Phase werden Sie alle Emotionen durchleben, die sich aufgestaut haben, weil Sie während der Beziehung nicht zum Ausdruck gebracht wurden. Erinnern Sie sich an die Gefühle, die Sie ausgeblendet haben, um den Frieden zu wahren? Sie haben sich nicht in Luft aufgelöst, sondern in Ihrem Herzen eingenistet, um sich als Selbstzweifel und Ängste zu manifestieren. Doch da Sie nun endlich verstanden haben, wie die Spielchen des Psychopathen laufen, fühlen Sie sich zutiefst entrüstet. Ausgetrickst. Manipuliert. Verletzt.

Wut

Anstelle der Selbstzweifel empfinden Sie nun ungeheure Wut. Sie haben die Wahrheit erkannt. Ihnen ist bewusst geworden, dass Sie benutzt, umgarnt und einer Gehirnwäsche unterzogen wurden. Sie sind außer sich. Sie würden ihn am liebsten umbringen. Sie würden sich am liebsten mit seinen Freunden und Bekannten in Verbindung setzen und ihnen brühwarm erzählen, was für ein Mensch er wirklich ist. Sie würden ihm am liebsten einen Brief schreiben und ihm sagen, er möge in der Hölle schmoren. Das Bedürfnis, mit Ihren Freunden und Ihrer Familie über ihn zu sprechen, grenzt an Besessenheit – Sie müssen Ihre Geschichte loswerden. Sie wurden lange zum Schweigen gebracht und kleingemacht, doch nun steht es Ihnen endlich frei, Ihre Stimme zu erheben.

Immer wenn Sie ihm vorgeworfen haben, Sie zu betrügen oder zu belügen, hat er den Spieß umgedreht und Ihnen die Schuld in die Schuhe geschoben, sodass Sie sich schlecht gefühlt statt Wut empfunden haben. Die kognitive Dissonanz hat dazu geführt, dass Sie die Wut mit aller Macht unterdrückten, doch nun findet sie schließlich ein Ventil. Vielleicht verspüren Sie im Nachhinein einen Anflug von Eifersucht, wenn Sie feststellen, wie lange er Sie schon betrogen und Reaktionen bei Ihnen provoziert hat, die dazu dienten, Ihre Nachfolgerin mit der Mitgefühls- und Mitleidsmasche zu umgarnen. Die Hetzkampagne gegen Sie löst das Bedürfnis in Ihnen aus, das Gegenteil zu beweisen und sich zu wehren.

Die Wutgefühle, die im Nachhinein hochkochen, sind nach einer psychopathischen Beziehung völlig nachvollziehbar. Es kann Monate, sogar Jahre dauern, bis sie sich bemerkbar machen. Bitte geben Sie dem impulsiven Bedürfnis, sie auszuagieren, nicht nach. Das kann zu keinem guten Ende führen. Das Beste, was Sie tun können, ist, Ruhe und Gelassenheit zu bewahren. Sie wissen ja: Der Psychopath hat es darauf angelegt, Wutgefühle bei Ihnen zu erzeugen, damit er allen vor Augen führen kann, wie unberechenbar Sie sind – und wie sehr sie ihn immer noch lieben. Er wird wieder versuchen, Sie in seine Dreieckskonstellationen einzubinden, lange nach Beendigung der Beziehung, sogar während der selbstauferlegten Kontaktsperre.

Und dazu kommt, dass Sie mit Wut letztlich nicht weiterkommen. Sie ist ein wichtiger Bestandteil des Genesungsprozesses, aber sie bringt Ihnen langfristig keinen Frieden. Ihr wichtigstes Ziel während der Heilreise besteht darin, Selbstachtung zu entwickeln – das Verständnis, dass Sie etwas Besseres verdient haben.

Niedergeschlagenheit

Sie werden sich lange Zeit zwischen Niedergeschlagenheit und Wut hin und her gerissen fühlen. Sie werden gute und schlechte Tage erleben, unfähig, die Stimmungsschwankungen auch nur annähernd in den Griff zu bekommen. Abends sind Sie überzeugt, dass Sie jetzt endlich bereit sind, Ihr Leben wiederaufzunehmen –

am nächsten Morgen wachen Sie tränenüberströmt auf und schreien vor Wut in Ihr Kopfkissen.

Sie wollen nicht abgrundtiefe Trauer empfinden. Und Sie verdienen es nicht, unbändige Wut zu spüren. Sie haben nichts weiter getan, als sich zu verlieben, oder? Warum werden Sie derart dafür bestraft?

Der Gedanke an ihn begleitet Sie auf Schritt und Tritt. Jedes Pärchen, dem Sie begegnen, erinnert Sie an die verlorene Beziehung. Sie haben das Gefühl, als würden sie im Radio ständig die alten Liebeslieder spielen. Sie können nicht einmal irgendwo ein Glas Wein trinken, ohne in Tränen auszubrechen und sich zu blamieren.

Deshalb beginnen Sie sich aus Ihrem bisherigen sozialen Umfeld zurückzuziehen, umgeben sich mit Leuten aus den Diskussionsforen, die Sie verstehen. Ihre Gedanken drehen sich ständig, geradezu obsessiv, im Kreis. Sie geraten beim kleinsten Anlass außer sich. Ihre Grenzen werden wieder sichtbar – vielleicht nehmen sie auch zum ersten Mal Gestalt an –, und Sie können es nicht fassen, so tief gesunken zu sein. Erst jetzt beginnen Sie zu begreifen, was Sie in Wirklichkeit verloren haben. Wie viele Dinge Sie in Ihrem Leben beiseitegeschoben haben, um Platz für den Psychopathen zu schaffen. Nicht nur die Beziehung zu Freunden, finanzielle Sicherheit, Lebenserfahrungen, sondern auch Ihr Glücksempfinden. Ihr positives Weltbild ist zu Bruch gegangen. Statt im Zweifelsfall für den Angeklagten zu entscheiden, fällt es Ihnen mit einem Mal schwer, anderen zu vertrauen.

Sie nehmen plötzlich ein konstantes Gefühl der Beklemmung und Enge in Ihrer Brust wahr – der Dämon, der Ihr Herz in seinen Fängen hält, erinnert Sie mit seiner ständigen Gegenwart an alles, was Sie vergessen wollen.

Wenn empathische Menschen beginnen, sich selbst zu zerstören

Ich bin überzeugt, dass empathische Menschen einen »Selbstzerstörungsmodus« haben. Er setzt oft ein, wenn alle Bemühungen, eine Beziehung zu retten, am Ende krachend scheitern und wir erkennen müssen, dass alle Anstrengungen vergebens waren, weil sie nie ausreichten. Sobald wir in diesen Selbstzerstörungsmodus überwechseln, sehen wir uns vier verschiedenen Phasen gegenüber:

1. Überkompensation

In dieser Phase versuchen Sie verzweifelt, sich in alles und jeden in Ihrer Umgebung einzufühlen. Sie schließen neue Bekanntschaften, versuchen, ihnen das zu geben, was sie nach Ihrer Einschätzung brauchen könnten, und hoffen, im Gegenzug Liebe und Anerkennung zu erhalten. Sie investieren unverhältnismäßig viel Zeit und Kraft in emotional Bedürftige gleich welcher Art. Während dieser Phase stimmen Sie vielleicht Dingen zu, die in Wirklichkeit nicht mit Ihren innersten Überzeugungen vereinbar sind, und stellen zahlreiche Kontakte her, die Sie später bereuen werden. Sie haben es sich zur Aufgabe gemacht zu beweisen, dass Empathie ein Allheilmittel in jeder Situation und bei jedem Menschen ist.

2. Wut

Zu diesem Zeitpunkt leugnen Sie vielleicht noch die Tatsache, dass Sie sich mit Leuten umgeben haben, deren Bedürfnisse unersättlich sind. Wenn Sie erkennen, dass Ihren Bemühungen kein Erfolg beschieden ist, erklären Sie Ihrem früheren Selbst und allem, wofür

Sie früher eingestanden sind, wutentbrannt den Krieg. Sich nie wieder von einem Charmebolzen blenden lassen. Nie wieder als Fußabtreter dienen. Sie neigen dazu, über das Ziel hinauszuschießen, und verlieren dabei oft wahre Freunde.

3. Einsamkeit

Im Verlauf jeder Reise – gleich, ob Traum- oder Heldenreise – tritt eine längere Periode der Stille und Einsamkeit ein. Das mag zunächst ein unliebsamer Zustand sein, vor allem wenn Sie daran gewöhnt sind, Zustimmung bei anderen zu suchen, um Ihr Selbstwertgefühl daraus abzuleiten. Doch schließlich kann sich diese Auszeit als durchaus erfreulich erweisen. Ohne die ständigen Rückmeldungen haben Sie die Chance, Ihre ungeteilte Aufmerksamkeit auf einige innere Konflikte zu richten, die dringend einer Lösung bedürfen. Wenn wir ausschließlich auf unser eigenes Urteil angewiesen sind, bietet sich die Gelegenheit zu erforschen, wer wir wirklich sind. In dieser Zeit, die wir allein verbringen, können wir damit beginnen, unsere Identität von Grund auf wiederaufzubauen, nachdem sie von der dunklen Macht, welcher Art auch immer, ausgelöscht wurde.

4. Ausgewogenheit

Sie entdecken, dass mit Punkt 1, 2 und 3 ein gesundes Gleichgewicht angestrebt wird. Sie müssen nicht jedem in Ihrem Umfeld mit Empathie begegnen. Empathie sollten Sie denjenigen entgegenbringen, denen Sie vertrauen und die Ihnen wichtig sind – Menschen, die über die gleiche Fähigkeit und Bereitschaft verfügen, sich in andere hineinzuversetzen. Außerdem müssen Sie sich keine harte Schale zulegen, um zu vermeiden, als Fußabtreter missbraucht zu werden. Sie können Ihre Selbstachtung zum Ausdruck bringen, indem Sie diese leben. Und zu guter Letzt besteht auch keine Notwendigkeit, sich von der Welt abzuschotten, um nicht mehr verletzt zu werden. In Ihrem Umfeld gibt es gewiss viele positive Menschen, und sobald Sie die Selbstzerstörungsphase überwunden haben, sind Sie bereit, wieder an dieser magischen Welt teilzunehmen. Wenn Sie ein gesundes Gleichgewicht erreicht haben, werden Ihre Eigenschaften zu einer Gabe, die Ihnen ein Leben lang erhalten bleibt.

Einige von uns haben Jahre, sogar Jahrzehnte hinter sich gebracht, ohne auf den Selbstzerstörungsknopf zu drücken. Wenn wir es tun, fühlt sich dieser Zustand zunächst sehr unbeständig und beunruhigend an. Doch letztlich bleibt empathischen Menschen dieser Weg nur selten erspart. Auf diese Weise beginnen wir, Grenzen zu setzen und die Welt wieder lieben zu lernen – dieses Mal mit ein wenig mehr Weisheit und Staunen.

Den Psychopathen entlarven: Sollen Sie das nächste Opfer warnen?

Die Frage haben wir uns alle gestellt. Sie hatten das Glück, vielleicht mithilfe einer Google-Suche auf die ersten Artikel über psychopathische Persönlichkeitsstörungen zu stoßen, und plötzlich fügte sich alles zusammen. Eine Entdeckung, die Sie aus der Fassung bringt und überwältigt, die Wut, Entsetzen und zahlreiche weitere grauenvolle Gefühle auslöst.

Bei vielen Betroffenen besteht der erste Impuls darin:

1. den Psychopathen zu entlarven und
2. das nächste Opfer zu warnen.

Es ist verlockend, den einen oder anderen Fachbegriff aus dem gerade entdeckten Artikel aufzugreifen und aus einem Impuls heraus eine E-Mail sowohl an Ihren Ex als auch an sein nächstes Opfer zu schicken, in denen Sie erklären, dass Sie genau wissen, was sich hinter seiner Maske verbirgt.

Hier das Szenario, das Sie sich ausmalen: Der Psychopath erschrickt, weil er durchschaut wurde, und ihm vergeht das überlegene Grinsen. Das nächste Opfer liest Ihre E-Mail, erkennt auf Anhieb die Alarmsignale und gibt Ihrem Ex unverzüglich den Laufpass. Sie werden beste Freundinnen und trinken jeden Tag Kaffee miteinander.

Und hier die typische Realität: Der Psychopath benutzt Ihre E-Mail, um aller Welt zu zeigen, wie obsessiv, verbittert und verrückt Sie sind. Und Ihre Nachfolgerin? Sie sollten sich vor Augen halten, dass nur wenige Leute über Psychopathie Bescheid wissen oder sich für das Thema interessieren. Ihre Nachfolgerin sieht in Ihnen vermutlich eine Frau, die ihren Ex-Partner immer noch liebt und nicht mit der Zurückweisung umgehen kann. Ihre verzweifelten Botschaften dienen dazu, das neue Opfer in eine Dreieckskonstellation zu verstricken, sodass es sich besonders begehrt und bevorzugt fühlt; auf diese Weise wird Ihre »Verrücktheit« als Bindungsmechanismus benutzt.

Ihre Botschaft an das neue Opfer stößt auf taube Ohren. Mal ehrlich, wären Ihre eigenen Überzeugungen während der Phase der Liebesbombardierung und Idealisierung durch eine Mitteilung ins Wanken geraten, dass Ihr Seelengefährte ein Psychopath ist?

Wenn Sie Ihrem Impuls bereits nachgegeben haben, zerbrechen Sie sich deswegen bitte nicht den Kopf. Das Leben geht trotzdem weiter, und in manchen Fällen nimmt es sogar eine unvorhergesehene, vorteilhafte Wendung. Ich bin mir sicher, dass Ihre Nachfolgerin Ihre Warnung rückblickend zu schätzen weiß, wenn sie ihre

Schuldigkeit getan hat und mit den gleichen verheerenden Folgen abserviert wurde. Wie dem auch sei, Sie müssen sich nicht schämen, wenn Sie ein überwältigendes Rachebedürfnis verspürt haben, vor allem nach dem, was Ihnen widerfahren ist.

Aber dessen ungeachtet verdienen Sie es, glücklich zu sein, und der erste Schritt auf diesem Weg ist die selbst auferlegte Kontaktsperre. Ihr Herz benötigt erheblich mehr Zeit und Liebe, um den Heilungsprozess in Gang zu bringen, doch das kann nur dann geschehen, wenn Sie aufhören, Ihre Energie mit der Demontage einer toxischen Beziehungsdynamik zu vergeuden.

Teilen Sie Ihre Geschichte, lassen Sie Dampf ab, schreiben Sie sich Ihren Frust von der Seele in Briefen, die Sie nicht abschicken: Das alles sind wichtige Elemente des Genesungsprozesses. Viele Mitglieder von Selbsthilfegruppen – online und offline – werden Ihnen versichern, dass es nur besser werden kann und irgendwann eine Zeit kommt, in der Ihnen die neue Beziehung Ihres Ex-Partners vollkommen gleichgültig ist. Im Lauf der Tage, Wochen und Monate rückt das, was geschehen ist, allmählich in den Hintergrund, weil Sie damit beschäftigt sind, ein neues Leben *für sich selbst* aufzubauen. Und darum geht es bei dieser Reise. Es gilt, Selbstachtung, Nachsicht und innere Zufriedenheit zu entwickeln und zu pflegen.

Vielschichtige posttraumatische Belastungsstörungen

Symptome: emotionale Starre, Gefühl der Entfremdung, Flashbacks, belastende, mit dem Trauma zusammenhängende Erinnerungen, Abneigung gegen Liebe und Sex, »gespaltene« Persönlichkeit, Isolation.

Sobald Sie allen aufgestauten Emotionen ihren Lauf gelassen haben, fühlen Sie sich seelisch zerbrochen, erschöpft. Denn letzten Endes wissen Sie, dass Sie nicht bis in alle Ewigkeit im Zustand der Wut und Niedergeschlagenheit ausharren können. Irgendwann gelangen Sie an den Punkt, an dem das Dampfablassen in krankhafte Grübelei ausartet, die zur Sucht werden kann. Ihnen ist mittlerweile klar geworden, dass Sie nie wieder mit Ihrem Ex zusammenkommen und dass Sie die Vergangenheit nicht ändern können.

Was nun? Wie kehren Sie in Ihren Alltag zurück und lernen, mit dem erlittenen Missbrauch umzugehen? Wie können Sie wieder jeden Tag genießen, ohne die Schmeichelei und Anerkennung, an die Sie in der Anfangszeit gewöhnt waren? Ihre Welt scheint sich verändert zu haben. Ihr Leben fühlt sich bleischwer an.

Sie stellen fest, dass die seltsamsten Auslöser Sie wieder aus dem Gleichgewicht bringen, sind unfähig, eine Verabredung oder Zeit mit alten Freunden zu genießen. Sie befinden sich ständig in einem Zustand höchster Alarmbereitschaft, halten nach Manipulationsversuchen und Warnsignalen Ausschau. Selbst am harmlosesten Scherz nehmen Sie Anstoß. Die Schreckensbilder in Ihrem Herzen scheinen nicht zu verblassen – warnen Sie davor, dass buchstäblich jeder es darauf angelegt haben könnte, Sie zu verletzen.

Und nachdem Sie Zeit mit anderen verbracht haben, analysieren Sie die Erfahrung immer wieder und erstellen mental eine Liste mit Gründen, warum Sie A oder B aus Ihrem Leben verbannen sollten. Danach geht es Ihnen schlecht, Sie entwickeln Schuld- und Schamgefühle angesichts Ihrer mangelnden Loyalität. Ihre Ansichten über andere sind abwechselnd positiv und negativ, genau wie die Gedanken an Ihren Ex-Partner. Sie übertragen Ihre emotional traumatischen Erfahrungen auf jeden Aspekt Ihres Lebens, auch wenn der Psychopath schon seit geraumer Zeit von Ihrem Radarschirm verschwunden ist.

Im Gegensatz zur landläufigen Meinung müssen Sie weder Kriegsveteran noch Entführungsopfer sein, um an einer posttraumatischen Belastungsstörung (PTBS) zu leiden. Ihre derzeitige Situation erfüllt alle Kriterien, um ihr zugeordnet zu werden:

1. Traumatische Erfahrung. Ja, einem emotionalen Missbrauch durch einen Menschen ausgesetzt zu sein, den man liebt, ist eine traumatische, lebensverändernde Erfahrung.
2. Wiedererleben der belastenden Situation. Ja, mit dem »Zuckerbrot-und-Peitsche«-Zyklus waren Sie wiederholt emotionalen Übergriffen ausgesetzt; die Erinnerung daran kann immer wieder aufs Neue ausgelöst werden.
3. Ständige Verdrängung und emotionale Erstarrung. Ja, das ist der Bewältigungsmechanismus, den Sie entwickelt haben, um das psychopathische Verhalten zu entschuldigen.
4. Anhaltende Symptome erhöhter Erregung, die vorher nicht vorhanden waren. Ja, sie stellen sich in der Phase ein, in der Sie den aufgestauten Emotionen ihren Lauf lassen, und manifestieren sich schließlich als Panik- und Angstgefühle.
5. Symptome machen sich länger als einen Monat bemerkbar. Ja, die meisten Betroffenen brauchen ein bis zwei Jahre, bevor der Genesungsprozess abgeschlossen ist und sie wieder beginnen, Vertrauen und Liebe zu empfinden.
6. Erhebliche Beeinträchtigungen. Wie fühlen Sie sich jetzt, in diesem Augenblick? Ich schätze, dass »beeinträchtigt« eine krasse Untertreibung ist.

Wenn Ihnen klar wird, dass auch chemische Strukturen in Ihrem Gehirn durch diese Erfahrung geändert wurden, sollte es Ihnen leichterfallen, professionelle Hilfe in Anspruch zu nehmen, um gegen die lähmenden Hindernisse im Heilungsprozess anzukämpfen.

Mentale Störungen sind kein Grund, sich zu schämen – Sie sollten nur überlegen, wo Sie die richtige Unterstützung finden. Ich habe mich an eine Therapeutin gewandt, die auf Beziehungsmissbrauch spezialisiert war, und hervorragende Erfahrungen gemacht. Die Therapie hat mein Leben verändert; und den inneren Frieden, den ich gefunden habe, verdanke ich zu einem großen Teil ihr. Ziehen Sie aber auch die Tatsache in Betracht, dass es viele selbsternannte »Experten« gibt. Wenn Sie nach professioneller Unterstützung Ausschau halten, sollten Sie sich daran erinnern, dass es Ihr gutes Recht ist zu entscheiden, ob Sie eine Beziehung zu ihm oder ihr aufbauen können. Es gibt viele kompetente Therapeuten, unter denen Sie wählen können, also geben Sie sich nur mit jemandem zufrieden, von dem Sie das Gefühl haben, hundertprozentig mit ihm/ihr klarzukommen. Vertrauen Sie Ihrer Intuition, wenn Sie jemanden suchen, der perfekt zu Ihnen passt.

Die Wahrheit siegt

Diejenigen, die in eine Beziehung zu einem Psychopathen, Soziopathen oder Narzissten verstrickt waren, haben oft das Gefühl, dem Teufel in Menschengestalt begegnet zu sein – sie leiden ständig unter Ängsten, Selbstzweifeln und einer anhaltenden depressiven Stimmungslage, die sich nicht ganz erklären lässt. Es fühlt sich an, als hätten sie jede Lebenskraft eingebüßt und wären unempfänglich für die Dinge geworden, die sie früher glücklich gemacht haben. Gewissenlose Personen haben diese Wirkung auf empathische Menschen – die Dynamik, die in der Beziehung zwischen warmherzigen und kaltherzigen Partnern entsteht, kann das Leben von Grund auf verändern. Diese Erfahrung wird am Ende zu einer der wichtigsten, die man sich nur vorstellen kann. Sie beginnen die Welt so zu sehen, wie Sie in Wirklichkeit ist, und Ihr wahres Selbst zu entdecken. Ihre Energie kehrt allmählich zurück, und da Sie diese Kraft aus Ihrem Innern schöpfen, kann sie auch nicht gebrochen werden.

Neuinszenierung

Eines der am weitesten verbreiteten Gefühle, das mit der posttraumatischen Belastungsstörung in Zusammenhang steht, ist das Gefühl der absoluten Machtlosigkeit. Während des emotionalen Missbrauchs und in der Zeit danach sind Sie zu der Schlussfolgerung gelangt, nicht den geringsten Einfluss auf die Situation zu haben. Sie erkennen, dass Sie gezielt umgarnt, übertölpelt, benutzt und entsorgt wurden – und Sie hätten nicht das Geringste tun können, um das zu vermeiden. Just in dem Moment, in dem Sie dachten, auf dem Tiefpunkt angekommen zu sein, tauchte der Psychopath auf und nahm Ihnen auch noch den letzten Rest Würde. Er sorgte dafür, dass Ihr Verhalten so hysterisch und peinlich wie möglich wurde. Wie schlimm er Sie auch behandelt hat, es fühlte sich stets so an, als sei er der »Gewinner«.

Sobald Sie erkannt haben, dass für Ihren Ex-Partner alles nur ein Spiel war, wird das Gefühl der Machtlosigkeit noch überwältigender. Sie lassen jede Situation Revue passieren, in der Sie gebettelt und gefleht haben, und inzwischen wissen Sie, dass er Ihre Reaktion insgeheim genossen hat. Sie erinnern sich an jedes einzelne Mal, wenn er Sie als verrückt und eifersüchtig beschimpft hat, und Ihnen ist inzwischen bewusst, dass Sie von Anfang an recht hatten – er hat sie tatsächlich betrogen. Sie denken: »Wenn er sich nur noch ein einziges Mal mit mir in Verbindung setzen sollte, wäre ich diejenige, die ihn abblitzen lässt.«

Mit dieser Neuinszenierung der belastenden Erfahrungen versucht Ihr Verstand, eine Situation vollkommener Machtlosigkeit zu verarbeiten. Ihr Vorstellungsvermögen ist ein hochwirksames Werkzeug, das sich nichts mehr wünscht, als Ihr gebrochenes Herz zu heilen. Deshalb sollten Sie sich die Erlaubnis erteilen, Neuinszenierungen vor Ihrem inneren Auge ablaufen zu lassen, wenn die traumatischen Erinnerungen Sie auch weiterhin heimsuchen. Zugegeben, der kritische Teil Ihres Gehirns könnte dazwischenfunken und Sie daran erinnern, dass nichts davon »real« ist, aber letztlich bestimmen wir, wie wirklichkeitsgetreu unsere Fantasievorstellungen sind.

Statt zu betteln und zu flehen lachen Sie über die boshafte Kritik. Statt sich langatmig zu entschuldigen, fordern Sie eine Entschuldigung von ihm. Statt zu weinen, wenn er Sie mit Schweigen bestraft, drehen Sie den Spieß um und zeigen ihm die kalte Schulter. Statt auf die denkbar unsensibelste Weise abserviert zu werden, geben Sie ihm den Laufpass und reden nie wieder ein Wort mit ihm.

Damit machen Sie im Grunde alle Situationen ungeschehen, in denen er Sie in die Knie gezwungen hat. Sie gönnen ihm nicht die Befriedigung, seelenruhig zu beobachten, wie Sie hektisch versuchen, ihn wieder zu versöhnen. Dank Ihrer neu gewonnenen Erkenntnisse über psychopathische Persönlichkeitsstörungen können Sie ruhig und gelassen reagieren, schlagen ihn in jedem Spiel, in dem er sich als Sieger sah.

Das ist nicht nur eine natürliche Reaktion nach einer emotional traumatischen Beziehung, sondern erheblich besser, als die belastenden Situationen ständig wieder zu erleben. Sie haben Ihr Vorstellungsvermögen bemüht, um sich den Missbrauch in der Entwertungsphase und seine fragwürdigen Eigenschaften schönzureden. Warum sollte es Ihnen da nicht erlaubt sein, dieses Vorstellungsvermögen zu nutzen, um den Schmerz zu verarbeiten, der Ihnen zugefügt wurde?

Im Lauf der Zeit werden Sie sehen, dass die hektische, gebrochene, panische und entwurzelte Version Ihres Selbst nichts ist, wessen Sie sich schämen müssten. Sie waren nichts weiter als ein warmherziger Mensch, der auf eine unerträgliche Situation reagiert hat. Ihre Gefühlsausbrüche und Verhaltensweisen waren eine nachvollziehbare Folge Ihrer bewundernswertesten Charaktereigenschaften, die kaltblütig ausgenutzt und untergraben wurden. Ich habe einige Zeit gebraucht, bis ich zu dieser Schlussfolgerung gelangt bin, aber wenn ich auf mein altes chaotisches Selbst zurückblicke, empfinde ich seltsamerweise sogar eine gewisse Hochachtung für diese Person. Sie hat alles in ihrer Macht Stehende getan, um die unmögliche Situation zu bewältigen, und dafür werde ich ihr immer Respekt zollen.

Natürlich würde ein Teil von mir die Zeit gern zurückdrehen und ihr die Erfahrung ersparen – aber ich glaube, sie ungeschehen zu machen wäre für uns beide – für mein altes und mein neues Selbst – keine große Hilfe.

Neue schmerzliche Erfahrungen nach der Dunkelheit

Nach einer psychopathischen Erfahrung scheint das Leben eine Zeit lang stillzustehen. Sie konzentrieren Ihre gesamte Energie auf die Recherche, Belege für die Richtigkeit Ihrer Annahmen und die Heilung. Es kommt Ihnen so vor, als würde die Welt ringsum aufhören, sich zu drehen, während Sie versuchen, wieder zu sich selbst zu finden. Doch das Leben geht unausweichlich weiter. Und genauso verhält es sich mit den schmerzlichen Erfahrungen. Gleich, ob der Tod von Freunden oder Familienangehörigen, eine weiteres Beziehungsaus, der Verlust eines geliebten Haustiers, eine Krankheit oder irgendein anderes einschneidendes Ereignis, Kummer und Leid werden Ihnen nicht erspart bleiben. Doch nach der Begegnung mit dem Psychopathen werden diese Erfahrungen anders empfunden. Sie ertappen sich immer wieder bei dem Gedanken: »Ich hätte viel besser damit umgehen können, wenn mir die Sache mit diesem Psychopathen nicht passiert wäre.«

Sie bürden sich weiteren Kummer auf, stellen fest, dass es den Anschein hat, als würden alle Herausforderungen zu der toxischen Beziehung zurückführen, auch wenn Sie in keinem Bezug zu ihr stehen.

Das gilt vor allem, wenn Sie eine neue Beziehung eingehen, in der sie einen Hoffnungsschimmer und Freude gefunden haben – eine Erfahrung, die bewirkt hat, dass die Erinnerung an den Psychopathen schließlich verblasst. Doch sobald sie scheitert, stürmen die alten Gefühle wieder auf Sie ein, wie eine zweite Welle der Identitätserosion, auch wenn der Psychopath schon lange aus Ihrem Leben verschwunden ist.

Ich glaube nicht, dass diese Emotionen in Wirklichkeit mit dem Psychopathen zusammenhängen. Sie selbst haben sich auf der seelischen Ebene von Grund auf verändert, sind empfindsamer und anfälliger für das Gefühl der Traurigkeit geworden. Anfangs betrachten Sie diesen Wandel vielleicht als negativ, weil er ein Gefühl der Schwäche in Ihnen hervorruft, während Sie jetzt in erster Linie Stärke brauchen.

Doch diese negative Energie, die Sie spüren, dient einem größeren und wichtigeren Zweck. Statt in alten Erinnerungen zu graben, sollten Sie sich gestatten, sie loszulassen. Weinen Sie, so viel Sie möchten. Schicken Sie liebevolle Aufmerksamkeit an die Stellen, die der Heilung bedürfen, oder um den Kontakt zu Dingen herzustellen, die Sie verloren haben. Sie werden sich erschöpft fühlen, aber auch inneren Frieden verspüren, wenn Sie Verbindung mit Ihrem tieferen Selbst aufnehmen.

Der Umgang mit der Trauer wird nie wieder der gleiche sein, doch das muss sich nicht als Nachteil erweisen. Das Gefühl der Traurigkeit mutet nur am Anfang negativ an, weil Sie nicht wissen, wohin diese neuen und überwältigenden Emotionen führen. Deshalb greifen Sie auf Empfindungen zurück, die Ihnen vertraut sind – aus der Zeit, als Sie Ihren absolut schlimmsten Gemütszustand erreicht hatten. Aber Sie werden irgendwann lernen, mit schmerzlichen Gefühlen umzugehen und sie auf eine gesundheitszuträglichere Weise zu steuern.

Hier noch etwas, was Sie sich vor Augen führen sollten, wenn Sie sich niedergeschlagen fühlen: Wie viele andere Aspekte Ihres Lebens haben Sie aufgrund dieser schmerzlichen Erfahrung besser in den Griff bekommen? Die meisten Betroffenen haben dadurch im Nachhinein tiefere Freundschaften, harmonischere Beziehungen, mehr Selbstachtung, die Fähigkeit, Grenzen zu setzen, und eine breiter gefächerte Verbindung mit ihren Mitmenschen entwickelt.

Schamgefühle

Nachdem Sie die ersten schmerzlichen Phasen der Trauerarbeit bewältigt haben, entwickeln viele Opfer Schamgefühle wegen ihres eigenen Verhaltens während und nach dem Ende der Beziehung. Sie können nicht fassen, dass sie so tief gesunken sind und tatsächlich bei einem anderen Menschen um Akzeptanz und Anerkennung gebettelt haben. Es fühlt sich wie ein Affront gegen die eigene Seele an, und das zu Recht.

Zu allem Übel kommt noch hinzu, dass Sie vermutlich viel Zeit damit verbracht haben, sich vor jedem zu verteidigen, der bereit war, Ihnen Gehör zu schenken. Sie haben wahrscheinlich versucht, sich gegen Behauptungen zur Wehr zu setzen, die aus der Luft gegriffen waren, Ihre abrupt veränderte Einstellung zu der Beziehung zu erläutern und anderen zu erklären, dass Ihr Ex-Partner keineswegs so perfekt war, wie Sie anfangs dachten, sondern sich vielmehr als übergriffiger Psychopath entpuppt hat.

Unbewusst suchen Betroffene oft auch weiterhin Zustimmung bei externen Quellen, noch lange nach dem Ende der Beziehung. Es ist zur Gewohnheit geworden, die sie angenommen haben, nachdem sie Ihr Selbstwertgefühl ausschließlich aus den wechselhaften Meinungen des psychopathischen Partners bezogen hatten. Wenn Sie dieses Verhaltensmuster bei anderen fortsetzen, müssen Sie am Ende vielleicht mit weiteren beschämenden Erinnerungen kämpfen – vor allem, wenn Sie früher stolz darauf waren, eigenständig zu denken und positiv eingestellt zu sein.

Diese traumatische Beziehung schwebte wie eine große dunkle Wolke über Ihrer ansonsten guten Erfahrungsbilanz. Ihr Leben glich mit einem Mal einem Sack Murmeln, die Ihnen entglitten und über den Boden gerollt waren. Ihre Gedanken und Gefühle waren überall verstreut und machten es Ihnen unmöglich, Klarheit zu schaffen und der Wahrheit auf die Spur zu kommen. Doch nach und nach, im Lauf vieler Monate, haben Sie angefangen, die Murmeln aufzusammeln und wieder im Sack zu verstauen. Je länger Sie sich damit beschäftigten, desto mehr wurde Ihnen bewusst, was in Wirklichkeit geschehen war und wie Ihr Verhalten von anderen aufgefasst worden sein könnte.

Aber zerbrechen Sie sich deswegen nicht länger den Kopf. Vergeben Sie sich selbst und setzen Sie Ihr Leben fort – wie alle anderen es in der Zwischenzeit getan haben. Niemand denkt so viel über Sie nach wie Sie selbst. Das mag rüde klingen, aber diese Erkenntnis trägt mehr als alles andere dazu bei, dass wir demütig werden, uns selbst nicht immer so wichtig nehmen. Sie führt uns vor Augen, dass jeder seine eigenen Kämpfe ausfechten muss, Tag für Tag, und die meisten Leute sich vermutlich nicht einmal mehr an die peinlichen Dinge erinnern würden, die Sie vor einer Woche gesagt haben, es sei denn, Sie bringen das Thema selbst immer wieder aufs Tapet.

Ihr Ziel besteht darin, sich auf die Gegenwart zu fokussieren. Es gibt viele positive Erfahrungen, die Ihnen auf Ihrem Weg zuteilwerden. Dabei entdecken Sie mehr über sich selbst und die Welt, als Sie sich jemals vorstellen konnten. Das Gute an den verlorenen Murmeln ist, dass Sie an ungewöhnlichen Stellen suchen müssen, um sie wiederzufinden.

Die Wiederkehr der kognitiven Dissonanz

Ein altes Sprichwort besagt, dass die Zeit alle Wunden heilt, doch das stimmt nur bis zu einem gewissen Grad. Das Problem beim Genesungsprozess ist, dass er das Vergessen fördert, wie schlimm die Situation während der Beziehung in Wirklichkeit für Sie war. Diese sogenannte selektive Amnesie ist ein Heilmechanismus für Ihr Herz, der vor schmerzhaften Erinnerungen schützt. Sie stellen vielleicht fest, dass Sie über das Thema Verzeihen nachdenken, und überlegen, ob Sie sich nicht mit Ihrem Ex-Partner zum Mittagessen treffen sollten, um ein wenig Frieden nach der ganzen Geschichte zu finden.

Bitte vermeiden Sie diesen Fehler: Sie können davon ausgehen, dass Sie umgehend wieder in dieselben alten Psychospielchen verstrickt werden. Sie projizieren damit lediglich Ihren wiedergefundenen Zustand der Zufriedenheit und Zuversicht auf die Erinnerung an die Beziehung. Dagegen ist nichts einzuwenden, weil es dazu beiträgt, die rasenden Gedanken im Zaum zu halten. Aber diese Bereitschaft zu verzeihen, die auf einer Besserung der Gemütslage beruht, sollte Sie keinesfalls zum Handeln verleiten. Nehmen Sie Ihre Fortschritte zur Kenntnis, und schreiben Sie diese Ihren eigenen Bemühungen zu. Machen Sie sich immer wieder klar, dass Sie sich besser fühlen, *weil* Sie sich seit geraumer Zeit von dem Psychopathen ferngehalten haben – und nicht etwa, weil Sie bereit sind, das Kapitel abzuschließen. Ihm wieder Einlass in Ihr Leben zu gewähren hat nur einen Rückfall in frühere Phasen der Trauerbewältigung zur Folge.

Weitere Einzelheiten über die Fähigkeit, Ihrem Peiniger zu vergeben, finden Sie gegen Ende des Buches. Für den Augenblick besteht Ihre Aufgabe darin, die Kontaktsperre aufrechtzuerhalten und sich selbst gut zu behandeln.

Trauma und die zwei Welten

Einer der sonderbarsten Aspekte des Genesungsprozesses ist das Gefühl, aus zwei »Ichs« zu bestehen: einer heiteren, vertrauensvollen Persönlichkeit vor dem emotionalen Missbrauch und einer mürrischen, paranoiden, chaotischen Persönlichkeit, die Sie danach entwickelt haben, wie Sie befürchten. Ich glaube jedoch, dass dieser Eindruck nicht einer Persönlichkeitsspaltung geschuldet ist.

Statt von zwei »Ichs« oder Persönlichkeiten sollten wir von zwei Welten sprechen, die uns offenstehen. Eine materielle Welt, die wir jeden Tag sehen und hören. Und eine innere Welt, die wir nur im Herzen spüren – eine besondere Verbindung mit dem Universum und allen Lebewesen. Kinder werden nach meiner Ansicht mit einer natürlichen Verbindung zu beiden Welten geboren. Doch im Zuge der Sozialisierung und des Heranwachsens entwickeln wir eine stärkere Vorliebe für die materielle Welt. Und im Lauf der Zeit wird unsere Verbindung mit der Welt der Stille, die sich in unserem Innern verbirgt, schwächer.

Um den Verlust auszugleichen, beginnen wir, einen wirkungsmächtigen Schutzmechanismus zu errichten – der für Sicherheit und Selbstvertrauen in der von uns gewählten materiellen Welt sorgen soll. Dieser Schutzmechanismus kümmert sich um unsere tief verwurzelten Unsicherheiten, Eitelkeiten und Misserfolge. Wir lernen, anhand von Äußerlichkeiten zu urteilen, statt unsere innere Stimme wahrzunehmen. Das ist bequem. Vom ersten Tag an entwickeln wir diesen Schutzmechanismus, der uns beibringt, »stark« zu werden. Was stark bedeutet, wird natürlich ausschließlich von der materiellen Welt definiert.

Doch im Verlauf des Lebens schleifen widrige Umstände – Entbehrungen, Verluste, ein gebrochenes Herz – unseren Schutzmechanismus ab. Langsam beginnen wir, die Verbindung zu unserer inneren Welt wiederaufzubauen, werden weiser und entwickeln ein leises Mitgefühl mit anderen Menschen in unserer Umgebung. Wenn wir einen Blick auf unser jüngeres Selbst werfen, fragen wir uns voller Unbehagen, wie wir nur so unausstehlich sein konnten. So stelle ich mir den Verlauf zumindest vor.

Aber ein Trauma steht auf einem ganz anderen Blatt.

Der Schutzmechanismus wird nicht wie mit Sandpapier abgeschliffen, sondern in einem einzigen Augenblick in einen Scherbenhaufen verwandelt. Wie groß der Schaden auch sein mag, der Schutzmechanismus reicht nicht annähernd aus, um Sie vor einer so schmerzlichen Erfahrung zu bewahren. Er bricht zusammen und lässt sich nie wieder in vollem Umfang aufbauen.

Während dieser schonungslosen Abkopplung schlagen Sie wild um sich und verletzen dabei andere. Sie richten Ihre Aufmerksamkeit nur noch auf deren Verhalten, unfähig, das eigene Verhalten wahrzunehmen – das haben Sie sich ja schließlich so angewöhnt. Sie sind emotional abhängig und bedürftig, klammern sich an jeden, der bereit ist, sich Ihre Geschichte anzuhören. Sie stumpfen ab gegenüber den Dingen, die Sie früher glücklich gemacht haben, erinnern sich nur ungern an ihr »altes Selbst«, das allem Anschein nach viel heiterer war.

Eine Katastrophe. Aber in welcher Welt?

Während Sie von Ihren Wunden genesen, beginnen Sie, Frieden in Bereichen zu finden, die Sie seit Ihrer Kindheit nicht mehr erforscht haben. Fantasie. Spiritualität. Liebe. Ich meine wahre Liebe – nicht die narzisstischen, ständig nach Bestätigung suchenden leeren Liebesbezeugungen, nach denen wir uns in der Beziehung zu unserem psychopathischen Ex-Partner gesehnt haben. Sie fangen an, die innere Leere mit Empathie und Mitgefühl zu füllen, Eigenschaften, die Sie von Anfang an auf Ihrem Lebensweg begleitet haben.

Oberflächliche Geselligkeit reicht für Sie nicht mehr aus. Sie sind an tiefsinnigen, philosophischen Gesprächen mit Gleichgesinnten interessiert. Sie werden vielleicht feststellen, dass Sie nicht länger in das eine oder andere soziale Umfeld passen, in dem Sie sich früher wohlgefühlt haben. Sie sind frustriert, wenn andere nicht verstehen, warum Themen wie Psychopathie und Empathie so wichtig sind. Sie vergessen, dass die meisten Menschen noch immer ganz bequem mit ihrem weltlichen Schutzmechanismus leben – so wie Sie früher – und sich daher keine Gedanken über solche Dinge machen, geschweige denn, davon beeinflusst werden.

Es fällt Ihnen schwer, zwischen diesen beiden Welten hin und her zu navigieren, und Sie weisen die Schuld an dem Problem Ihren beiden Ichs zu. Sie sind überzeugt, dass Sie nie mehr der Mensch sein werden, der Sie einmal waren – Ihr altes Selbst, das um einiges glücklicher und argloser schien. Aber Sie merken auch, dass Ihre Interaktionen mit anderen allmählich wesentlich gesundheitszuträglicher werden. Sie haben Grenzen, Selbstachtung und Selbstwertgefühl entwickelt. Sie brauchen den weltlichen Schutzmechanismus nicht mehr, um Sie selbst zu sein, und diese Erkenntnis ist in der Tat eigentümlich.

Und mit der Zeit werden Sie feststellen, dass Sie auch keinen Schutzmechanismus brauchen, um glücklich zu sein. Selbstachtung kommt, wie der Name besagt, aus uns selbst. Ihnen wird bewusst, wie viel Weisheit das Universum denjenigen zu bieten hat, die bereit sind hinzuhören.

Während Sie beginnen, sich in Ihrer eigenen Gesellschaft wohler zu fühlen, erkennen Sie, dass die traumatische Erfahrung Sie nicht wirklich zerstört hat. Sie hat lediglich Ihren Schutzmechanismus durchbrochen und die Verbindung mit einer anderen, inneren Welt hergestellt – die das gesamte Menschsein umfasst. Sie haben auch Ihr kindliches Staunen nicht verloren. Es hat Sie auf Schritt und Tritt begleitet, und nun sind Sie klug genug, um friedvoll in beiden Welten zu leben. Mit Freude und Weisheit.

Sie können den Schmerz anderer nachempfinden und daher viel tiefere und bedeutungsvollere Freundschaften schließen. Sie begreifen, dass Sie über eine besondere Gabe verfügen, die Sie nicht mit jedermann teilen können. Sie finden inneren Frieden, indem Sie Ihr Gehör für die stillen Ecken der Welt schärfen. Allein zu sein stört Sie nicht, Sie verbringen nur Zeit in einer anderen Welt.

Das Wichtigste für alle Betroffenen ist, sich immer wieder vor Augen zu halten: Mit mir ist alles in Ordnung. Ich bin genau so, wie ich sein sollte. Sie wurden in eine traumatische Situation verstrickt und haben sie durchgestanden. Ihr Glaube an das Gute im Menschen wurde Ihnen genommen, ohne Ihr Einverständnis. Sie wurden verletzt. Doch infolge dieser Verletzung haben Sie etwas zurückgewonnen, wonach die meisten anderen Menschen ein Leben lang suchen.

Ihr Weg mag schmerzhaft sein, aber er ist auch etwas Besonderes. Das Universum hat seine eigenen Pläne mit Ihnen. Denken Sie daran, dass es etliche Menschen gibt, denen der Zugang zur spirituellen Welt auf immer verwehrt ist. Ein Psychopath hat dort keinen Platz, und deshalb hasst er empathische Menschen. Sie erinnern ihn ständig an etwas, was er niemals finden wird. Er wird in der materiellen Welt sterben – ohne tiefere Verbindung zu diesem großartigen Universum.

Manchmal denke ich, dass die spirituelle Welt in die irdische Welt vorzudringen vermag. Man kann diese Verbindung spüren. Ein überwältigendes Gefühl der Traurigkeit, das uns überkommt, auch wenn es für uns selbst keinen unmittelbaren Anlass zur Trauer gibt. Sich für jemanden freuen, auch wenn es für uns selbst keinen unmittelbaren Anlass zur Freude gibt. Eine seltsame »Fügung«, wenn zwei Menschen gleichzeitig aneinander denken. Ich glaube, dass wir auch durch dieses Buch miteinander verbunden sind.

Stellen Sie sich vor, dass diese beiden Welten miteinander verschmelzen. Zu einem Ort werden, an dem Fühlen und Mitfühlen offenkundig sind, sich für alle sichtbar manifestieren. Wo sich unsere Seelen wie Vögel in die Lüfte erheben und Freudengesänge anstimmen. Wir nehmen den Schmerz der anderen wahr – dornige Ranken, die eine gepeinigte Seele einschnüren. Und die flackernden Lichter in der Lebenskraft eines Opfers. Aber wir nehmen auch die Freude wahr – helle Farben und strahlendes Licht, das von unseren Herzen ausgeht.

Für uns wäre das eine wunderbare Welt, aber nicht für den Psychopathen. Denn wenn die beiden Welten miteinander verschmelzen, entstünde eine Welt der Empathie, in der er nicht leben kann.

Deshalb lassen Sie uns gemeinsam daran arbeiten, diese beiden Welten einander näherzubringen. Um die Dunkelheit zu vertreiben und allen empathischen Menschen vor Augen zu führen, dass sie so sind, wie sie sein sollten. Schämen Sie sich nie wegen des Missbrauchs oder wegen Ihrer Vergangenheit. Sie befinden sich aus einem bestimmten Grund an diesem Punkt Ihres Weges – und das ist erst der Anfang.

Der Verlust der Unschuld

Symptome: tiefverwurzelte Traurigkeit, Kummer, Einsamkeit, Akzeptanz, eine andere Weltsicht, Hoffnung, zufällige Erkenntnisse.

Es besteht ein Unterschied zwischen Traurigkeit und Depression. Eine Depression geht mit Hoffnungslosigkeit einher, ist beängstigend, betäubt die Sinne. Traurigkeit hat dagegen auch etwas Gutes – sie ist sanft und macht sich in dem Moment bemerkbar, wenn Ihre Lebenskraft wieder erwacht und sich für einen Neustart rüstet.

Wenn Sie merken, dass Sie traurig sind, ist das ein Anzeichen dafür, dass Sie sich auf dem besten Weg befinden, das Licht am Ende des Tunnels zu erreichen. Statt verheerender Leere und erschütternden Auslösern verhaftet zu bleiben, ist Ihr Herz für einen letzten Transformationsprozess bereit. Sie haben den Verlust Ihres Seelengefährten beklagt und endlich erkannt, dass Sie um sich selbst trauern sollten. Sie hören auf, fortwährend an jemand anderen zu denken, und sinnieren plötzlich darüber, was *Sie* im Verlauf dieser traumatischen Erfahrung verloren haben.

Die meisten Betroffenen stellen fest, dass sie eine Menge eingebüßt haben: Freundschaften, Geld, Karrierechancen, Selbstachtung, Gesundheit und Würde. Zum Glück lassen sich alle diese Verluste rückgängig machen. Wenn Sie zu Ihren Wurzeln zurückkehren, werden Sie feststellen, dass sich alles wieder fügt. Manches wird sogar besser – vor allem Freundschaften und Partnerbeziehungen.

Nur eines können Sie nicht zurückgewinnen: Ihre Unschuld. Diese Unschuld hat nichts mit Sexualität, Einfalt oder Naivität zu tun. Gemeint ist der Glaube, dass in jedem Menschen ein guter Kern steckt, der sich in dem Vertrauen und der Liebe äußert, die Sie jemandem von ganzem Herzen entgegenbringen. Das ist mit Unschuld oder Urvertrauen gemeint.

Auf Ihrem Weg in die Zukunft werden Sie die Welt nie wieder so sehen.

Das bedeutet nicht, dass Sie hyperwachsam und abgebrüht werden, sondern dass Sie die Welt und die Menschen in Ihrer Umgebung in einem realistischeren Licht betrachten. Statt Ihre eigenen positiven Eigenschaften automatisch auf andere zu projizieren, lassen Sie deren Taten für sich selbst sprechen. Sie werden merken, dass dieser Wechsel der Perspektive nicht schlecht sein muss. Es ist anfangs jedoch traurig, weil Sie erst dann merken, dass Sie Ihren Glauben an das Gute im Menschen verloren haben, wenn er nicht mehr da ist.

Viele Betroffene entdecken, dass sie über weite Strecken ihres Lebenswegs nicht wirklich wussten, wie sie Traurigkeit oder Wut zum Ausdruck bringen sollten. Man erwartete von ihnen stattdessen, dass sie den Menschen in ihrer Umgebung mit Freuden zu Diensten stehen. Und so entwickelten sie ein hartnäckiges Licht in ihrem Herzen, das stets nur das Beste in allem und jedem sehen wollte, auch wenn es Anzeichen gab, die auf das Gegenteil hindeuteten.

Sie werden jedoch erkennen, dass Ihr psychopathischer Ex-Partner zu den Menschen gehört, die Ihr Herz niemals im besten Licht sehen können, selbst wenn sie es versuchen. Und hier setzt die kognitive Dissonanz ein, der Wahrnehmungskonflikt. Monatelang wurden Sie zwischen Idealisierung und Entwertung hin- und hergerissen, versuchten zu verstehen, welche von beiden Phasen der Realität entsprach. Sie haben sich eingeredet, dass er Sie geliebt haben muss, weil er es immer wieder gesagt hat. Doch Sie haben seine Verhaltensweisen unter die Lupe genommen und festgestellt, dass sie nicht seine Worte widerspiegelten. Sie wissen intuitiv, dass wahre Liebe nichts mit Beleidigungen, ständiger Kritik, Treuebruch und Lügen zu tun hat. Liebe weckt nicht das Gefühl, nicht mehr leben zu wollen. Liebe macht sich nicht über verletzte Gefühle lustig.

Je mehr Sie darüber nachdenken, desto größer werden Ihre Wut und Niedergeschlagenheit. Das Licht in Ihrem Innern begann zu verblassen, als Ihr psychopathischer Ex-Partner Ihre Gedanken vollständig beherrschte. Es konnte sein Verhalten nicht ändern, wurde vielmehr von ihm aufgesogen, sodass es mit jedem Tag trüber wurde.

Im Lauf der Zeit haben Sie einen unbändigen Zorn und eine innere Leere wie nie zuvor in Ihrem Leben verspürt. Während dieses Prozesses wussten Sie vermutlich nicht einmal, wie Sie diese Empfindungen zum Ausdruck bringen konnten. Rein äußerlich haben Sie sich weiterhin den Anschein gegeben, glücklich zu sein, wie alle es von Ihnen erwarteten und erhofften. Sie wollten niemanden mit Ihren Gefühlen belästigen. Doch tief in Ihrem Innern fand ein Wandel statt. Das Licht war fast erloschen, und plötzlich stellten Sie fest, dass Sie auf viele Menschen gereizt und genervt reagierten – Menschen, die Sie zu Ihren Freunden zählten.

Nach jedem Treffen sind Sie nach Hause zurückgekehrt und haben sich stundenlang den Kopf zerbrochen, was da gerade gelaufen ist. Waren das tatsächlich Sie, die sich an dem Austausch beteiligt hat? Unfassbar! Sie haben doch nicht wirklich an die Dinge geglaubt, die Sie von sich gegeben haben, und Klatsch und Häme, die mit dem größten Vergnügen die Runde machten, haben in Ihren Augen keinerlei Anerkennung verdient. Plötzlich sehen Sie alles in einem ganz anderen Licht, von Spaß kann keine Rede mehr sein. Sie sehen sich mit der ernüchternden Realität konfrontiert, dass Sie sich mit einigen äußerst lieblosen Menschen umgeben haben.

Sie fühlen sich danach wie ein leerer Tank, der eine Rakete mit Treibstoff versorgen soll. Ihre Kraft ist erschöpft. Sie möchten wie gehabt jedem mit liebevoller Zuwendung begegnen, aber es gelingt Ihnen nicht. Die Lieblosigkeit und Oberflächlichkeit der anderen frustrieren Sie wie nie zuvor.

Sie haben sich vermutlich noch lange Zeit liebevoll an Ihren psychopathischen Ex-Partner erinnert, nicht etwa, weil er ein guter Mensch war, sondern weil Sie ihn in diesem Licht sehen wollten. Sie wurden jeden Tag dafür belohnt, das Schlechte zu leugnen und das Mittelmäßige zu glorifizieren. Sie bringen diese Beziehung nun automatisch mit dieser Perspektive in Verbindung, aber das bedeutet nicht, dass Ihr Ex-Partner Sie wirklich glücklich gemacht hat. Ihr Glaube an das Gute, die Unschuld, mit der Sie Ihrem Umfeld begegnet sind, hat zu Ihrem Glücksempfinden beigetragen – und Ihr mitfühlendes Herz geschützt.

Die Fähigkeit, zwischen Glauben und Wissen zu unterscheiden, wenn es um das wahre Glück geht, ist für den Heilungsprozess von entscheidender Bedeutung. Dass Sie sich in Gegenwart Ihres psychopathischen Ex-Partners und seiner Freunde anfangs euphorisch gefühlt und die wiederholten Kränkungen ausgeblendet haben, heißt nicht, dass Ihr Leben damals wunderbar war. Und dass Sie nun traurig sind, heißt nicht, dass Ihr Leben jetzt beklagenswert ist. Ganz im Gegenteil, Ihre Zukunftsaussichten sind rosiger als jemals zuvor. Sie haben es nur noch nicht geschafft, die Welt ohne Ihren bisherigen Glauben an das Gute zu genießen.

Doch Sie müssen nicht darauf verzichten. Das innere Licht, das Urvertrauen, hat Sie nie verlassen – es hat nur eine Wartestellung eingenommen. Ja, im Moment ist es ein wenig scheu. Aber wenn Sie beginnen, Selbstachtung zu entwickeln und Grenzen zu setzen, wird es wiederaufflackern. Und wenn Sie Ihre Liebe und Spiritualität erforschen, wird es heller als jemals zuvor scheinen.

Viele Betroffene sehnen sich nach einer Zeit zurück, in der das Leben »normal« und »glücklich« war, aber wie viel davon war jemals real? Wie viel Zeit haben Sie damals mit dem verzweifelten Versuch verbracht, Negatives durch Positives zu ersetzen? Wie viel davon war Projektion, während andere damit beschäftigt waren, ihr Gift auf Sie zu übertragen? Wenn Ihr inneres Licht, Ihr Urvertrauen, schwindet, vor allem nach einer so traumischen Erfahrung, ist es viel schwieriger, auch weiterhin einen guten Kern auf andere zu projizieren.

Ich glaube daher, dass es nicht die Vergangenheit ist, die Ihnen fehlt, sondern vielmehr das damit verbundene Licht, der Glaube an das Gute.

Mir ist aufgefallen, dass alle Mitglieder von Psychopath Free.com eines gemein haben: Sie möchten diese Dunkelheit nicht spüren. Keiner von ihnen. Sie wollen keine Opfer sein. Sie wollen genesen, wollen Glücksgefühle und Freude wiedergewinnen. In Wut zu geraten ist ein Gedanke, der sie in Weißglut versetzt. Sie haben zeitlebens Vergebung geübt, nur um mit der völlig unverzeihlichen Erfahrung konfrontiert zu werden, einem Psychopathen in die Falle gegangen zu sein. Warum musste es ausgerechnet sie treffen? Wozu sollte das Ganze gut sein? Warum musste ihre Identität so skrupellos zerstört werden, warum mussten sie gebrochen und ihrer Energie und Lebensfreude beraubt werden?

Im Lauf der Zeit werden Sie Ihre eigenen Antworten auf diese Fragen finden. Ihr Glaube an das Gute im Menschen war eine wunderbare Gabe, aber paradoxerweise wussten Sie nicht, dass Sie ihn besaßen. Deshalb neigten Sie dazu, andere mit Liebe und Zuneigung zu überschütten. Sich selbst haben Sie diese Liebe zu diesem Zeitpunkt noch nicht entgegengebracht. Dieser Schritt ist der letzte im Heilungsprozess. Sie werden Ihre Selbstachtung dadurch wiedererlangen und beginnen, gesunde Grenzen zu setzen, auch wenn es Ihnen anfangs unangenehm sein sollte. Anstatt sich anderen anzupassen, fragen Sie sich, warum sich andere nicht ein Beispiel an *Ihrem* Verhalten nehmen. Empathisch, mitfühlend, liebevoll, kommunikativ, kreativ, umgänglich, verantwortungsbewusst, fürsorglich … Empfindsame Seelen, die auf dieser Erde wandeln und sie mit ihrer Güte berühren.

Wenn Ihr Urvertrauen erloschen ist, können Sie nicht mehr darauf zugreifen, um alles zu kitten, was in Ihrem Umfeld zerbrochen ist. Aber Sie beginnen, zu sondieren und sich vorzugsweise mit Menschen zu umgeben, die Ihre besten Eigenschaften teilen und zu schätzen wissen. Sie können diese magischen Eigenschaften jedoch erst dann entdecken, wenn Sie Ihre Unschuld verloren und die Chance haben, die Welt so zu sehen, wie sie wirklich ist – und wie Sie wirklich sind.

Bei dieser Reise geht es um Sie, ausschließlich um Sie. Sobald Sie diese Entdeckung machen, sind Sie endlich frei und in der Lage zu fliegen.

FREIHEIT

Sie können Ihre Lebenskraft mithilfe desselben Vorstellungsvermögens befreien, das Sie einst benutzt haben, um sie einzukerkern. Mit diesem Wissen ausgerüstet, übernehmen Sie die volle Verantwortung für den Menschen, in den Sie sich verwandeln möchten.

Zurückblicken, vorwärtsgehen

Sobald Sie sich auf der mentalen Ebene aufrichtig und vollständig von Ihrem psychopathischen Ex-Partner haben, können Sie aus einer weniger emotionalen Perspektive auf Ihre Erfahrung zurückzublicken. Sie werden begreifen, dass Sie im Leben nicht zu kurz gekommen sind – sondern vielmehr das große Los gezogen haben.

Ich weiß, dass es zunächst nicht so aussieht. Es fühlt sich so an, als würde der Psychopath den Sieg davontragen, denn das ist das Bild, das er der Welt präsentiert. Er scheint immer zu gewinnen, weil es ihm gelingt, seine Opfer auszunutzen und unverzüglich zu ersetzen, wobei er aller Welt weismacht, er sei der reinste Unschuldsengel. Während Sie sich auf dem Tiefpunkt befinden, wirkt er zufriedener als je zuvor mit seinem neuen Leben. Doch das Ganze ist ein Täuschungsmanöver – eine künstlich fabrizierte Erfolgsstory, um andere zu beeindrucken und bei seinen früheren Opfern negative Gefühle heraufzubeschwören. Ein Gewinner hat solche Tricks nicht nötig. Sie sind typisch für einen Verlierer, der sich selbst und andere zu überzeugen versucht, er sei ihnen haushoch überlegen. Ein Psychopath ist außerstande, menschliche Emotionen wie Liebe, Vertrauen und Mitgefühl zu empfinden. Zugegeben, er hat sein letztes Täuschungsmanöver mit großem Erfolg durchgeführt, doch dass jemand sein Ziel erreicht, macht ihn nicht zum Gewinner.

Er schwebt also mit seiner neuen Partnerin auf Wolke sieben, glauben Sie, aber Sie haben etwas Wichtiges vergessen. Wie kann ein übergriffiger Mensch auf einen Schlag von einer perfekten Beziehung zur nächsten übergehen? Kann er nicht. Das ist sowohl auf der emotionalen als auch auf der rationalen Ebene unmöglich.

Sie wünschen sich vielleicht insgeheim, dass er sich von dem neuen Opfer trennt, nur zur Bestätigung Ihrer Annahmen. Doch das macht keinen Unterschied. Der Psychopath wiederholt seinen Beziehungszyklus bis zum letzten Atemzug oder legt eine Verschnaufpause bei einer Zielperson ein, die ihm nicht so schnell in die Karten schaut. Sie müssen ihn nicht im Blick behalten und das Geschehen verfolgen. Er wird die Illusion des Erfolgs und Glücks aufrechterhalten, was immer auch geschehen mag. Sie werden nie die Genugtuung erhalten, mit anzusehen, wie er scheitert. Stattdessen werden Sie erkennen, dass sein ganzes Leben ein Fiasko ist – eine Mogelpackung.

Die Anomalie

Anomalie: etwas, was von der Regel, vom Normalen oder Erwarteten abweicht.

Während und nach der Begegnung mit einem Psychopathen stellen Sie vermutlich Verhaltensweisen bei sich fest, die früher unvorstellbar gewesen wären: Sie schlagen wild um sich, flehen, betteln, üben Rache, schreiben hässliche Briefe, entschuldigen sich wortreich, quälen sich mit Selbstvorwürfen, weisen anderen die Schuld zu – Sie haben sich meilenweit von Ihrem alten fröhlichen, unbeschwerten Selbst entfernt. Sie schämen sich wahrscheinlich wegen dieses Verhaltens, doch es ist an der Zeit, sich auch davon zu verabschieden. Jeder emotional gesunde Mensch würde genauso heftig auf die emotionalen Übergriffe reagieren. Die Tatsache, dass Sie sich deswegen schämen, zeigt, dass Sie ein Gewissen haben.

Während der Idealisierungsphase wurden Sie mit einem Trick in einen euphorischen Stimmungszustand versetzt. Während des emotionalen Missbrauchs haben Sie Ihr Bestes getan, um den künstlich erzeugten Traum zu bewahren. Während der Schweigephase haben Sie hektisch herauszufinden versucht, was Sie falsch gemacht haben könnten. (Wussten Sie, dass Schweigen als Strafmaßnahme dieselben Rezeptoren im Gehirn aktiviert wie physischer Schmerz?) Und danach mussten Sie mit ansehen, wie sich Ihr Peiniger mit einer anderen aus dem Staub gemacht hat, so freudestrahlend, als hätte es Sie nie gegeben.

Wie soll das Herz eines Menschen einem solchen Ansturm der Gefühle standhalten?

Die Antwort lautet: Es gelingt ihm nicht. Deshalb scheint sich Ihre ganze Persönlichkeit derart verändert zu haben, dass Sie sich selbst kaum wiedererkennen. Ihre emotionalen Reaktionen sind implodiert, haben sich überlagert und in dem verständlichen menschlichen Bemühen, eine unverständliche, unmenschliche Erfahrung zu verarbeiten, ein Chaos angerichtet. Und nun sehen Sie sich mit vielen peinlichen Erinnerungen und Zweifeln an Ihren eigenen positiven Charaktereigenschaften konfrontiert.

Aber war auch nur eine dieser Verhaltensweisen normal für Sie?

Das Diagramm führt Ihnen noch einmal vor Augen, was Sie bei der Antwort bedenken sollten:

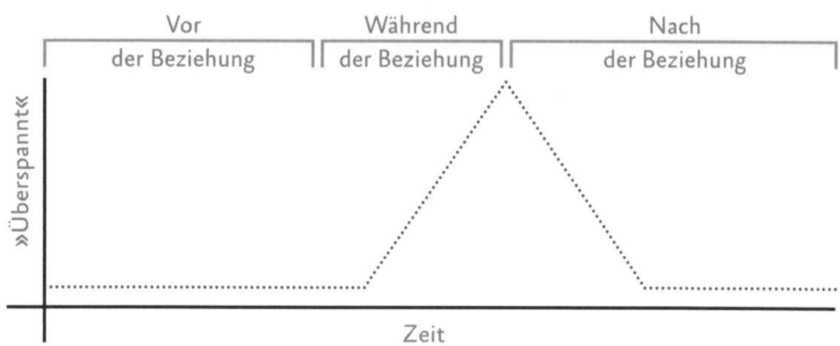

Bevor der Psychopath Teil Ihres Lebens wurde, haben Sie sich nie so verhalten. Nachdem er aus Ihrem Leben verschwunden war, haben Sie sich nie mehr so verhalten. Was schließen Sie daraus?

Wenn man von einem durchschnittlichen Ausmaß an zeitweiliger Überspanntheit vor der Beziehung und einem zu erwartenden Ausmaß an Überspanntheit während der Genesungsphase ausgeht, ist die im Diagramm dargestellte Reaktionsspitze während der Beziehung abnorm hoch (aus wissenschaftlicher Sicht). Wenn es diese Reaktionsspitzen in keiner anderen Ihrer Beziehungen gab, haben Sie zwingende Indizien vorliegen, die besagen, dass diese »Überspanntheit« eine Abweichung von der Norm sein könnte.

Diese Abweichung von der Norm war situationsbedingt – sie trat nur in Zusammenhang mit Ihren völlig unerklärlichen traumatischen Erfahrungen während der Beziehung zu Ihrem psychopathischen Ex-Partner auf. Die Rückkehr zu einem gesunden (zuträglicheren) Gleichgewicht im Verlauf des Genesungsprozesses braucht ihre Zeit, doch der springende Punkt ist: Der Prozess kann erst beginnen, sobald Sie den Kontakt zum Psychopathen vollständig abgebrochen haben, keinen Augenblick früher. Was sagt das also in Wirklichkeit über seinen Einfluss auf Sie aus? War er positiv oder negativ? Fragen Sie sich rückblickend, ob Sie diese befremdlichen Reaktionsspitzen auch in der Beziehung zu Ihren Konstanten erlebt haben?

Halten Sie sich vor Augen, dass Ihr Verstand Ihnen möglicherweise den einen oder anderen Streich spielen wird. Sie denken sich: »Vermutlich habe ich deshalb so heftig reagiert, weil ich nie zuvor jemanden so sehr geliebt habe.« Oder: »Ich bin am Boden zerstört, weil ich gerade den größten Verlust meines Lebens hinnehmen musste.«

Deshalb ist der Heilungsprozess so wichtig. In dieser Zeit haben wir die Chance zu entdecken, dass diese Gefühle weder natürlich noch gesundheitszuträglich sind. Liebe ist eine ungeheuer intensive Erfahrung, aber sie sollte weder Verzweiflung noch Panik oder Ängste hervorrufen. Eine Trennung ist fast immer schmerzhaft, aber sie sollte nicht zur Folge haben, dass Sie sich selbst nicht mehr wiedererkennen, weil Sie nur noch eine leere Hülle Ihres früheren Selbst sind.

Ihr psychopathischer Ex-Partner würde Ihnen gern einreden, dass die Beziehung völlig intakt war – und Sie sich das Ende aufgrund Ihres Verhaltens selbst zuzuschreiben haben. Er würde sich über die Vorstellung lustig machen, dass sich jemand von ihm »erholen« muss, denn Gefühle wie Liebeskummer oder Niedergeschlagenheit sind ihm fremd. Wenn sich also Freunde, Familienangehörige oder Ex-Partner das nächste Mal nach Ihrem Befinden erkundigen und Sie Schuldgefühle haben, weil der Genesungsprozess immer noch nicht abgeschlossen ist, sollten Sie sich daran erinnern, dass er in Ihrem Leben ebenfalls eine Anomalie darstellt. Sie haben das Recht, so viel Zeit und Energie dafür aufzuwenden, wie Sie brauchen, weil Sie sich von einer Erfahrung erholen müssen, die meilenweit von der Norm abweicht.

Wo immer Sie sich derzeit befinden – gleich, ob noch inmitten einer emotional traumatischen Beziehung, im Zustand der inneren Leere nach der Trennung oder in der Phase der Schamgefühle infolge Ihres untypischen Verhaltens –, verzeihen Sie sich selbst. Wenn Sie zeitlebens anderen mit Geduld und Freundlichkeit begegnet sind, sollten Sie aufgrund dessen, was die Beziehung bei Ihnen angerichtet hat, jetzt nicht damit beginnen, Ihr gesamtes Selbstwertgefühl infrage zu stellen. Blicken Sie auf die Situationen zurück, die Sie heute als beschämend empfinden, akzeptieren Sie diese als Abweichung von der Regel, und üben Sie Nachsicht mit sich selbst.

Sie haben Verantwortung für Ihre »Anomalie« übernommen. Ein Psychopath würde nie die Verantwortung für ein Verhalten übernehmen, das typisch für ihn ist, *Tag für Tag*.

Ein Brief an das nächste Opfer

In fast jeder toxischen Beziehung gibt es noch einen weiteren Akteur: den Ersatz. Diese Person ist zunächst die Hauptquelle, aus der sich Ihre inneren Konflikte und Hassgefühle während des Genesungsprozesses speisen. Sie hat nach Ihrem Dafürhalten den häuslichen Frieden zerstört. Sie hat Ihnen den Seelengefährten ausgespannt, hat sich auf Facebook mit ihm zur Schau gestellt, während Ihnen die Rolle der verrückten, eifersüchtigen Ex zugewiesen wurde. Sie hat Ihren Traum vom großen Glück zunichte gemacht.

Doch im Lauf der Zeit werden Sie erkennen, dass Ihre Nachfolgerin Ihnen in Wirklichkeit das Leben gerettet hat.

Deshalb sollten Sie überlegen, ob Sie nicht einen Brief an das »nächste Opfer« schreiben, gleich, wer es auch sein mag. Sie sollen ihn keinesfalls abschicken. Damit würden Sie nichts Gutes bewirken, sondern sich nur schaden, weil Sie abermals in den Sog einer Dreiecksbeziehung geraten. Doch wenn Sie sich durchringen können, diesen Brief zu schreiben, haben Sie schon viel erreicht, und vermutlich wären Sie rückblickend froh gewesen, wenn Sie ebenfalls einen solchen Brief erhalten hätten.

Liebe ...,

ich kann keinen direkten Kontakt zu dir aufnehmen, denn das würde mich in eine Welt zurückkatapultieren, die mich an den Rand des Wahnsinns gebracht hat und die ich nicht noch einmal erleben möchte. Aber ich hoffe, dass du diesen Brief liest und feststellst, dass jede Geschichte zwei Seiten hat. Eine Version kennst du bereits. Hier ist die andere.

Ich habe dich gehasst. Ich habe zuschauen müssen, wie du mir die Liebe meines Lebens ausgespannt und aller Welt vor Augen geführt hast, dass du glücklich bist und keinerlei Schuldgefühle empfindest.

Ich habe Wochen gebraucht, um zu erkennen, dass die Affäre schon lange vor dem Ende der Beziehung begonnen hatte. Ich habe Monate gebraucht, um zu erkennen, dass er meinen Kummer und meine Tränen als Mittel benutzt hat, um Mitgefühl mit ihm zu wecken. Und es wird Jahre dauern, um mich von den Folgen der Verunsicherung zu erholen, die durch die Dreiecksbeziehung entstanden sind.

Aber ich hasse dich nicht mehr. Ich mache mir vielmehr Sorgen um dich.

Obwohl wir uns in Bezug auf Charaktereigenschaften, äußere Merkmale und Einstellungen unterscheiden, befinden wir uns in der gleichen Situation, was diese Beziehung betrifft.

Du sollst wissen, dass ich mich anfangs in der gleichen Hochstimmung befand, in der du dich derzeit befindest. Ich war seine Traumfrau. Die perfekte, vollkommene und schönste Partnerin der Welt. Ich schaffte es, ihn vor dem Schmerz zu bewahren, den seine letzte verrückte Ex ihm zugefügt hatte. Ich hatte Mitleid mit ihm, weil er so furchtbar behandelt worden war. Ich war sein Ein und Alles, die Einzige, der es gelungen war, ihn nach all den angeblich leidvollen Erfahrungen wieder glücklich zu machen. Er konnte nicht genug von mir bekommen. Er schickte mir jede wache Minute Textnachrichten und überschüttete mich mit Aufmerksamkeit.

Kommt dir das bekannt vor?

Angesichts dessen stellt sich die Frage, wie ich innerhalb so kurzer Zeit urplötzlich verrückt werden konnte. Bipolar, wie er es nannte. Eifersüchtig. Emotional bedürftig, Klettenhaft. Übergriffig. Wie konnte das geschehen? Ist es wirklich möglich, dass sich ein Mensch von einem Augenblick auf den anderen von einem perfekten Partner in ein Monster verwandelt? Und dass die Vorgängerin genauso war? Und die Ex davor?

Der gemeinsame Nenner ist mir inzwischen erschreckend klar geworden.

Ich habe mich lange Zeit selbst bestraft. Ich war fest davon überzeugt, dass ich mir die schmerzliche Trennung selbst zuzuschreiben hatte. Irgendetwas stimmt nicht mit mir, dachte ich, denn sonst hätte er mich nicht verlassen und wäre mit einer anderen glücklich geworden.

Doch dann erkannte ich, dass ich früher einmal diese andere war. Ich war genau in der Situation, in der du dich heute befindest.

Und deshalb ist mir bewusst, dass ich dich nicht vor diesem Albtraum bewahren kann. Die Opfer können der Falle eines Psychopathen nicht entkommen, sobald sie von ihm umgarnt wurden. Für den Rest der Beziehung wirst du die Realität leugnen und Gründe finden, dass du vielleicht die Ausnahme von der Regel bist. Du wirst dich selbst belügen und verzweifelt versuchen, deinen perfekten Traum wiederzubeleben. Doch dabei wirst du nach und nach deine Identität verlieren. Er wird dich veranlassen, ständig über deine Grenzen hinauszugehen, bis du nicht mehr weißt, wer du bist.

Und dann wird das nächste Opfer die Szene betreten. Das ist unvermeidlich in der Beziehung zu einem selbstverliebten »Raubtier«. Er wird dich so lange wie möglich hinhalten, genau wie er es bei mir gemacht hat. Er wird deine Reaktionen, deine zunehmenden Stimmungsschwankungen, gegen dich verwenden, um Mitgefühl bei seinem neuen Opfer hervorzurufen.

Und damit wirst du in der gleichen Situation sein, in der ich mich heute befinde.

Deshalb mache ich mir Sorgen um dich. Ich wünsche niemandem so viel Kummer und Leid, wie ich verkraften musste. Ich weiß, dass du nicht in böser Absicht gehandelt hast. Du wurdest mit den gleichen Lügen gefüttert, an die ich vor langer Zeit geglaubt habe.

Die Geschichte, die er dir erzählt hat, war eine bewusste Täuschung. Eine Mitleidsmasche, die dazu dienen sollte, deinen Glauben an ein Märchen zu fördern und dein Herz zu gewinnen. Heu-

te wirst du mir vermutlich nicht glauben, aber irgendwann wird dir dieser Brief die Augen öffnen, und du wirst die Wahrheit erkennen. Eine grausame, herzzerreißende Wahrheit.

Ich kann nur hoffen, dass dir dieser Brief nach Beendigung der psychopathischen Beziehung als Orientierungshilfe dient. Ich kann nur hoffen, dass er dir das Werkzeug an die Hand gibt, das ich nie erhielt: ein wichtiges Puzzleteil als Starthilfe für deine Heilungsreise.

Ich hasse dich nicht. Das hätte er wohl gern, doch den Gefallen tue ich ihm nicht.

Ich werde mich nicht mehr in seine Dreiecksbeziehungen hineinziehen lassen, mit denen er Eifersucht und Hass schüren will, um mit der Macht, die er dadurch gewinnt, die Leere in seiner Seele zu füllen.

Ich habe es geschafft, auf die andere Seite des dunklen Tunnels zu gelangen, und ich weiß, dass es auch dir gelingen kann. Bitte versuche, das gleiche Mitgefühl für die Person aufzubringen, die dich ersetzt. Wir können diesen Missbrauchszyklus nur durchbrechen, wenn wir empathisch sind und erkennen, dass alle Menschen es verdienen, mit Respekt, Freundlichkeit und Aufrichtigkeit behandelt zu werden.

Ich wünsche dir Liebe, Hoffnung und vor allem: Freiheit.

Innenschau und Unsicherheiten

Sie wurden manipuliert, beschimpft, herabgewürdigt, kleingemacht und mit Missachtung gestraft. Die Verantwortung dafür trägt allein Ihr psychopathischer Ex-Partner. Ob Sie verletzlich oder verunsichert waren, spielt keine Rolle – niemand, der auch nur einen Funken Anstand besitzt, sollte einen anderen Menschen für seine Zwecke benutzen. Was Ihnen widerfahren ist, war nicht Ihre Schuld.

Inzwischen haben Sie einiges über psychopathisches Verhalten in Erfahrung gebracht, kennen die Warnsignale und sehen sich in Ihrer Annahme bestätigt. Vermutlich fühlen Sie sich von den Machtspielchen Ihres Ex-Partners abgestoßen und verspüren kein Bedürfnis mehr, ihn jemals wiederzusehen. Ich hoffe, Sie haben nach den verschiedenen Trauerphasen einen Platz im Leben gefunden, der Ihnen eine weiche Landung ermöglicht – auf dem Weg zu Selbstvergebung, Selbstheilung und Selbstliebe. Aber vielleicht stecken Sie noch immer in einer Situation fest, in der Sie sich verunsichert fühlen, Ihrem Urteilsvermögen nicht trauen und sich Sorgen machen, ob Sie in Zukunft klarsichtigere Entscheidungen treffen, nachdem Sie blind genug waren, auf einen Psychopathen hereinzufallen. Hoffentlich haben Sie sich professionelle Unterstützung oder eine Selbsthilfegruppe gesucht, um das Trauma zu verarbeiten und wieder festen Tritt im Leben zu fassen, in dem Psychopathen keinen Platz mehr haben.

Wie wichtig die Unterstützung von außen auch sein mag, irgendwann kommt der Zeitpunkt, an dem Sie damit beginnen müssen, sich selbst wieder zu vertrauen. Selbsthilfebücher und Selbsthilfegruppen sind keine Krücken, sondern Trittsteine auf dem Weg der Genesung. Früher oder später müssen alle Betroffenen lernen, ihre eigenen Entscheidungen zu treffen, ohne bei allen Personen in Ihrem Umfeld Rat zu suchen. Bessere Lebensentscheidungen können nur erfolgen, wenn Sie den Blick nach innen richten und Ihr eigener Ratgeber werden, was zur Folge hat, dass Ihre Intuition und Ihre Selbstachtung enormen Auftrieb erhalten. Sie merken, dass Sie nicht mehr auf die Bestätigung oder Zustimmung anderer angewiesen sind.

Diese Form der Innenschau ist ein hervorragendes Mittel, um zu entdecken, warum Sie überhaupt auf Zustimmung bedacht sind. Der Grund dafür könnte in der Kindheit, in früheren Freundschaften, in der psychopathischen Beziehung oder in beliebiger Kombination dieser Einflussfaktoren zu finden sein. Um besser zu verstehen, wie es dazu kommen konnte, empfiehlt es sich, auf die toxische Dynamik zurückzuschauen, die sich entwickelt hat. Die Spiegelungsstrategie des Psychopathen stellt in Wirklichkeit eine einmalige Chance im Leben dar, einen Blick auf Ihre eigenen inneren Dämonen zu werfen.

Spieglein, Spieglein an der Wand

Es ist an der Zeit, sich selbst ein paar Fragen zu stellen. Warum ist Ihnen diese Erfahrung nicht erspart geblieben? Wo sind Ihre Schwachstellen? Hier geht es nicht um Schuldzuweisung, sondern darum zu verstehen, wie es dem Psychopathen gelungen ist, Macht über Sie zu gewinnen. Die Erkenntnisse, die Sie dadurch gewinnen, tragen dazu bei, die Bindung an Ihren Ex-Partner weiterhin abzubauen und sich in Zukunft vor emotionalem Missbrauch zu schützen.

Die Innenschau dient dem Aufbau einer gesunden Selbstachtung, die sich von innen heraus und nicht durch äußere Bestätigung entwickelt. Wir alle haben unsere Unsicherheiten und Eitelkeiten – von denen uns viele vermutlich nicht einmal bewusst sind. Wahre Selbstentdeckung leitet sich aus einer Innenschau und bewussten Wahrnehmung unserer kleinen Unzulänglichkeiten her.

Diesen Teil des Heilungsprozesses müssen Sie allein in Angriff nehmen, aber hier sind einige der Gründe, die von Betroffenen als Erklärung dafür genannt wurden, dass sie sich in einen Psychopathen verliebt haben: attraktives Erscheinungsbild, finanzieller Status, Karriere, eine unerfüllte Ehe, Bedürfnis nach Aufmerksamkeit, Bedürfnis nach Anerkennung, Angst vor dem Alleinsein. Als sie eingehender nachforschten, stießen sie auf tief verwurzelte Unsicherheiten: *Dass sich jemand für mich entscheidet, der so gut aussieht, war für mich eine Bestätigung, dass ich nicht ganz unansehnlich sein kann. Ich habe mir Sorgen um meine finanzielle Stabilität und meine* Fähigkeit *gemacht, meinen Lebensunterhalt aus eigener Kraft zu bestreiten. Ich habe nach jemandem Ausschau gehalten, der Karriere gemacht hat, als Beweis dafür, dass auch ich beruflich erfolgreich bin. Seine Aufmerksamkeit hat mir das Gefühl gegeben, schön, interessant, ihm ebenbürtig und so weiter zu sein.*

Nun werfen Sie bitte einen Blick auf die Beziehung zu Ihrem psychopathischen Ex-Partner. Er hat Ihnen positives Feedback und das geliefert, wonach Sie gesucht haben. Achten Sie vor allem auf die spezifischen Merkmale seiner exzessiven Schmeicheleien. Das sind die Bereiche, für die Sie eine Bestätigung brauchten.

Also: Wo sind Ihre Schwachstellen und Unsicherheiten? Nehmen Sie ein Blatt Papier zur Hand und listen Sie sie auf. Das ist eine lebensrettende Maßnahme auf Ihrem weiteren Weg. Sobald Sie sich diese Charaktereigenschaften bewusst gemacht haben, werden Sie eher auf die Menschen aufmerksam, die sie auszubeuten versuchen. Und besser noch, Sie leiten aktiv die ersten Veränderungen ein – um an sich selbst zu arbeiten und Ihr Leben zu verbessern. Warum brauchen Sie beispielsweise jemanden, der Ihnen sagt, dass Sie attraktiv sind, um zu bestätigen, was Sie im Grunde Ihres Herzens bereits wissen?

Diejenigen, die ihre Dämonen besiegt haben, passen nicht mehr in das Beuteschema eines Psychopathen. Sie sind nicht empfänglich für seine Charme-Offensiven, wenn Sie keine Bestätigung von außen brauchen, sondern stattdessen hin und wieder ein Kompliment genießen. Sein Lebenselixier sind Ihre unerfüllten Bedürfnisse und nicht Ihre Bereitschaft, jedem mit Freundlichkeit zu begegnen. Im Lauf der Zeit werden Sie merken, dass Sie sich immer weniger zu Menschen hingezogen fühlen, die Sie mit Schmeicheleien und Lob überhäufen.

Denken Sie daran, dass es auch Verletzlichkeiten anderer Art gibt: der guten Art. Ihre Träume – zum Beispiel sexuelle Fantasien, Lebensziele, romantische Abenteuer, die Gründung einer eigenen Familie – gehören zu den Verletzlichkeiten, die positiv sind und Ihr Menschsein ausmachen. Lassen Sie nicht zu, dass die psychopathische Erfahrung daran etwas ändert. Listen Sie daher nicht nur Ihre Unsicherheiten, sondern auch Ihre Träume auf. Sie sollten die Leidenschaft, mit der Sie nach Erfüllung Ihrer Träume streben, niemals für eine Unzulänglichkeit halten. Und Ihr empathischer Wesenskern ist ebenfalls keine Schwäche – auch wenn der Psychopath Sie mit Sicherheit dazu gebracht hat, diese Charaktereigenschaft infrage zu stellen.

Die Liebesfalle eines Feiglings

Der Psychopath überschüttet Sie mit Lob und Schmeicheleien – damit Sie ihm Gleiches zuteilwerden lassen. Anfangs schickt er Ihnen pausenlos SMS und möchte ständig wissen, was Sie in ebendiesem Augenblick machen. Wenn Sie nicht schnell genug reagieren, fasst er mit weiteren Komplimenten nach. Zuerst hat es den Anschein, als würde er Sie aufrichtig brauchen, als wären Sie die Lösung aller Probleme mit seinen vermeintlichen Unsicherheiten und verrückten Verflossenen. Nach einiger Zeit sind Sie von dieser Form der Kommunikation als Quelle Ihres Glücks- und Selbstwertgefühls abhängig. Und damit beginnt die Rückzugsphase. Sobald er Macht über Sie gewonnen hat, reagiert er gelangweilt und verärgert angesichts Ihrer Bemühungen, die von ihm erzeugte Beziehungsdynamik wiederherzustellen. Das führt dazu, dass Sie das Gefühl haben, emotional bedürftig zu sein, nicht mehr aus noch ein zu wissen und den Boden unter den Füßen zu verlieren. Ihre Euphorie, dass Sie den Mann Ihrer Träume gefunden haben, verwandelt sich in die ständige Angst, ihn zu verlieren. Das ist die Liebesfalle, in die Feiglinge ihre Opfer locken. Da sie in ihrer wahren Gestalt nicht liebenswert sind, lernen sie bereits in jungen Jahren, Verzweiflung und Begehren zu wecken, um Macht über ihre ahnungslose Beute zu gewinnen.

Mitgefühl mit dem Teufel

Bewundernswert. Charmant. Liebenswert. Diese Eigenschaften werden häufig genannt, wenn es um die Beschreibung eines Psychopathen geht. Sie sind einkalkuliert, ein Teil seines Plans. Sie würden sich vermutlich nie zu jemandem hingezogen fühlen, der arrogant, unkontrolliert und großspurig ist. Deshalb mimt er den liebenswerten, verständnisvollen Partner – der immer wieder beteuert, dass Sie ihn zum glücklichsten Menschen auf der Erde machen. Doch irgendwann kehrt sich die Situation um. Statt ihn glücklich zu machen, verspüren Sie das verzweifelte Bedürfnis, dass er Sie glücklich macht. Die meisten Betroffenen haben dieses Verhaltensmuster miteinander gemein: Im Handumdrehen verwandelt sich das »Aufmerksamkeit-Schenken« ins »Aufmerksamkeit-Brauchen«. Wie konnte es dazu kommen? Wie haben Sie Ihre Selbstachtung in der Beziehung zu jemandem verloren, der anfangs keine mehr zu haben schien?

Bei Ihrer ersten Begegnung mit Ihrem psychopathischen Ex-Partner haben Sie wahrscheinlich Mitgefühl mit ihm empfunden. Er ließ so viele gute Eigenschaften erkennen: Seine Ex hatte ihn ausgenutzt, er war verunsichert, was sein äußeres Erscheinungsbild betraf, fühlte sich todunglücklich, bis er Ihnen begegnete, und so weiter.

Er wusste genau, wie man bei Ihnen den Empathie-Knopf drückt. Sie haben Ihr Leben lang jedem geholfen, sein Selbstgefühl zu verbessern, der unter Minderwertigkeitskomplexen litt. Sie waren von dem Wunsch beseelt, Wunden zu heilen. Sie haben mit ganzer Kraft versucht, jemandem wieder auf die Beine zu helfen.

Ihr psychopathischer Ex-Partner schien Ihre Bemühungen aufrichtig zu bewundern. Er verglich Sie mit seinen Verflossenen, denen Sie nach seiner Aussage haushoch überlegen waren. Sie hatten den Eindruck, als würden Sie Ihre Kräfte endlich für einen sinnvollen Zweck einsetzen, fühlten sich anerkannt und wertgeschätzt.

Viele Betroffene berichten, dass sie ihren psychopathischen Ex-Partner anfangs nicht einmal besonders anziehend fanden. Doch im Lauf der Zeit war er für sie der attraktivste Mann der Welt. Im Bett konnten sie sich keinen besseren Partner vorstellen. Was hat diesen Wandel bewirkt? Da Sie Ihr gesamtes empathisches Kapital in die Heilung seiner vermeintlichen Unsicherheiten investiert haben, sind Sie irgendwann an den Punkt gelangt zu glauben, was Ihnen Ihre positive Grundeinstellung und Ihr Mitgefühl suggerierten. Sie haben ihm immer wieder gesagt, dass er klug, witzig, erfolgreich und attraktiv ist, bis Sie selbst davon überzeugt waren.

Außerdem waren Sie von dem Gedanken besessen, Ihre Loyalität zu beweisen, denn Sie glaubten, sein Problem sei die Unsicherheit. Deshalb haben Sie sich geöffnet und ihm gestanden, wie sehr Sie ihn brauchen. Wenn Sie genug von sich selbst preisgegeben und sich verletzlich gemacht haben, wird er gewiss lernen, seinen Minderwertigkeitskomplex zu überwinden, dachten Sie.

Doch das ist und war nie das Problem.

Sie wissen nun, dass Sie die ganze Zeit einer gezielt herbeigeführten Illusion nachgelaufen sind: Sie hatten den Eindruck, dass er glaubte, sich glücklich schätzen zu dürfen, überhaupt jemanden wie Sie gefunden zu haben. Eine Machtdynamik, die Ihnen vermutlich nicht gefiel, und deshalb waren Sie bemüht, das Selbstbewusstsein Ihres Partners zu stärken, damit er sich besser fühlt. Und genau das wurde Ihnen zum Verhängnis: Ihr Mitgefühl, mit dem er Sie geködert hat. Sie haben ihn so hilflos und unsicher wie ein Kind wahrgenommen, und das hat Ihren natürlichen Beschützerinstinkt aktiviert und Sie bewogen, alles zu tun, um ihm zu beweisen, wie sehr Ihnen sein Wohl am Herzen liegt. Dieses Verhalten war vermutlich zeitlebens typisch für Sie: Wenn jemand kein

Selbstvertrauen besaß, haben Sie versucht, es für ihn aufzubauen.

Auch Sie haben vermutlich ein untrügliches Gespür für Unsicherheiten, aber Sie reagieren anders darauf als der Psychopath. Er sieht darin eine Möglichkeit, andere zu manipulieren und zu kontrollieren. Empathische Menschen bemühen sich im Gegensatz dazu, anderen liebevoll und mitfühlend bei der Überwindung ihrer Unsicherheiten zu helfen. Viele Opfer stellen nach der Trennung fest, dass es in ihrem Umfeld zahlreiche »Energievampire« gibt. Das liegt vermutlich daran, dass Sie ein Helfersyndrom entwickelt und Ihr Selbstwertgefühl lange Zeit aus der Fähigkeit abgeleitet haben, jemanden, dem es schlecht geht, glücklich zu machen.

Als Ihnen der Psychopath begegnete, waren Sie also fest entschlossen, alles in Ihrer Macht Stehende zu tun, um ihn glücklich zu machen. Sie haben ihn mit Komplimenten über sein Aussehen verwöhnt, hatten nichts dagegen, bei einem Date die Rechnung zu übernehmen, und haben über jeden Scherz gelacht, auch wenn er nicht lustig war. Im Gegenzug wurden Sie mit überwältigender Anerkennung belohnt, die Ihrem Leben einen Sinn verlieh. Ihr Selbstwertgefühl war himmelhoch, weil er dafür sorgte.

Doch irgendwann während dieser Hochgefühlphase, die Sie mitgerissen hat, mussten Sie plötzlich entdecken, dass sich das Blatt gewendet hatte. Von einem Augenblick zum anderen. Statt das Selbstbewusstsein des Armen durch Ihre positive Bestätigung zu stärken, merkten Sie plötzlich, dass Ihnen *seine* Bestätigung ein Bedürfnis war. Er machte Ihnen klar, dass er nicht so viel Aufmerksamkeit brauchte. Sie sogar ziemlich lästig fand. Ein Kompliment quittierte er mit einem überheblichen Lachen oder einer mechanischen Erwiderung: »Du auch, Schatz.« Sie hatten das Gefühl, als wären Sie ein Neuling auf dem Gebiet der Beziehungen und er müsste Ihnen zeigen, wo's langgeht.

Zusätzlich ließ er Sie wissen, dass er auch noch aus anderen

Quellen Aufmerksamkeit und Zuwendung erhielt. Ihre vermeintlich einzigartige Fähigkeit, ihn glücklich zu machen, war letztlich doch nicht so einmalig. Die Dreiecksbeziehungen, die er inszenierte, waren die Hölle für Sie.

Er wandte die Schweigefolter an, um Sie zu bestrafen, und machte sich über Ihr einst heiß begehrtes Mitgefühl lustig. Sie kamen sich dumm, unattraktiv, emotional bedürftig und nutzlos vor. Ihre Lösung bestand darin, sich weiterhin aufzuopfern, um seinen »Gefühlen« Raum zu geben. Sie unterdrückten Beschwerden über seine Lügen oder Dreiecksbeziehungen, weil er klar zum Ausdruck brachte, dass Gespräche solcher Art unannehmbar waren.

Sehen Sie nun, was da gelaufen ist? Er hat von Anfang an dafür gesorgt, dass der Ball in seinem Spielfeld blieb. Sie haben sich nie im Ballbesitz befunden, obwohl Sie fest davon überzeugt waren. Er hat es Ihnen lediglich eingeredet. Das Gefühl des Selbstvertrauens und der Bedeutung, das er gestärkt hat, war eine Illusion, mit der er Sie dazu gebracht hat, sich rasch zu öffnen. Deshalb haben Sie ihm blind vertraut und Einlass in Ihr Leben gewährt.

Und genau deshalb war auch das Finale mit Paukenschlag schrecklicher als alles, was Sie jemals angesichts einer Trennung empfunden hatten. Es war ein unmissverständlicher Platzverweis für Ihr Selbstwertgefühl. Sie haben es nur noch über ihn bezogen und ihm damit die Macht verliehen, es Ihnen zu nehmen. Sie haben nie bemerkt, was für ein perfides Spiel er mit Ihnen treibt, weil Sie darauf fokussiert waren, es dem »hilfsbedürftigen Kind« recht zu machen. Wer käme auch schon auf die Idee, dass ein Kind imstande sein könnte, Manipulation und Dominanz strategisch zu planen? Und dann die Partnerin »schachmatt« zu setzen, die Schach zu spielen glaubte?

Das Problem ist, dass Sie nicht nur abhängig von der Schmeichelei und Aufmerksamkeit waren, die er Ihnen zugestanden hat.

Sie waren in noch größerem Maß von der Anerkennung Ihrer Bemühungen um sein Wohlbefinden abhängig, aus der Sie Ihr Selbstwertgefühl ableiten konnten. Ohne seine Anerkennung fühlen Sie sich innerlich leer, und deshalb nimmt der Genesungsprozess nach der Trennung von einem Psychopathen viel Zeit in Anspruch. Sie müssen nicht nur über das Ende einer Beziehung hinwegkommen, sondern auch Ihr Selbstwertgefühl aus dem Nichts wiederaufbauen.

Deshalb sind Sie sehr dünnhäutig geworden, was die Verhaltensweisen künftiger Partner betrifft. Solange Sie den Heilungsprozess noch nicht abgeschlossen haben, halten Sie vermutlich überall nach einem Ersatz für die verlorene Anerkennung und Bestätigung Ausschau – um Ihrem Leben wieder einen Sinn zu verleihen.

Doch es gibt eine gute Neuigkeit, die alles andere überwiegt: Sobald der Genesungsprozess beginnt, ändert sich Ihr Leben von Grund auf. Sie entdecken zunehmend ein überwältigendes Selbstwertgefühl in Ihren eigenen Werten, Verhaltensweisen und in Ihrem Herzen. Erinnern Sie sich an die zuvor erwähnten negativen Kontakte in Ihrem Umfeld? Sie verschwinden nach und nach von der Bildfläche. Zuerst zweifeln Sie wieder einmal an sich selbst und rufen sich ins Gedächtnis zurück, wie »glücklich« Sie in ihrer Gesellschaft waren. Doch sobald Sie Ihren Selbstwert neu definiert haben, erkennen Sie, dass *Sie* dieses Glücksgefühl geschaffen haben, damit alle anderen davon profitieren konnten, wie bei Ihrem Ex-Partner. Nun, das ist nicht mehr Ihre Aufgabe. Sie haben jetzt Besseres zu tun.

Was für ein Persönlichkeitstyp sind Sie?

Haben Sie sich jemals gefragt, warum Sie Konflikte und Kritik verabscheuen, während andere kein Problem damit zu haben scheinen? Überlegen Sie, warum Sie hin und wieder Zeit für sich allein brauchen, während andere nicht das Geringste von solchen Verschnaufpausen halten? Fühlen Sie sich manchmal isoliert und missverstanden, weil niemand Ihre Weltsicht teilt?

Eine gute Möglichkeit, mehr über sich selbst herauszufinden, bietet der Myers-Briggs-Typenindikator (MBTI). Dieser Persönlichkeitstest gibt vor allem Aufschluss darüber, wie Sie Entscheidungen treffen und die Welt wahrnehmen. Dementsprechend können Sie sich einem der sechzehn unterschiedlichen Persönlichkeitstypen zuordnen.

Natürlich ist jeder Mensch einzigartig und passt nicht hundertprozentig in eine Schublade mit Milliarden anderer Menschen, aber viele Betroffene fanden den Test sehr hilfreich, um die eigene Persönlichkeit besser einzuschätzen. Jeder Persönlichkeitstyp ist durch eine Abfolge von vier Buchstaben gekennzeichnet, wobei jeder Buchstabe eine Funktion mit zwei Orientierungsmöglichkeiten darstellt, von denen eine Vorrang hat:

1. **I** (Introversion) / **E** (Extraversion),
2. **S** (Sensorik) / **N** (Intuition),
3. **T** (Thinking [Denken]) / **F** (Fühlen),
4. **P** (Percieving [Wahrnehmung]) / **J** (Judging [Beurteilung, Entscheidung]).

Mein Persönlichkeitstyp ist INFP – ich gehöre zu den Idealisten –, und als ich den Test machte, wurde mir einiges über mich selbst klar:

- Punkt 1 = I *(Introversion versus Extraversion):* Ich habe erkannt, dass nichts dagegen einzuwenden ist, wenn introvertierte Menschen stärker nach innen gewandt sind. Ich habe den größten Teil meines Lebens mit dem Versuch verbracht, mich mit so vielen Freunden wie möglich zu umgeben, um zu beweisen, dass ich Spaß mit ihnen hatte; doch insgeheim habe ich mir oft gewünscht, allein draußen am Fluss zu sein, den Sonnenuntergang zu betrachten und ungestört über alles Mögliche nachzudenken. Nun, daraus muss ich jetzt keinen Hehl mehr machen! Es steht mir frei, die Zeit allein zu genießen, ohne das Gefühl zu haben, dass mit mir etwas nicht stimmt.
- Punkt 2 = N *(Intuition versus Sensorik):* Ich habe festgestellt, dass ich mich stärker von meiner Intuition leiten lasse und mich lieber am Gesamtbild orientiere. Details spielen bei mir eher eine untergeordnete Rolle, wie beispielsweise bei der »Recherche« zu diesem Buch. Ich interessiere mich mehr für die Welt als Ganzes – wie Menschen auf einer breiteren Ebene interagieren und wie sich diese Gefühle auf eine Weise beschreiben lassen, die andere verstehen.
- Punkt 3 = F *(Fühlen versus Denken)* war keine große Überraschung für mich. Ich spaziere oft ziellos durch die Stadt und bin zu Tränen gerührt, wenn ich traurige klassische Musik höre, was auf die Passanten vermutlich befremdlich wirkt.
- Punkt 4 = P *(Wahrnehmung versus Beurteilung, Entscheidung)* bedeutet, dass ich Termine, feste Strukturen oder durchgeplante Wochenenden nicht mag. Das heißt auch, ich wäre gut beraten, mich mit jemandem zusammenzutun, der mich daran erinnert, dass man Rechnungen bezahlen oder den Herd ausschalten sollte, bevor man die Wohnung abfackelt, weil man sich beispielsweise von Katzenfotos ablenken lässt.

Und was für ein Typ kommt unterm Strich heraus? Ein hoffnungsloser Fall! Oder ein unverbesserlicher Idealist! Das klingt erheblich besser.

Als ich mehr über meinen Persönlichkeitstyp erfahren hatte, entdeckte ich auch einige Herausforderungen, mit denen INFPs konfrontiert werden. Wir sind hin und wieder heftigen Stimmungsschwankungen unterworfen, bei denen sich wieder alle negativen Erinnerungen einschleichen und uns das Gefühl vermitteln, dass wir nie mehr glücklich sein werden. Es kommt selten vor, dass ich dieses Stimmungstief anderen offenbare. Ich ziehe es vor, mich zurückzuziehen und meine Gefühle allein zu verarbeiten. Nach einem Spaziergang bei Sonnenschein oder nach einer Nacht, in der ich gut geschlafen habe, ist meine düstere Stimmung verflogen, und ich finde das Leben wieder schön. Zu lernen, diese düsteren Anwandlungen zu bewältigen, gehört zu den Schlüsselaspekten meiner persönlichen Genesungs- und Wachstumsstrategie. Ich arbeite fortwährend daran!

Und noch eine weitere Eigenschaft: INFPs sind normalerweise außerordentlich umgänglich, es sei denn, einer unserer wichtigsten Werte wurde verletzt. Dann verteidigen wir ihn so unnachgiebig, wie es eigentlich untypisch für uns ist. Anstatt mich also manchmal in einen Sturkopf zu verwandeln, verbringe ich meine Zeit lieber mit Leuten, die meine Werte gar nicht erst infrage stellen. Damit beuge ich harschen oder starrsinnigen Reaktionen vor, die ich später bereuen würde, wie ich sehr wohl weiß.

Ich mache mich bisweilen über mich selbst lustig, doch auch das ist ein wichtiger Punkt. Wenn wir mehr über uns selbst erfahren, fühlen wir uns ausgewogener und nehmen unsere Schwächen nicht ganz so ernst, statt blindlings zuzulassen, dass sie unser Leben beherrschen. Das macht es erheblich einfacher, unsere Stärken zu genießen.

Und noch eine weitere Anmerkung: Wir INFPs legen großen Wert auf romantische Beziehungen, empfinden eine tief verwurzelte Liebe und Loyalität gegenüber unseren Partnern. Das bedeutet manchmal, dass wir bei anderen Eigenschaften verklären oder hineininterpretieren, die in Wirklichkeit nicht existieren, nur weil wir alles an ihnen lieben möchten. Als mir bewusst wurde, dass es okay ist, mich selbst trotz meiner Unzulänglichkeiten zu lieben, fühlte ich mich auch erheblich wohler, andere mit all ihren Fehlern und Unzulänglichkeiten zu lieben.

Wenn diese Persönlichkeitsanalyse Sie neugierig gemacht hat, empfehle ich Ihnen, unbedingt den MBTI-Test zu machen! Vielleicht bringt er Sie im Moment nicht weiter, aber Sie werden viel über sich selbst herausfinden.

Zeit für sich selbst

Ich gestehe: Ich bin in Wirklichkeit erleichtert, wenn andere absagen oder mich aus Ihrer Planung ausklammern, deshalb bin ich vielleicht ein Sonderfall, was das Thema persönliche Auszeit betrifft. Doch ich bin überzeugt, dass sie für jeden von Vorteil sein kann. Wir leben in einer schnelllebigen, sich ständig verändernden Welt, in der an jeder Ecke Ablenkungen und Anreize warten. Statt den Abend zu nutzen, um den Tag in aller Ruhe noch einmal Revue passieren zu lassen, schalten wir den Fernseher ein oder surfen im Internet, um die Langeweile zu vertreiben und uns zu entspannen. Das ist verständlich nach einem anstrengenden Tag, aber wir verpassen damit auch so einige Chancen, uns selbst zu verbessern.

Es gibt viele Möglichkeiten, die Zeit allein sinnvoll zu nutzen: meditieren, Tagebuch schreiben, malen, im Garten arbeiten, kochen, spazieren gehen, Sport treiben, Musik hören. Die Liste ließe sich endlos fortsetzen. Wenn wir uns daran gewöhnt haben, Zeit allein zu verbringen, erfahren wir sehr viel über uns selbst. Zuerst kann das alles ein wenig abschreckend wirken, insbesondere wenn uns so allerlei Negatives durch den Kopf geht. Es macht keinen Spaß, Zeit mit düsteren Gedanken zu verbringen.

Doch die persönliche Auszeit hat eine magische Wirkung! Sie kann dazu dienen, Glücksgefühle zu erzeugen, die Sie allein und zu 100 Prozent steuern. Sie können sich in Ihrer Fantasie alles vorstellen, was Sie wollen, um eine schlechte Stimmung in eine gute zu verwandeln. Vielleicht ziehen Sie es aber auch vor, belastende Gefühle in vollem Umfang zuzulassen; in diesem Fall können Sie Ihren Tränen freien Lauf lassen, ohne dass Sie deswegen jemand verurteilt. In der Zeit, die Sie allein verbringen, entfällt der Druck, jemand zu sein, der Sie nicht sind. Eine Weile habe ich diese Auszeit sogar genutzt, um mich an mein wahres Selbst zu erinnern. Wenn wir ständig von anderen Menschen umgeben sind – und auch mit toxischen Einflüssen in Berührung kommen –, vergessen wir leicht, wer wir in Wirklichkeit sind. Wir passen uns an, lassen uns in Dramen, Klatsch und eine negative Weltsicht hineinziehen.

Das gilt vor allem nach einer psychopathischen Beziehung. Der Ex-Partner hat unser ganzes Leben ausgefüllt, und wir haben uns von den täglichen Auseinandersetzungen, Lügen, Desorientierungsversuchen und Manipulationen vereinnahmen lassen. Statt unser authentisches Selbst zu sein, haben wir uns in seinen verlängerten Arm verwandelt, stets bemüht, sein unbegreifliches Verhalten zu verstehen und die Schuld bei uns selbst zu suchen.

Was passiert also, wenn das alles am Ende aus unserem Leben verschwunden ist? Eigentlich sollten wir es als Segen empfinden, aber die meisten Betroffenen wissen, dass dem nicht so ist. Es fällt uns schwer, einen Gang herunterzuschalten und uns zu entspannen, nachdem wir uns an die hochdramatischen Inszenierungen gewöhnt hatten. Wie sollen wir diese Lücke füllen?

Deshalb ist die Zeit für sich allein so wichtig.

Unser Verstand war so lange auf der Überholspur unterwegs, dass es einiges an Engagement und Disziplin bedarf, um einen Schritt zurückzutreten und sich daran zu erinnern, wie sich ein Leben *ohne* Dramen anfühlt. Ohne das ständige Bemühen um Zustimmung und Anerkennung. Ohne die Angst, dass ein einziger kleiner Fehltritt die Beziehung ruinieren könnte. Ohne Detektiv zu spielen, weil uns das Verhalten eines anderen Menschen verdächtig vorkommt. Ohne die Liebesbombardierung und Schmeicheleien, die uns früher ein so gutes Gefühl vermittelt haben.

Wenn wir allein sind, fehlen die äußeren Faktoren, die unser Verhalten beeinflussen. Außer uns ist niemand da, der unsere Gedanken bestätigt oder widerlegt. Wir sind unser absolut authentisches, unverbildetes Selbst, das erschreckend oder erhellend sein kann, je nachdem, aus welchem Blickwinkel man es betrachtet.

Für mich war es eine Mischung aus beidem. Erschreckend zunächst, weil mir absolut nicht gefiel, was ich sah, als ich endlich einen Schritt zurücktrat und einen Blick auf mein Leben warf. Ich hatte mich nach dem Beziehungsaus schlimm verhalten und mir eingeredet, ich hätte aus uneigennützigen Motiven gehandelt, um andere zu warnen oder ihnen zu helfen. In Wirklichkeit war ich von zwanghaften Rachegelüsten getrieben. Nach einer Weile wurde mir klar, dass es nicht mehr mein Ex-Partner war, der mich aus der Fassung brachte – ich dachte kaum noch an ihn. Es war mein eigenes Verhalten nach der Trennung, das ich zu begreifen und zu akzeptieren versuchte. Wie konnte ich mich in ein solches Monster verwandeln? Wie sollte ich mir dieses Fehlverhalten jemals verzeihen? Ich hatte meinen eigenen Moral- und Wertekodex verletzt, den ich für das Fundament meines Charakters hielt. Ich musste mich mit meiner eigenen dunklen Seite auseinandersetzen, und die war hässlich. Es gab keine Möglichkeit, das alles ungeschehen zu machen. Die Verantwortung für mein Verhalten lag ganz allein bei mir.

Kurz nach der Trennung befand ich mich in einem manischen Zustand, als wäre ich auf einen abgewrackten Zug aufgesprungen, der unaufhaltsam und in voller Fahrt auf eine Katastrophe zuraste. Doch wie bei den meisten unliebsamen Gefühlen ist es nur eine Sache des Trainings, dem Gehirn neue Gewohnheiten beizubringen. Anfangs war die Umstellung frustrierend. Ich verbrachte eine angenehme, ruhige Woche, in der mich nicht mehr wahllos verabredete, um die »Liebe« zu ersetzen, die ich verloren hatte. Am darauffolgenden Wochenende verspürte ich plötzlich den überwältigenden Drang auszugehen, was dazu führte, dass ich wieder in meine alten manischen Gewohnheiten zurückfiel. Mit einer einzigen dummen Entscheidung hatte ich sämtliche Fortschritte zunichte gemacht.

Bei mir ist es immer das Gleiche: zwei Schritte vorwärts, einen zurück.

Irgendwann stellte ich dann fest, dass ich die Zeit allein in Wirklichkeit mehr genoss. Allein der Gedanke auszugehen war strapaziös. Ebenso der Gedanke, Zeit mit negativen Menschen zu verbringen. Ich hörte auf, mich zu verbiegen, um es anderen recht zu machen – selbst wenn sie es gut meinten –, und lehnte es ab, etwas zu tun, was ich in Wirklichkeit nicht tun wollte. Irgendwo in meinem Gehirn entstanden neue Verknüpfungen. Ich ging viel spazieren, dachte dabei ungestört über alles Mögliche und über mich selbst nach. Ich hatte immer davon geträumt, ein Buch zu schreiben, was mir tatsächlich gelang! Ich kam in Kontakt mit völlig anderen Gefühlen und Empfindungen, und der alte abgewrackte Zug war nirgendwo mehr in Sicht.

Im Verlauf des Sommers legte ich mir ein neues Hobby zu: schwimmen im Fluss und den Sonnenuntergang bei einem eisgekühlten Glas Weißwein betrachten. Statt den »Oh-mein-Gott-ich-brauche-einen-Partner!«-Modus auszulösen, fühlte ich mich auch allein rundum glücklich. Noch heute sitze ich dort stundenlang nach der Arbeit und entwickle Ideen für meine Bücher, während ich gleichzeitig über meine idyllische Umgebung und die Leute ringsum staune.

Wenn Sie die wichtigste Person sind, die Sie enttäuschen oder beflügeln kann, wird das Leben sehr interessant. Es wird außerdem ruhiger. Weil es einfacher ist, eine gelassenere, authentische Version Ihrer selbst zu sein, als sich verzweifelt zu bemühen, eine laute, umtriebige Version aufrechtzuerhalten, die nicht Ihrem wahren Selbst entspricht. Wenn Sie sich dabei ertappen, dass Sie dem Rest der Welt zu beweisen versuchen, eine bestimmte Version Ihrer selbst sei Ihr unverfälschtes Selbst, sind Sie noch nicht zu Ihrem wahren Wesenskern vorgedrungen.

Früher graute mir davor, Zeit allein zu verbringen; mir graute davor, unliebsamen Tatsachen über mich selbst und mein Leben ins Gesicht zu sehen. Doch nun habe ich weitgehend Frieden mit mir geschlossen. Zugegeben, ich bin nach wie vor zerstreut, unsicher und Stimmungsschwankungen unterworfen, aber diese Eigenschaften beherrschen mein Leben nicht mehr. Es sind nur kleine Puzzlesteine, an denen ich arbeite, wenn ich in ruhige Gewässer eintauche.

Selbstachtung

Psychopathen richten ein Chaos an, wobei es ihnen gelingt, eine Fassade absoluter Schuldlosigkeit aufrechtzuerhalten. Sie walzen das Leben ihrer Opfer gnadenlos nieder, hinterlassen nichts als Zerstörung und Fassungslosigkeit. Verantwortungsbewusste, erfolgreiche Menschen stehen plötzlich vor einem Scherbenhaufen: Alles ist zu Bruch gegangen – angefangen bei den einst stabilen, aufheiternden Freundschaften bis hin zur beruflichen Laufbahn und Selbstachtung. Innerhalb weniger Wochen oder Monate vernichten sie die harmonischen Beziehungen und die Vertrauensbasis, die ihre Zielpersonen ein Leben lang aufgebaut haben. Psychopathen verschaffen sich Einlass in ihr Leben, gewinnen mit ihrem Charme ihr Vertrauen, erzeugen vorsätzlich Paranoia und Panik und schauen dann mit Bedacht ihrem Absturz zu, wenn sie in Ungnade fallen. Am Ende verschwinden sie ohne ein weiteres Wort und überlassen es ihren Opfern, die Bruchstücke ihres Lebens aufzulesen. Und diese zweifeln am Ende an ihrem eigenen Verstand – an ihrem Realitätssinn.

Auch Sie haben diese schmerzliche Erfahrung gemacht. Doch mit der Zeit gelingt es Ihnen, Licht in das Dunkel zu bringen und die innere Leere mit Eigenschaften zu füllen, die Sie bei sich selbst vielleicht nie richtig wertgeschätzt haben: Empathie, Mitgefühl, Freundlichkeit, Kreativität. Bei ihren zerstörerischen Machtspielen und Täuschungsmanövern unterschätzen Psychopathen die Stärken der Idealisten, die noch träumen können. Wir sind vielleicht nicht abgebrüht, aber psychisch robust und widerstandsfähig, sprich resilient.

Irgendwann werden Sie feststellen, dass Sie nicht mehr versuchen, es jedem recht zu machen, sondern sich fragen, warum andere sich nicht eher ein Beispiel an Ihrem Verhalten nehmen. Warum können sie nicht umgänglich, freundlich, fürsorglich, selbstlos, entgegenkommend und von ihrem eigenen Wert überzeugt sein? Das bezeichnet man als Selbstachtung. Ein Selbstwertgefühl, das von innen kommt. Natürlich fühlt es sich nach wie vor gut an, jemand anderen glücklich zu machen, aber Sie haben nun eine viel bessere Möglichkeit zu entscheiden, wer Ihr inneres Licht verdient. Und dieser Maßstab, die Selbstachtung, die sich aus Ihrem Innern speist, wird Ihnen ein Leben lang Freude bereiten.

Machen Sie sich immer wieder bewusst, dass Ihr psychopathischer Ex-Partner Sie wegen ebendieser Eigenschaften als Zielperson ausgewählt hat. Das macht sie nicht zu Schwächen: Ganz im Gegenteil, es sind Aktivposten, auf die Sie stolz sein können. Alles was Sie gebraucht hätten, wäre ein wenig mehr Selbstbewusstsein und Selbstachtung gewesen. Um meine »ehrenamtliche« Tante Peru zu zitieren: »Psychopathen sind fasziniert von menschlichen Emotionen und feilen ständig an ihrer Geschicklichkeit, das ›Normale‹ zu imitieren. Empathische Menschen verfügen über das volle Spektrum der Gefühle und Empfindungen, deshalb ist das für sie eine Art Meisterklasse. Außerdem sind sie in der Lage, ihren Opfern die Lebenskraft auszusaugen, die ihnen fehlt. Da empathische Menschen freigebig und vertrauensvoll sind, stellen sie das perfekte Ziel dar.« Natürlich ist nichts falsch daran, großzügig und vertrauensvoll zu sein. Selbstachtung schließt lediglich ein, dass man lernt, das Gleiche von anderen zu erwarten.

Und von diesem Punkt an beginnen Sie, die gesamte Palette Ihrer Stärken zu entdecken. Viele dieser Eigenschaften haben Sie bereits besessen, aber nie wertgeschätzt. Sie erkennen, dass Mitgefühl, Empathie und Liebe keine Schwächen sind; sie sind ein Geschenk des Himmels, wenn sie Leuten entgegengebracht werden, die es verdienen. Sie verstehen allmählich, welches Potenzial in Ihnen angelegt ist. Die grausamen Machtspielchen Ihres psychopathischen Ex-Partners haben Ihnen die Augen dafür geöffnet, wie Sie nie sein wollen. Sie merken, wie lachhaft seine Spiegelungen zu Beginn der Beziehung waren, als er ständig darauf hinwies, wie sehr sich Ihre Werthaltungen, Gefühle und Bedürfnisse gleichen, weil Ihnen bewusst geworden ist, dass Sie glücklicherweise ganz anders geartet sind. Sie beginnen, Ihre kreative Seite zu erforschen, und hören auf, sich den Kopf darüber zu zerbrechen, was andere von Ihnen denken. Auch alte Freundschaften können sich verändern, wenn Sie einen Wandel durchmachen und selbstbewusster werden. Sie setzen wieder Grenzen oder fangen zum ersten Mal damit an.

Grenzen

Grenzen zu setzen ist wie gesagt einer der schwierigsten Aspekte bei der Entwicklung der Selbstachtung. Nein zu sagen fühlt sich anfangs unnatürlich, beinah schon psychopatisch, um nicht zu sagen antisozial an. Wie können Sie jemandem eine strikte Absage erteilen, der Ihre Hilfe braucht? Und wie gehen Sie mit Leuten um, die Ihnen vorwerfen, unvernünftig oder hyperempfindlich zu sein, wenn Sie es ablehnen, ihnen noch länger als Fußabtreter zu dienen?

Sie müssen sich angewöhnen, Unvernunft und Hyperempfindlichkeit von gesunden Grenzen zu unterscheiden. Solche Anschuldigungen kommen vermutlich von Zeitgenossen, die darauf bedacht sind, ohne Rücksicht auf Verluste Nein zu sagen, und nun feststellen müssen, dass Sie ihnen nicht länger zu Diensten stehen. Sie werden alles in ihrer Macht Stehende tun, um die bestehende Dynamik aufrechtzuerhalten, denn mehr Grenzen bedeutet für sie weniger Bequemlichkeit. Sie sollten nie das Bedürfnis verspüren, sich bei einem Freund verteidigen zu müssen. Sie sollten nie erklären müssen, warum Sie für einen bestimmten Abend keine Pläne machen. Und Sie sollten nie das Gefühl haben, einen Eiertanz aufzuführen und eine Aussage umformulieren zu müssen, um unliebsame Interaktionen zu vermeiden.

Die Gewohnheit, nirgendwo anzuecken, ist toxisch für Sie; sie leitet sich oft aus dem Bedürfnis her, es allen anderen recht zu machen. Doch manchmal haben diese altruistischen Verhaltensmuster keinen tieferen Ursprung als die Tatsache, dass Sie einfach zu nett sind. Toxische Menschen merken ja, dass Sie dazu neigen, auf Harmonie bedacht und entgegenkommend zu sein, und docken genau da bei Ihnen an. Sie entdecken schnell, dass man Sie mithilfe von passiver Aggression und Märtyrergehabe manipulieren kann. Damit lösen sie einen Schneeballeffekt aus, bei dem sich immer mehr Leute an Sie klammern; Sie sind gefangen in ihrem Zyklus der Unsicherheiten, was oft der Grund dafür ist, dass Sie den Missbrauch des Psychopathen gar nicht mehr als solchen wahrnehmen.

Wann Sie darauf verzichten sollten, »Tut mir leid« zu sagen

Gutmütige Menschen leiden oft unter Schuldgefühlen, wenn sie darauf bedacht sind, für sich selbst einzustehen, oder andere auf ihr ungebührliches Verhalten hinweisen. Die Neigung, Nein zu sagen, um die eigenen Grenzen zu wahren, und sich im gleichen Atemzug dafür zu entschuldigen, wird von toxischen Menschen ausgenutzt. Sie können davon ausgehen, dass Sie deswegen bereits Gewissensbisse empfinden, sodass keine Notwendigkeit besteht, ihr Verhalten zu ändern. Dazu kommt, dass Ihr Bedürfnis nach Harmonie und Versöhnung ihnen ermöglicht, Sie als »bipolar« oder »wankelmütig« abzustempeln, weil Sie zwischen Entschlossenheit und Nachgiebigkeit hin- und hergerissen sind.

Sie sollten immer das Gefühl haben, dass es in Ordnung ist, wenn Sie sich mit Freunden zusammensetzen und ein Problem zur Sprache bringen. Normale Leute wehren sich nicht gegen jeden Vorschlag, sich selbst zu verbessern, vor allem, wenn es positiv formuliert wird. Empathische Menschen achten darauf, Ihre Gefühle nicht zu verletzen. Toxische hingegen kanzeln Sie unweigerlich ab und drehen den Spieß um, sodass *Sie* im Fokus stehen. Oder sie suchen die Schuld in ihrer Vergangenheit und warten mit Entschuldigungen auf, die nichts weiter als ein Lippenbekenntnis darstellen, denn sie setzen ihr Fehlverhalten in der nächsten Woche unbeirrt fort. Wenn Sie feststellen, dass Sie fortwährend das Fehlverhalten anderer entschuldigen, sollten Sie damit aufhören und überlegen, warum sich diese nicht einfach so verhalten, dass es keiner Entschuldigung bedarf.

Empathie in die richtigen Bahnen lenken

Viele Menschen halten sich an das Motto »Sei immer nett zu anderen, denn wie man in den Wald hineinruft, so schallt es heraus«. Doch wie viele von uns entdecken mussten, ist das eine Rechnung, die nicht aufgeht. Es gibt Menschen, die es darauf anlegen, unsere Gutmütigkeit auszunutzen, was letztlich zur Folge hat, dass unsere Lebenskraft immer mehr schwindet. Sobald wir uns von diesen toxischen Erfahrungen erholt haben, besteht unsere erste Reaktion darin, unserem früheren Selbst den Krieg zu erklären: »Schluss mit dem Mitgefühl, der Anpassungsbereitschaft und der Großzügigkeit – alles Mist!« Doch das ist keine gute Lösung. Das Problem war nicht Ihre Gutmütigkeit, sondern die Skrupellosigkeit derer, die sie für ihre Zwecke ausgenutzt haben. Liebe und Empathie machen das Leben eines Idealisten, der noch zu träumen vermag, erfüllend. Sie schaffen eine einzigartige Verbindung zur Welt und den Menschen in Ihrem Umfeld. Werfen Sie diese Gabe nicht weg, weil sie verletzt wurden. Trennen Sie sich lieber von denen, die Sie verletzt haben. Sparen Sie sich diese Gabe für diejenigen auf, die sie aufrichtig zu schätzen wissen und ihrerseits auf Ihr Wohl bedacht sind. Beispielsweise die Konstante in Ihrem Leben. Menschen, die Sie ausnutzen, manipulieren dagegen Ihre besten Eigenschaften und rufen Selbstzweifel bei Ihnen hervor.

Wie können Sie also ein gesundheitszuträgliches Leben in einer Welt führen, in der Sie zwangsläufig jeden Tag Menschen mit guten und schlechten Absichten begegnen? Wie können Sie für Ihre eigenen Belange einstehen und trotzdem Ihre angeborenen gutmütigen, mitfühlenden Charaktereigenschaften bewahren? Die Antwort lautet: Sie sollten lernen, Ihre Empathie zu »kanalisieren« – sie in die richtigen Bahnen zu lenken und keine Schuldgefühle zu entwickeln, wenn Sie sich von toxischen Menschen trennen.

Der Verlust der Unschuld ist der erste Schritt auf diesem Weg des Herzens. Sobald Sie entdecken, wer auf Ihr Wohl bedacht ist und wer nur seine eigenen Interessen im Blick hat, begreifen Sie, dass Sie nicht verpflichtet sind, jeden glücklich zu machen. Den größten Frieden finden Sie, wenn Sie sich mit einer kleinen Gruppe vertrauenswürdiger warmherziger Menschen umgeben. Dann steht es Ihnen frei, Ihr ganzes Mitgefühl aufzubieten, ohne sich erschöpft und ausgelaugt zu fühlen.

In Gegenwart von toxischen Menschen sollten Sie damit beginnen, diese Fähigkeiten unter Verschluss zu halten. Das bedeutet nicht, dass Sie jetzt zeitweilig psychopathische Eigenschaften entwickeln müssen (falls das überhaupt möglich ist). Sie schonen und schützen damit Ihre Lebenskraft. Sie nehmen in diesem Fall mit dem Verstand statt mit dem Herzen wahr. Ihr Herz ist immer bereit, zu vertrauen und an das Beste im Menschen zu glauben. Doch Ihr Verstand liefert Ihnen eine logische, objektive Einschätzung der Situation. Das ist die beste Strategie für den Umgang mit toxischen Menschen. Sie sollten Ihr emotionales Kapital nicht an sie verschwenden. Ihre Ressourcen sind begrenzt, und Sie verdienen es, sie bei Menschen einzusetzen, die Sie glücklich machen.

Im Heilungsprozess geht es vor allem darum, Ihre wahren Stärken zu entdecken und sich mit Menschen zu umgeben, die diese Eigenschaften teilen und zu schätzen wissen. Wenn Sie diesen Punkt erreicht haben, beginnt sich Ihr Leben zu verändern. Die Reise eines Idealisten, der noch zu träumen versteht, ist universell und verläuft ebenfalls im Kreis – sie führt uns zu unserer inneren Weisheit zurück, die wir immer besessen, aber nie erkannt haben.

Freiwillige Selbstverpflichtung: »Keine Macht den Psychopathen!«

Die neuen Mitglieder unserer Online-Selbsthilfegruppe werden gebeten, eine freiwillige Selbstverpflichtung einzugehen. Ein Versprechen, das die Bedeutung der Selbstachtung betont und gesunde Beziehungen fördert. Wenn Sie sich an diese Affirmationen halten, sind Sie ein für alle Mal vor toxischen Bindungen gefeit:

1. Ich werde nie mehr betteln oder flehen, um jemanden zu halten. Wer mich auf diese Ebene herabzieht, ist es nicht wert, dass ich mein Herz an ihn verschenke.
2. Ich werde nie mehr zulassen, dass mein Körper, mein Alter, mein Gewicht, mein Beruf oder irgendwelche Unsicherheiten, die ich vielleicht habe, zum Gegenstand fortwährender Kritik werden. Ein guter Partner macht mich nicht nieder, sondern baut mich auf.
3. Ich werde einen Schritt zurücktreten und mindestens einmal im Monat einen objektiven Blick auf meine Beziehung werfen, um sicherzugehen, dass ich respektiert und geliebt statt umgarnt und mit falschen Liebesbezeugungen bombardiert werde.
4. Ich werde mir jedes Mal die Frage stellen: »Würde ich jemand anderen so behandeln?« Lautet die Antwort Nein, verdiene auch ich es nicht, so behandelt zu werden.
5. Ich werde auf mein Bauchgefühl hören. Wenn ich Bedenken habe, werde ich sie nicht beiseiteschieben und nach Rechtfertigungen suchen. Ich werde mir selbst vertrauen.
6. Ich habe begriffen, dass es besser ist, allein zu bleiben, als mich auf eine toxische Beziehung einzulassen.
7. Ich werde nicht zulassen, dass jemand verächtlich oder sarkastisch mit mir redet. Ein liebevoller Partner behandelt mich nicht von oben herab.
8. Ich werde meinem Partner nicht erlauben, mich mit Vorwürfen wie »eifersüchtig«, »verrückt« oder anderen respektlosen Anschuldigungen kleinzumachen.
9. Meine Partnerbeziehungen werden stets auf beiderseitigen

Gefühlen beruhen und auf Augenhöhe sein. Liebe hat nichts mit Macht und Kontrolle zu tun.

10. Wenn ich mich jemals bei einem dieser Schritte unsicher fühle, werde ich die Hilfe von Freunden, unterstützenden Gruppen oder einem Therapeuten in Anspruch nehmen. Ich werde mein Verhalten nicht an impulsiven Entscheidungen ausrichten.

Sind Sie bereit, diese freiwillige Selbstverpflichtung einzugehen? Wenn ja, setzen Sie als Erinnerungshilfe Ihre Unterschrift darunter – Sie können dann jederzeit zurückblättern und sich das Versprechen vor Augen führen, das Sie sich gegeben haben. Der unumstößliche Vorsatz, sich selbst fürsorglich zu behandeln, beschleunigt nicht nur den Heilungsprozess, sondern setzt auch gesundheitszuträglichere Gewohnheiten in Gang, die Ihnen bei künftigen Beziehungen und Freundschaften zugutekommen. Also tun Sie sich selbst einen Gefallen, und trainieren Sie Ihren Verstand darauf, die guten Dinge zu erwarten, die Sie seit jeher verdient haben.

Authentizität

Der Genesungsprozess markiert den Beginn eines neuen Lebensabschnitts. Sie blicken auf die Dynamik Ihrer alten Beziehungen zurück und fragen sich, wie Sie jemals so toxische Einflüsse hatten hinnehmen können. Wie bereits erwähnt, könnten Sie Ihr früheres Verhalten sogar peinlich finden und bedauern. Diese Reaktion ist Ihrer Selbstachtung geschuldet, die sich bemerkbar macht und Sie daran erinnert, dass Sie sich verändert haben.

Nach Beendigung der psychopathischen Beziehung hatten Sie vermutlich selbst das Bedürfnis, andere »anzufeuern« und Komplimente zu machen, damit sie im Gegenzug erwidert würden. Das gilt vielleicht besonders im Austausch mit anderen Missbrauchsopfern. Im Lauf der Zeit werden Lob und Anerkennung zunehmend persönlicher und aufrichtiger. Sie bauen starke, enge Freundschaften mit Menschen auf, die Ihnen am Herzen liegen, statt aufopferungsvoll alle Opfer von Psychopathen einzubeziehen, die Ihnen begegnen. Das ist gut so. Die Welt ist groß, sodass Sie nicht jeden in Ihr Herz schließen müssen, der Ihren Weg kreuzt. Es ist besser, eine Handvoll gute Freunde als Millionen Bekannte zu haben, mit denen Sie hohle Phrasen dreschen.

Auch Betroffene, die es sich zur Aufgabe gemacht haben, anderen Missbrauchsopfern zu helfen, sollten stolz auf sich sein. Gleich, ob online, von Angesicht zu Angesicht oder per Telefon, Sie leisten damit einen unglaublich wertvollen Beitrag, um die Welt zu verbessern. Die Heilung von einem emotionalen Trauma ist Teil Ihrer Identität, und Sie sollten sich wohlfühlen, diese Tatsache mit Ihren Freunden und künftigen Partnern zu teilen. Die Unterstützung der Opfer ist eine Passion, die es zu pflegen gilt.

Ich fand es lange Zeit schwierig, anderen von diesem Buch und der PsychopathFree-Website zu erzählen. Nicht aus Scham oder ähnlichen Gefühlen. Es war nur ungewohnt, diesen ganz privaten Teil meines Lebens mit dem Rest der Welt zu teilen. Doch je häufiger ich darüber redete, desto leichter fiel es mir, mich zu öffnen.

Wenn Sie Ihr authentisches Selbst entwickelt haben, beginnen sich die Menschen in Ihrem unmittelbaren Umfeld gleichermaßen zu verändern, was kein Zufall ist. Genießen Sie den Wandel, und vergessen Sie nicht, sich aufrichtig Lob und Anerkennung zu zollen für die harte Arbeit, die Sie verrichten mussten, um sich selbst zu verwirklichen.

Unsere innere Schönheit entdecken

Die Beiträge von HealingJourney haben mich immer inspiriert, aber die nachfolgenden Worte beeindruckten mich zutiefst:

Er dachte daran, wie er verfolgt und verhöhnt worden war, und hörte nun alle sagen, daß er der schönste aller schönen Vögel sei; selbst der Flieder bog sich mit den Zweigen gerade zu ihm in das Wasser hinunter, und die Sonne schien warm und mild. Da brausten seine Federn, der schlanke Hals hob sich, und aus vollem Herzen jubelte er: »So viel Glück habe ich mir nicht träumen lassen, als ich noch das häßliche Entlein war!«

*Hans Christian Andersen: Das hässliche Entlein**

Es ist verblüffend, wie sehr die Begegnung mit einem Psychopathen unsere Weltsicht verändern kann, einschließlich all dessen, was uns von Kindesbeinen an vertraut war, wie das Märchen von Hans Christian Andersen. Obwohl mir »Das hässliche Entlein« gefiel, weil es ein Happy End gab, war es nicht meine Lieblingsgeschichte, weil sie mich unerklärlicherweise traurig stimmte. Ich habe nie herauszufinden versucht, *warum* sie dieses Gefühl in mir auslöste; vermutlich fand ich es damals zu schmerzhaft. Aber nach der schlimmen Zeit, die ich durchstehen musste, wurde mir der Grund plötzlich klar: Ich hatte mich selbst lange für hässlich gehalten. Ich wäre nie

* Hans Christian Andersen: *Sämmtliche* Märchen, Leipzig 1900.

auf die Idee gekommen, dass ich mich eines Tages in einen wunderschönen Schwan verwandeln könnte. Ironischerweise bot mir das grauenvolle Trauma des Missbrauchs die Chance, genau das zu tun. Es war ein Weg, der Zeit erforderte und zahlreiche Stolpersteine aufwies, doch heute erkenne ich meine innere Schönheit und ihre Bedeutung. Ich betrachte mich als Schwan und empfinde ein Gefühl der Zugehörigkeit, das mich beglückt. Ich freue mich über meine Einzigartigkeit! Diese innere Schönheit ist *jedem Menschen* zu eigen, der eine traumatische Beziehung überstanden hat; wir haben sie immer besessen, ohne uns dessen bewusst zu sein. Es steht in Ihrer Macht, sie während Ihrer eigenen Heilreise zu entdecken, wenn Sie folgende Wahrheiten zur Kenntnis nehmen und akzeptieren.

Sie waren nicht töricht, sondern ahnungslos

Als Sie das erste Mal auf das ganze Ausmaß des Verrats aufmerksam wurden, den Ihr psychopathischer Ex-Partner begangen hat, haben Sie sich vermutlich in Grund und Boden geschämt. Haben Sie sich gefragt, wie Sie so blind für seine permanenten Lügen und Manipulationen sein konnten? Es ist völlig normal, dass Sie sich töricht vorkommen, wenn Ihnen die Realität bewusst zu werden beginnt. Und dass Sie Wut empfinden und hart mit sich selbst ins Gericht gehen, weil Sie nicht erkannt haben, dass seine »Liebe« auf einer Illusion beruhte, ist nachvollziehbar.

Genau dieses Gefühl der Unzulänglichkeit wollte er – ein Meister der Täuschung – bei Ihnen ja hervorrufen, aber seine Einschätzung entspricht nicht der Wahrheit. Sie sind ein liebevoller und empathischer Mensch. Niemand hat Ihnen eingeschärft, sich vor emotional verkrüppelten menschlichen Raubtieren zu hüten, die in freier Wildbahn auf Beute lauern; die kennen Sie vermutlich nur aus Märchen oder Berichten über Serienmörder. Ihnen war nicht bewusst, dass Sie sich mitten unter uns befinden, dass viele von ihnen den Anschein erwecken, als wären sie ganz normale, gesetzestreue Bürger. Sie können sich nicht vor Dingen schützen, von deren Existenz Sie keine Kenntnis haben. Das hässliche Entlein wusste nicht, dass es keine Ente, sondern schon immer ein Schwan gewesen war. Man kann ihm seine Ahnungslosigkeit nicht zum Vorwurf machen, und das gilt auch für Sie.

Unsicherheiten und Verletzlichkeiten sind okay

Vermutlich wurden Sie schon öfter gewarnt, dass es »nicht gut« ist, unsicher und verletzlich zu sein. Vielleicht werden Sie sogar von denjenigen darauf hingewiesen, die versuchen, Ihnen bei der Verarbeitung des psychopathischen Missbrauchs zu helfen. Doch der Kampf mit den eigenen Unsicherheiten und Verletzlichkeiten gegenüber anderen ist ein Teil dessen, was uns normalerweise ausmacht. Selbst Menschen mit einem ausgeprägten Selbstbewusstsein werden hin und wieder von Selbstzweifeln geplagt; auch solche, die emotional robust sind, haben bisweilen das Bedürfnis, anderen ihr Herz auszuschütten und ihre *verletzliche Seite zu zeigen,* wenn sie Beziehungen aufbauen wollen, die Tiefgang und Nähe zulassen. Es ist absolut möglich, dass Sie Ihre Vertrauensbasis wiederaufbauen und gleichzeitig anderen – den *richtigen* Personen – Zugang zu Ihrem inneren Kreis gewähren. Das hässliche Entlein beschloss, einem Menschen zu vertrauen, der es halb erfroren im Schnee fand, und es wurde gesund gepflegt. Es gestattete sich, verletzlich zu sein, obwohl es verhöhnt und misshandelt worden war. Sie können seinem Beispiel folgen, umsichtig und auf der Grundlage der Lehren, die Sie aus Ihrer Erfahrung gezogen haben.

Ihre Schwächen und Stärken wurden ausgenutzt

Sie sind vielleicht zu der Schlussfolgerung gelangt, dass die traumatische Erfahrung einmal mehr Ihre Unzulänglichkeiten zeigt. Sie glauben möglicherweise, dass Sie unter bestimmten Problemen leiden, die Psychopathen anziehen wie ein Magnet. Sie waren zu vertrauensselig, unfähig, Grenzen zu setzen, haben sich selbst nicht genug Liebe und Wertschätzung entgegengebracht und so weiter. Es gibt nichts daran zu rütteln, dass Ihre Schwächen ausgenutzt wurden. Doch das gilt auch *für Ihre Stärken*. Die Fähigkeit zu lieben ist eine Stärke. Die Fähigkeit zu vertrauen ist eine Stärke. Die Fähigkeit zu kooperieren ist eine Stärke. Die Fähigkeit, zugewandt, aufrichtig und empathisch zu sein, ist eine Stärke!

Ein Psychopath hat kein Gewissen, und deshalb ist er in der Lage, die schlimmsten Grausamkeiten zu begehen. Er versucht, mit der Mitleidstour Kapital aus Ihrem natürlichen Bedürfnis zu schlagen, anderen mit Zugewandtheit und Verständnis zu begegnen. Er spiegelt Ihre Werte und sämtliche Aspekte Ihrer Persönlichkeit wider – Ihre positiven Eigenschaften eingeschlossen –, gaukelt Ihnen vor, dass Sie aus dem gleichen Holz geschnitzt sind wie er. Er manipuliert Sie auf eine Weise, die bewirkt, dass Sie Ihre eigenen Vorzüge auf ihn projizieren. Das hässliche Entlein hoffte, dass die Bauersfrau, die Katze und die Henne, an die es sich um Hilfe wandte, genauso gutherzig waren wie es selbst, doch leider sollte sich das als Trugschluss erweisen. Dass Sie von einem Psychopathen ins Visier genommen wurden, bedeutet nicht, dass Sie es sich selbst zuzuschreiben haben, weil *mit Ihnen* etwas nicht stimmt.

Sich dem Schmerz zu stellen wirkt befreiend

Nachdem Sie sich aus der psychopathischen Bindung gelöst haben, sind Sie traumatisiert. Sie gleichen dem kleinen Entlein, das halb erfroren in der bitterkalten Winterlandschaft um sein Überleben kämpft. Sie sind innerlich erstarrt, verwirrt, unfähig, einen klaren Gedanken zu fassen, kämpfen gegen den unerträglichen Schmerz an. Sie wünschen sich verzweifelt das Ende des Leids herbei und tun alles, was in Ihrer Macht steht, um vor ihm davonzulaufen.

Vermeiden und Leugnen sind übliche und natürliche menschliche Reaktionen auf Kummer und Leid. Alle normalen Menschen greifen in unterschiedlichem Ausmaß und unterschiedlich lange auf diese Bewältigungsstrategien zurück. Doch wenn Sie innerlich den Mut aufbringen, sich dem Schmerz zu stellen und sich damit auseinanderzusetzen, werden Sie merken, dass Sie sich von ihm befreit haben. Sie sind imstande, wieder Freude zu empfinden, die Ihr Leben völlig verändert. Sie können diese »Prüfung« nicht umgehen, wenn Sie das Glück entdecken wollen, das Sie verdienen. Sie müssen dem Schmerz ins Gesicht sehen, müssen alle schwierigen Gefühle, Höhen und Tiefen während Ihrer Heilreise als Herausforderung begrüßen, die den Kern des Trauerprozesses bilden. Es mag Ihnen lange Zeit so vorkommen, als würde der Schmerz nie vergehen … bis Sie eines Tages über den Berg sind und feststellen, dass eine wunderbare neue Welt vor Ihnen liegt, die Sie sich nie erträumt hätten.

Wenn Sie die oben beschriebenen Wahrheiten als Wegmarken verinnerlichen, werden Sie auf einer tieferen Ebene entdecken, wer Sie wirklich sind. Und Ihnen wird bewusst, dass Sie sich so grundlegend wandeln können, wie es einem Psychopathen niemals möglich wäre. Sie erkennen, dass diese innere Schönheit stets vorhanden war. Ein Potenzial, das Ihnen erlaubt, zu wachsen, sich zu ändern und zu dem einzigartigen, wunderbaren Menschen zu werden, der Sie immer waren und der in Ihnen angelegt ist. Es bietet Ihnen die Chance, neue Lebenserfahrungen zu machen, neue Zukunftsvisionen zu entwickeln und beides zu nutzen, um das innere Licht zu finden, das sich in Ihnen verbirgt, und es zum Leuchten zu bringen. Und dabei werden Sie lernen, sich selbst wieder zu vertrauen und andere Menschen zu finden, die Sie wertschätzen und lieben.

Es fühlte sich ordentlich erfreut über all die Not und die Drangsal, welche es erduldet; nun erkannte es erst sein Glück an all der Herrlichkeit, die es begrüßte. Die großen Schwäne umschwammen es und streichelten es mit dem Schnabel.
Hans Christian Andersen: Das hässliche Entlein[*]

Das hässliche Entlein hatte endlich den Weg nach Hause, zu sich selbst gefunden, und das wird auch Ihnen gelingen.

* Ebenda.

Dreißig Anzeichen der Stärke

Idealisten sind unverbesserliche Optimisten. Wir wollen an das Beste in jedem und allem glauben, was uns umgibt. Das ist ein Segen, kann sich aber auch als Falle erweisen, wenn toxische Menschen beteiligt sind. Das Problem ist, dass wir beginnen, ihr unannehmbares Verhalten zu ignorieren und zu entschuldigen, um unser bedingungsloses Vertrauen in sie zu bewahren. Wir haben Angst, dass sich unsere Befürchtungen bewahrheiten könnten, wenn wir sie zur Sprache bringen, und unsere Träume zerstören. Deshalb beschließen wir, uns lieber auf die positiven Eigenschaften zu konzentrieren.

Doch irgendwann ist für jeden der Schwellenwert erreicht – wenn unsere Grenzen zu oft verletzt wurden. Dann handeln wir und werden damit zum Feind Nummer eins. Kommt Ihnen das bekannt vor? Haben Sie sich geweigert, als Fußabtreter zu dienen? Wie konnten Sie nur! Haben Sie aufgehört, seine Übergriffe zu entschuldigen? Das ist Verrat! Darüber hinaus haben Außenstehende Sie vermutlich umgehend darauf hingewiesen, dass Sie Ihren Partner zuvor in den höchsten Tönen gelobt hatten, warum also der plötzliche Sinneswandel? Und damit sitzen Idealisten, die an einen Parasiten geraten sind, in der Beziehungsfalle. Außenstehende und Psychopathen weisen Ihnen und Ihren unverhofften Reaktionen auf den Missbrauch die Schuld zu. Man hat erwartet, dass Sie heiter und positiv bleiben. Doch in der Beziehung zu einem toxischen Partner ist das auf Dauer nicht möglich. Und selbst wenn es Ihnen gelingen sollte, andere zu überzeugen, dass Sie das Opfer sind, dass Sie emotional missbraucht wurden, haben Sie sich in deren Augen »das Ganze letztlich selbst zuzuschreiben«.

Viele denken bei dem Begriff »Beziehungsmissbrauch« automatisch an Schwäche und Verletzlichkeit. Das ist ein soziales Stigma, das den Opfern anhaftet, obwohl in Wirklichkeit *jeder* in die Fänge eines Psychopathen geraten kann. Fakt ist, dass Psychopathen stolz darauf sind, wenn es ihnen gelingt, charakterstarke und erfolgreiche Zielpersonen zu umgarnen und zu erniedrigen. Gleich, ob Sie heiter und unbeschwert, unsicher, glücklich, traurig, allseits beliebt, einsam, zuversichtlich, selbstbewusst, emotional, reserviert, humorvoll, schüchtern, linkisch oder was auch immer sind – es spielt keine Rolle.

Weil niemand es verdient, emotional missbraucht zu werden.

Fakt ist, es sind nicht Ihre Schwächen, auf die Ihr psychopathischer Partner es abgesehen hatte – sondern Ihre Stärken. Und ich habe herausgefunden, dass die psychopathische Erfahrung diese Stärken am Ende sogar noch untermauert. Und genau diese Stärken fördern die Heilung und die Fähigkeit, den Blick wieder nach vorn zu richten – vorbehaltlos vertrauensvoll, mit Liebe.

Ich habe einige meiner besten Freunde durch PsychopathFree kennengelernt und Eigenschaften bei ihnen entdeckt, welche viele Betroffene auszeichnen, die eine Beziehung mit einem Psychopathen überstanden haben:

1. Für sie zählen Taten mehr als Worte. Menschen, die psychisch gesund und bescheiden sind, müssen nicht ständig über das Gute reden, das sie getan haben, denn das wäre in ihren Augen überheblich und unangenehm. Ihre Taten sprechen für sich.

2. Sie haben einen starken moralischen Kompass. Für sie war es von jeher wichtig, sich an Regeln und ethische Leitlinien zu halten. Die Vorstellung, in Schwierigkeiten zu geraten, gegen das Gesetz zu verstoßen oder den Partner absichtlich zu verletzen, war für sie schon während der Schulzeit tabu. Ihr Glück kollidiert nicht mit dem Glück anderer, und sie streben danach, die gleichen positiven Eigenschaften in jedem Menschen zu sehen.
3. Sie übernehmen Verantwortung für ihr Handeln. Statt andere für ihre Probleme verantwortlich zu machen, neigen sie dazu, die volle Verantwortung für ihr Verhalten zu übernehmen. Sie halten weder nach faulen Ausreden noch nach Sündenböcken Ausschau.
4. Sie sind zugewandt und mitfühlend. Sie gehören häufig zu den Menschen, die immer bereit sind, Kompromisse zu schließen und ihren Beitrag zur Verbesserung einer Situation zu leisten. Sie sind nahbar, warmherzig und in der Lage, sich in die Gefühle anderer hineinzuversetzen.
5. Sie sind bereit, sich zu entschuldigen, wenn es erforderlich ist. Sie sagen: »Tut mir leid«, wenn sie sich falsch verhalten haben (und manchmal auch dann, wenn sie keinen Fehler begangen haben). Während Menschen, die andere manipulieren, sich nur dann entschuldigen, wenn sie für sich selbst einen Vorteil darin sehen, entschuldigen sie sich, um den Frieden und das Vertrauen wiederherzustellen.
6. Sie sind idealistisch, romantisch und fantasievoll. Und sie sind oft im kreativen Bereich tätig – als Maler, Schriftsteller, Musiker oder auf der Ebene der spirituellen Arbeit. Es fällt ihnen bisweilen schwerer als den meisten anderen Menschen, ihre Ideale und die Realität in Einklang zu bringen, aber ohne sie wäre die Welt ein Stück ärmer.

7. Sie haben eine Abneigung gegen Konflikte und harsche Kritik. Psychopathen suchen sich gezielt Opfer aus, die ihnen nicht die Stirn bieten. Das ist aber nicht mit unterwürfig und schwach gleichzusetzen. Sie scheuen eher den Konflikt und sind bereit, strittige Themen auszuklammern, um das harmonische Verhältnis zu bewahren. Sie geben hervorragende Kollegen und Zimmergenossen ab!
8. Sie sind optimistisch. Diese Eigenschaft macht es ihnen schwer, aus einer psychopathischen Beziehung auszusteigen. Sie hoffen auch weiterhin, dass sich die Dinge ändern und die Idealisierungsphase zurückkehrt. Sie wollen nur das Beste in jedem Menschen sehen und anderen helfen, das Beste in sich selbst zu entdecken. Ihr Optimismus ist ansteckend und sorgt dafür, dass andere die Hoffnung nicht aufgeben.
9. Sie sind bereit zu verzeihen. Obwohl es ihnen schwerfällt, sich selbst zu vergeben, sind die meisten bereit, das Fehlverhalten anderer zu verzeihen. Sie verurteilen niemanden und sind nicht nachtragend.
10. Sie sind stets bemüht, das Gute in anderen zu sehen. Sie projizieren ihre eigene Gutmütigkeit und ihr Gewissen auf andere, weil sie bestrebt sind, einen guten Kern in jedem Menschen zu entdecken. Obwohl ein Teil des Genesungsprozesses darin besteht zu lernen, andere so zu nehmen, wie sie sind, gleich, ob sie über positive oder negative Eigenschaften verfügen, bringen sie mit der Einstellung, stets das Beste von anderen (normalen, empathischen Menschen) zu erwarten, oft das Beste in ihnen zum Vorschein.
11. Sie besitzen die angeborene Fähigkeit, Unsicherheiten bei anderen zu erkennen. Sie scheinen über »eingebaute Sensoren« zu verfügen, mit denen sie die Schwachstellen anderer erkennen. Sie wissen intuitiv, wie sie diese Unsicherheiten, die

anfällig für Verletzungen machen, respektvoll und einfühlsam zur Sprache bringen (im Gegensatz zu den übertriebenen Schmeicheleien, mit denen Psychopathen aufwarten).

12. Sie sind darauf bedacht, Win-win-Situationen herbeizuführen. Konflikte sind unvermeidlich in Paarbeziehungen, in der Familie und am Arbeitsplatz, aber empathische Menschen haben die natürliche Neigung, Lösungen zu suchen, mit denen alle Beteiligten zufrieden sein können.
13. Sie verstehen und würdigen das Bedürfnis anderer nach Freiraum. Sie erkennen gewöhnlich, wann andere Zeit für sich statt zusätzliche Aufmerksamkeit oder eine Aufmunterung benötigen. Sie erdrücken oder überwältigen sie nicht mit ihrer Fürsorge, sondern sind meistens gute Zuhörer, die spüren, wann sie gebraucht werden.
14. Sie sind anpassungsfähig und umgänglich. Sie können sich an die meisten Situationen anpassen, vor allem wenn es sich um jemanden handelt, der ihnen am Herzen liegt. In ihren Beziehungen sind sie pflegeleicht, und dass sie auf unangemessenes Verhalten hinweisen, ist unwahrscheinlich, es sei denn, ihre Grenzen wurden wiederholt verletzt. Selbst wenn der Tadel berechtigt ist, haben sie hinterher ein schlechtes Gewissen.
15. Sie fokussieren sich auf die positiven Aspekte. Sie sehen das Beste in jedem Menschen und in jeder Situation, heben das Positive hervor und bleiben nicht im Sumpf der negativen Einzelheiten stecken.
16. Sie zeichnen sich durch außerordentliche Achtung und Loyalität gegenüber ihren Partnern aus. Sie fühlen sich innerlich verpflichtet, Vertrauen aufzubauen und ihre Loyalität unter Beweis zu stellen. Ungeachtet der Herausforderungen, mit denen sie sich in der Beziehung konfrontiert sehen, sind sie fest entschlossen, ihren Partner gut zu behandeln.

17. Sie definieren Sex nicht als rein körperlichen Akt, sondern verbinden ihn mit Gefühlen. Sex geht für sie mit starken Gefühlen und Bindungen einher. Sie legen Wert darauf, den Partner besser kennenzulernen und Nähe zu ihm zu entwickeln – im Gegensatz zu einer endlosen Abfolge oberflächlicher sexueller Begegnungen.
18. Sie sind auf der Suche nach einem lebenslangen Gefährten. Wie gerade schon angedeutet wurde, halten die meisten Betroffenen, die eine psychopathische Beziehung überstanden haben, nach einer langfristigen Bindung Ausschau – das ist ihnen wichtiger als wechselnde Liebschaften. Sie versuchen von Anfang an, die ihnen wichtigen Eigenschaften eines potenziellen Partners einzuschätzen, um herauszufinden, ob die Beziehung eine Zukunft hat.
19. Sie sind zurückhaltend und bescheiden. Sie haben nicht das geringste Bedürfnis, anderen eine aufgeblähte oder beeindruckende Version ihres Selbst zu präsentieren, denn es ist viel einfacher, sich in Gesellschaft Menschen mit kleinerem Ego wohlzufühlen.
20. Für sie ist es das größte Glück, wenn sie andere glücklich machen. Sie werden von dem angeborenen Bedürfnis getrieben, ihren Beitrag zu leisten, damit andere sich öffnen, lachen und ein gutes Selbstwertgefühl entwickeln. Schon ein Lächeln, das sie bei einem wildfremden Menschen hervorrufen, kann ihnen Aufschwung für den ganzen Tag verleihen.
21. Sie sind tier- und/oder kinderlieb. Sie empfinden großen Respekt und Bewunderung für die angeborene Unbefangenheit, die Tiere und Kinder auszeichnet.
22. Sie streben nach Gerechtigkeit. Sie sind Wahrheitssuchende, die sich erst dann richtig entspannen können, wenn sie jede Erfahrung unter die Lupe genommen haben, die prä-

genden Einfluss auf sie hat. Mit einem Achselzucken zu sagen: »Das Leben ist nun mal kein Zuckerschlecken« ist für sie keine Option.

23. Sie wissen die Meinungen, Ideen und Überzeugungen anderer zu schätzen. Selbst wenn sie einen entgegengesetzten Standpunkt vertreten, käme es ihnen nie in den Sinn, die Grundüberzeugungen anderer zu verspotten oder herabzusetzen. Freunde und Partner scheuen sich nicht, Farbe zu bekennen, weil sie wissen, dass man ihren Gefühlen und Gedanken stets mit Aufgeschlossenheit begegnet (solange sie respektvoll vortragen werden).
24. Sie verfügen über verborgene Stärke. Sie zeichnen sich durch Resilienz aus, eine tief verwurzelte, psychische Widerstandskraft, die sie stützt und aufrechterhält: ein überraschender Gegensatz zwischen offenkundiger Anpassung und innerer Stärke.
25. Sie arbeiten hart und sind selbstbestimmt. Viele arbeiten hart an jedem Aspekt ihres Lebens – ob im Beruf, im familiären Bereich oder in Selbsthilfegruppen. Ich bin noch nie so vielen hoch motivierten Menschen begegnet wie auf meiner Website. Keiner von ihnen möchte wieder Opfer sein oder zeitlebens unter der Vergangenheit leiden.
26. Sie sind gute Zuhörer. Im Gegensatz zu vielen anderen warten sie nicht ungeduldig darauf, dass der Gesprächspartner zu Ende redet, damit sie selbst zu Wort kommen. Sie können stundenlang zuhören und sich in andere hineinversetzen, ohne ständig auf ihre eigenen Erfahrungen zu verweisen.
27. Sie genießen Auszeiten. Sie langweilen sich selten und halten nicht ständig nach dem nächsten spannenden Erlebnis Ausschau. Das heißt nicht, dass sie ein völlig unspektakuläres Leben führen, sondern dass sie Beständigkeit und Ver-

lässlichkeit in ihren Kernbeziehungen zu schätzen wissen. Sie brauchen keine tägliche Dosis Außenreize, um glücklich und zufrieden zu sein, sondern legen mehr Wert auf persönliche Auszeiten, um ihre Batterien wieder aufzufüllen.

28. Sie behandeln jeden Menschen zuvorkommend. Vielleicht haben Sie schon einmal etwas vom sogenannten »Kellnertest« gehört, bei dem Sie beobachten, wie die Personen, mit denen Sie ein Restaurant besuchen, das Servicepersonal behandeln. Ich finde, das ist eine unglaublich zuverlässige Methode, um Aufschluss über ihren moralischen Kompass zu gewinnen. Der US-amerikanische Verleger Malcolm Forbes brachte einen ähnlichen Gedanken zum Ausdruck, als er sagte: »Man kann den Charakter eines Menschen leicht danach beurteilen, wie er diejenigen behandelt, die nichts für ihn tun können.«
29. Sie sind naturverbunden. Sie genießen es, sich im Freien aufzuhalten, in Kontakt mit der Welt ringsum zu treten. Sie respektieren Bäume, Tiere, Blumen, Pflanzen und alles andere, was Mutter Natur zu bieten hat. Ein sonniger Tag hebt ihre Stimmung, die Macht eines Unwetters ruft ehrfürchtiges Staunen in ihnen hervor.
30. Sie haben sich die Suche nach Harmonie, Frieden und Liebe zur Lebensaufgabe gemacht. Alle mir bekannten Betroffenen, die ihre Beziehung mit einem Psychopathen beendet haben, befinden sich auf ihrem eigenen, persönlichen Weg in die Freiheit. Ungeachtet dessen, wie sie dieses Ziel erreichen wollen, habe ich stets die größte Achtung und Bewunderung für ihre psychische Resilienz und ihr Bestreben, Licht in die Dunkelheit zu bringen. Diese menschliche Eigenschaft hat – meiner Ansicht nach – die größte magische Kraft.

Ich wette, dass Sie viele dieser Charaktereigenschaften bei sich selbst entdeckt haben. Sie sollten diese Stärken wertschätzen, feiern und bei anderen suchen. Statt sich mit Vorwürfen zu überhäufen, weil Sie das Spiel Ihres psychopathischen Ex-Partners »verloren« haben, sollten Sie sich vor Augen halten, dass er seinen »Sieg« ausschließlich den Manipulationen zu verdanken hat, mit denen er diese Charaktereigenschaften schachmatt setzte – Eigenschaften, die er niemals haben wird. Er hat Sie bewusst getäuscht, um Sie zu überzeugen, dass es sich nicht um begehrenswerte Stärken, sondern um Schwächen und Unzulänglichkeiten handelt, die niemand anziehend findet. Und wissen Sie, was? Es ist ihm nicht gelungen, diese Eigenschaften zu zerstören – Sie sind nach wie vor in Ihnen verankert. Und da Sie ihren Wert nun kennen, können Sie wieder zu Ihrem wahren, authentischen Selbst zurückkehren – Ihrem wunderbaren, liebevollen, empathischen Selbst, das Licht in die Welt bringt.

Am Anfang des Buches wurden die dreißig Alarmsignale beschrieben, mit deren Hilfe Sie einen Psychopathen erkennen – Warnzeichen, auf die Sie bei manipulativen, übergriffigen Menschen achten sollten. Vielleicht können Sie nun die dreißig Zeichen der Stärke als Leitfaden nutzen, um empathische Menschen zu erkennen, solche, mit denen Sie sich künftig umgeben möchten. Menschen, denen Frieden und Harmonie wichtiger sind als inszenierte Dramen. Menschen, die freundlich, mitfühlend und loyal sind. Menschen, die Ihnen zuhören, Sie wertschätzen und das Beste in Ihnen sehen. Optimisten, Romantiker, Idealisten. Menschen, die noch Träume haben, genau wie Sie. Halten Sie Ausschau nach ihnen, und sobald Sie sie gefunden haben, werden Sie nie mehr zurückschauen.

Spiritualität und Liebe

Für psychopathische Beziehungen sind bekanntlich drei Phasen charakteristisch: eine Idealisierungsphase, die der Eroberung dient, rasch gefolgt von der Phase der Identitätserosion und der Phase der kaltblütigen Zerstörung. Im Gegensatz zur Flitterwochenphase, die in vielen gesunden Beziehungen stattfindet, pendelt sich die Bombardierung mit Liebesbezeugungen bei einem »Beutegreifer« nicht allmählich auf ein normaleres Gleichgewicht ein. Sein Verhalten wechselt ständig zwischen zwei ungesunden Extremen hin und her. Ihr Ex-Partner hat vielleicht mit Begeisterung Ehe und Kinder eingeplant, um plötzlich physische Unzulänglichkeiten bei Ihnen zu bemängeln oder Sie als verrückt zu bezeichnen.

Bei den meisten Betroffenen verlief das Leben vor der Beziehung mit dem Psychopathen in relativ stabilen Bahnen – Beständigkeit im Beruf, gute Freunde und nichts Dramatischeres als die üblichen kleinen Unwägbarkeiten des Alltags. Doch ein paar Monate später lag alles in Scherben, was sie sich aufgebaut hatten. Die Ersparnisse dahin, Streitigkeiten mit Freunden und Unsicherheit auf ganzer Linie. Das angenehme Leben verwandelt sich in einen Albtraum, von Verzweiflung und Verunsicherung geprägt. Sie gehen völlig untypische Risiken für den »Seelengefährten« ein, der ihr Herz im Sturm erobert hat, nur um festzustellen, dass sie noch nie so schlecht behandelt wurden. Und am Ende des Tages scheint es, als hätten sie alles verloren, für nichts und wieder nichts. Solche Beziehungen hinterlassen in den Opfern das Gefühl, ausgelaugt und ihrer Lebenskraft beraubt zu sein.

Während des Genesungsprozesses bauen wir unser Leben allmählich wieder auf, gelangen aus der Dunkelheit Schritt für Schritt wieder ans Licht. Statt Leere und Hoffnungslosigkeit entdecken wir Eigenschaften in uns, die wir vorher nie genug wertgeschätzt haben: Kreativität, Zugewandtheit, Bescheidenheit, Mitgefühl. Die Grundbausteine unserer Spiritualität und Lebenskraft. Während wir an der Verwirklichung unseres authentischen Selbst arbeiten, setzt der Psychopath den Teufelskreis des Missbrauchs auf immer und ewig fort, gleich einem Uhrwerk, das sich fatalerweise ununterbrochen weiterbewegt. Er ist unfähig, zu wachsen und sich zu verändern, und deshalb hasst er die Menschen, die er zu zerstören versucht. Doch die innere Kraft, die diesen zu eigen ist, lässt sich nicht zerstören, und deshalb sind Psychopathen letztlich – immer wieder aufs Neue – zum Scheitern verurteilt.

Sobald Sie Ihre Selbstachtung zurückgewonnen haben, steht es Ihnen frei, das Potenzial auszuschöpfen, das von jeher in Ihnen angelegt war. Sie kümmern sich nicht mehr um die kleinlichen Werturteile anderer, sondern ergreifen die Chance, Ihre Kreativität, Ihre Vorstellungskraft und Ihre Spiritualität uneingeschränkt zu erforschen.

Und das ist der Beginn einer magischen Verwandlung.

Heißen Sie Ihr neues Selbst willkommen, und öffnen Sie Ihr Herz, um wieder zu lieben. Sie sollten unglaublich stolz auf sich sein. Sie haben es geschafft, sich zu befreien, und Ihr Lebensweg wird ein für alle Mal in besseren Bahnen verlaufen. Selbst wenn Sie abermals toxischen Menschen begegnen, wissen Sie, dass Sie immun gegen ihr Gift geworden sind. Körper, Geist und Seele haben sich miteinander verbündet, sie bilden eine unbesiegbare Streitmacht gegen die Seelenlosen mit ihren Psychospielchen.

Sie vergeuden Ihre Zeit nicht länger damit, über die Vergangenheit nachzugrübeln, weil die Gegenwart und die Zukunft Sie in Anspruch nehmen und wesentlich vielversprechender sind. Statt das zwiespältige Verhalten anderer zu analysieren, halten Sie unverzüglich inne und verbannen sie einfach aus Ihrem Leben. Sie haben einiges dazugelernt.

Ihre innere Lebenskraft erwacht nach jahrelangem Winterschlaf, ist bereit, sich den Herausforderungen der Welt zu stellen und sich abermals mit dem unendlichen Universum zu verbinden. In dieser Welt haben und hatten Sie stets einen wichtigen Platz. Sie gehen Aktivitäten nach, die Ihnen wichtig sind und nicht darauf abzielen, andere zu beeindrucken.

MorningAfter, ein Mitglied unserer Online-Selbsthilfegruppe, schrieb einen Beitrag, der mich tief berührt hat. Sie hat den wahren Kern des Heilungsprozesses in Worte gefasst:

Langsam, aber sicher

Früher geriet ich in Panik, wenn mein Telefon an den Wochenenden nicht klingelte. Heute gerate ich in Panik, wenn es klingelt.

Früher war ich traurig und einsam, wenn ich nicht ausging – heute brauche ich mehr Zeit für mich allein, weil es so viele Bücher gibt, die ich lesen möchte, Veränderungen, die ich in meiner Wohnung vornehmen möchte, lange Spaziergänge, die ich unternehmen möchte. Mein Tag müsste mehr Stunden haben.

Früher drehte sich alles um mein äußeres Erscheinungsbild; es war mir so wichtig, dass ich selbst auf dem Weg zur Arbeit unbequeme Schuhe mit hohen Absätzen anzuziehen pflegte. Heute trage ich flache Schuhe und fühle mich gut. High Heels stehen mir besser, aber wenn ich mich nicht mit alten Jeans wohl in meiner Haut fühlen kann, hilft auch die schönste Kleidung nichts. Früher habe ich ohne Make-up keinen Schritt aus dem Haus getan. Es gehörte einfach dazu, Tag für Tag. Heute brauche ist das alles nicht mehr. Es macht mir Spaß, mich zu schminken, aber es ist keine Voraussetzung mehr, um mich gut zu fühlen, wenn ich zur Tür hinausgehe. Heute weiß ich Menschen zu schätzen, die lächeln. Ich fühle mich anderen verbunden, stärker als je zuvor. Ich nehme wahr, wenn sie lächelnd an mir vorübergehen; ich frage mich in dieser Sekunde, was sie wohl Schönes erlebt haben, und freue mich für sie.

Es gibt auch traurige Momente. Doch so ist das Leben nun mal. Es hat seine guten und seine schlechten Seiten. Der Unterschied besteht darin, wie ich sie empfinde.

Ich habe Angst, dass ich keine tiefgehende Freundschaften und enge Beziehungen mehr eingehen kann. Aber ich habe bisher auch erst ein Drittel des Genesungswegs hinter mich gebracht, den man im Schnitt dafür veranschlagt. Woher soll ich also wissen, was mich in Zukunft erwartet? Ich habe Angst, mich auf andere zu verlassen ... aber etwas Gutes habe ich inzwischen entdeckt: dass ich mich auf mich selbst verlassen kann – zum allerersten Mal in meinem Leben. Und diese Erfahrung genieße ich.

Manchmal hat es den Anschein, als wäre es ziemlich einsam auf dem Weg, auf dem ich mich heute befinde, aber diese Schlussfolgerung ist auf meine frühere Denkweise zurückzuführen. Ich bin nicht einsam, ich habe nur die Leute aus meinem Leben verbannt, die mir nicht guttun; damit habe ich Platz für neue positive Menschen und positive Erfahrungen in meinem Leben geschaffen.

Langsam, aber sicher geht es mit mir voran.

Dankbarkeit und Vergebung

Während des Heilungsprozesses verlieren wir oft aus den Augen, wie viel Gutes es in der Welt gibt. Aber es ist da, vom Aufwachen bis zum Einschlafen. Wir müssen nur unser Herz dafür öffnen.

Jeden Tag geschehen Dinge, die ihren eigenen Zauber entfalten. Lachende Menschen, Vögel im Flug, spielende Kinder, tosende Wellen … ein Leben, das uns in seinen Bann zu ziehen vermag. Doch wenn wir unsere Zeit damit verbringen, uns auf das zu konzentrieren, was nicht gut läuft, verlieren wir aus dem Blick, was wirklich zählt – wir vergessen, wie man glücklich und zufrieden ist.

Ich möchte eine Übung mit Ihnen teilen, die mir in den letzten Jahren geholfen hat, mir immer wieder in Erinnerung zu rufen, was mir Gutes im Leben widerfahren ist. Ich hoffe, dass diese kleine Übung Ihr Herz ebenfalls mit tiefem Frieden erfüllt. Jeden Abend vor dem Einschlafen denke ich an etwas, wofür ich dankbar sein kann. Beispielsweise für meine Mutter oder einen guten Freund. Ich stelle mir ihre Gesichter, ihr Lächeln, ihre aufrichtige Zuneigung vor.

Ich verbeuge mich vor ihrer Lebenskraft, dann wiederhole ich die Übung mit dem nächsten Menschen auf meiner Liste. Und dem nächsten. Und übernächsten. Ich bin immer wieder überrascht, dass ich diese Aktivität endlos fortsetzen könnte. Ich habe noch nie »das Ende« der Liste erreicht, bevor ich einschlafe, weil ich überzeugt bin, dass es eine unendliche Anzahl guter Menschen auf dieser Welt gibt.

Einige Betroffene, ich selbst eingeschlossen, legen großen Wert auf das Konzept der Vergebung. Mit der oben beschriebenen Übung können Sie nach und nach auch die Menschen, die Sie verletzt haben, in Ihre Gedanken einbeziehen und Frieden mit ihnen schließen. Zuerst fühlt sich das aufgesetzt an, und allein die Vorstellung könnte schon Wutgefühle in Ihnen auslösen. Doch im Lauf der Zeit finden Sie vielleicht doch einen Zugang zu Ihrem Herzen, einem Ort, an dem Aussöhnung möglich ist. Wie könnte es auch anders sein, wenn Sie von so viel Liebe umgeben sind?

Verwechseln Sie vergeben jedoch nicht mit vergessen. Auch wenn Sie Ihrem psychopathischen Ex-Partner vergeben, sollte er nie wieder einen Platz in Ihrem Leben einnehmen. Und es besteht mit Sicherheit keine Notwendigkeit, ihm zu sagen, dass Sie ihm verzeihen. Wahre Vergebung kommt von innen und ist nicht von äußerer Bestätigung abhängig.

Wenn Sie beschließen, ihm nicht zu verzeihen, ist auch das in Ordnung. Einigen Betroffenen würde dieser versöhnliche Schritt gegen den Strich gehen, was ich voll und ganz verstehe. Es ist Ihre Entscheidung, und ich würde mir nicht anmaßen zu behaupten, dass ich auch nur ansatzweise die Vorgänge im Herzen eines anderen Menschen begreife. Tun Sie das, womit Sie sich am besten fühlen – und was das ist, wissen Sie allein.

Ein seltsamer Dialog

Wir alle haben sie: Selbstzweifel, rasende Gedanken, Sorgen, die uns selbst, unsere Zukunft und die Welt ringsum betreffen. Sie treten in besonderem und zermürbendem Ausmaß nach einem Beziehungsmissbrauch auf.

Wenn wir leiden, wünschen wir uns unverzüglich, der Schmerz möge vergehen. Ich glaube, das ist eine natürliche Reaktion unseres Verstandes auf Kummer und Leid. Wir sind selbstheilende Wesen, und deshalb leuchtet es ein, dass wir uns nach einer emotional traumatischen Beziehung nichts sehnlicher wünschen, als uns so bald wie möglich wieder gut zu fühlen. Aber wie wir alle lernen müssen, ist das bei traumatischen Erfahrungen nicht so leicht. Der Prozess der Genesung nimmt viel Zeit in Anspruch und erfordert, dass wir tief graben, hart an uns arbeiten und unser Selbstwertgefühl zurückgewinnen, um unser Vertrauen und unseren Platz in der Welt wiederzufinden.

Und selbst dann ist die Heilreise nicht immer beendet.

Jahre später – beschenkt mit Selbstachtung, gesunden Beziehungen und wunderbaren Freundschaften – wurde ich auf ein seltsames Gefühl der Enge und Beklemmung in meinem Brustkorb aufmerksam. Ich war nicht in der Lage, die Symptome präzise zu beschreiben, aber sie begleiteten mich jede Sekunde des Tages. Viele Betroffene machen ähnliche Erfahrungen, die sich in unterschiedlicher Weise manifestieren. An früherer Stelle des Buches habe ich es folgendermaßen beschrieben: *Der Dämon, der Ihr Herz in seinen Fängen hält, erinnert Sie mit seiner ständigen Gegenwart an alles, was Sie vergessen wollen.*

Ich habe Wochen meines Lebens damit verbracht, diesem Dämon auf die Spur zu kommen und herauszufinden, warum er mich nicht in Ruhe ließ. Ich wünschte mir verzweifelt, er möge verschwinden und mir ermöglichen, mein Leben so zu genießen wie früher. Ich versuchte mir einzureden, dass er das Weite gesucht hatte, selbst wenn ich spürte, dass er auf leisen Sohlen wieder angeschlichen kam. Ich zog sogar in Erwägung, Medikamente zu nehmen, obwohl ich diesen Weg aus persönlichen Gründen vermeiden wollte.

Und dann begegnete ich eines Tages einer Therapeutin, die sich auf die »Imaginationstherapie« spezialisiert hatte. Das klang gut, fand ich. Ich mag alles, was mit Kreativität und geistigen Aktivitäten zu tun hat. Deshalb machte ich einen Termin aus und tauchte während der nachfolgenden Wochen in meine Fantasiewelt ein.

Ich möchte das, was ich dabei gelernt habe (und einige meiner eigenen Entdeckungen), mit Ihnen teilen, für den Fall, dass Sie noch immer unter der anhaltenden Dunkelheit leiden. Sie sind nicht die Einzige, und es gibt Möglichkeiten, Abhilfe zu schaffen.

Zuerst musste ich den Begriff »Dämon« überdenken, der automatisch andeutete, dass dieses Gefühl der Niedergeschlagenheit mein Feind war. Kein Wunder, nachdem ich so viel Zeit damit verbracht hatte, es zu hassen und zum Teufel zu wünschen? Angst ist eine wirkmächtige Kraft, die uns daran hindern kann, uns aus einer stressreichen Situation zu befreien.

Aber es ist an der Zeit, diese eingeschliffenen Denkmuster zu durchbrechen. Es ist an der Zeit, sich der Dunkelheit zu stellen. Dazu trägt auch folgende Übung bei.

Vergewissern Sie sich, dass Sie sich an einem Ort befinden, an dem Sie sich entspannen können. Bei mir geht das am besten in einem heißen Schaumbad. Konzentrieren Sie sich nun auf Ihre Atmung: Atmen Sie zuerst fünf Sekunden lang tief durch die Nase ein. Halten Sie fünf Sekunden lang den Atem. Atmen Sie jetzt fünf Sekunden lang durch den Mund aus. Und nun richten Sie Ihre Aufmerksamkeit auf das Gefühl der Dunkelheit, wenn es Sie zu überkommen beginnt, selbst in dieser entspannenden Umgebung.

Doch statt sich zu wünschen, es möge schnellstmöglich vergehen, sollen Sie es heute willkommen heißen. Es ist beängstigend, aber ich verspreche Ihnen, es richtet keinen Schaden an. Begrüßen Sie alle rasenden Gedanken, Sorgen, Zweifel und körperlichen Symptome, die damit einhergehen. Und sobald Sie vollständig davon erfüllt sind …

Eröffnen Sie den Dialog.

Nachstehend finden Sie meine eigenen persönlichen Erinnerungen an das Gespräch, das folgte. Es veränderte mein Leben von Grund auf. Und ich hoffe, dass es Ihnen als Orientierungshilfe für Ihre eigenen Entdeckungen und Erkenntnisse dient:

Unerwartete Antworten auf unerwartete Fragen: Warum bist du hier?

Ich erwartete eine boshafte Reaktion, die ferne Stimme meines Ex, der mir sagte, ich hätte es verdient zu leiden. Ich sei verrückt, ein Schwächling, jämmerlich.

Deshalb können Sie sich vielleicht vorstellen, wie überrascht ich war, als eine innere Stimme (es war zweifellos die Stimme eines kleinen Jungen) leise erwiderte: »Ich bin hier, um dafür zu sorgen, dass du okay bist.«

Ich wunderte mich dennoch, warum er mich verletzte, ein unangenehmes Gefühl der Enge in meinem Brustkorb erzeugte. Bevor ich die Frage stellen konnte, antwortete er: »Ich habe dein Herz ganz fest umarmt, um dich zu beschützen. Es war nie meine Absicht, dir Schaden zuzufügen.«

Und plötzlich wünschte ich mir, dieser Junge möge mich nie mehr verlassen. Zugegeben, es wäre mir lieber gewesen, wenn er mich weniger fest umarmt hätte, aber ich hatte keine Angst mehr vor ihm. Ich fasste rasch Vertrauen zu ihm. Er hatte etwas Liebevolles, Zugewandtes und Unbefangenes an sich. Ich wollte mehr über ihn erfahren.

Verschollene Erinnerungen: Seit wann bist du bei mir?

Ich schätzte, dass er nach der psychopathischen Beziehung aufgetaucht war. Von dem Zeitpunkt an hatte ich seine »Umarmungen« gespürt. Ich wollte von ihm wissen, wie er mich gefunden und warum er beschlossen hatte zu bleiben. Auch dieses Mal überraschte mich seine Antwort.

Er erklärte mir, dass er mich seit dem Tag meiner Geburt auf Schritt und Tritt begleitet. Er verkörpere meine Energie, meine Kreativität – meine Lebenskraft. Er würde immer bei mir sein, und es freue ihn über alle Maßen, dass wir endlich miteinander reden konnten.

Die Umarmungen waren jedoch erheblich jüngeren Datums. Früher hatte ich sie nie gebraucht. Ich war von Natur aus ein heiterer Mensch, und durch mich zu leben und zu atmen war für ihn einfach gewesen. Doch als ich innerlich zerbrochen war, gelang ihm das nicht mehr. Während meiner psychopathischen Beziehung wurde er von mir wiederholt mundtot gemacht und verdrängt. Die Werte, die wir einst teilten, wurden verletzt. Doch er blieb bei mir, wartete stillschweigend. Geduldig. Er war fest entschlossen, alles in seiner Macht Stehende zu tun, um sicherzugehen, dass ich mich nie wieder so schlecht behandeln lassen würde.

In der Zwischenzeit setzte er alles daran, meine toxische Beziehung zu sabotieren. Er weigerte sich, tatenlos zuzuschauen, wie ich mich einem anderen Menschen auslieferte. Er setzte sich zur Wehr, wenn ich von ihm verlangte, Ruhe zu geben. Er wurde nicht müde, auf die Lügen, die Heuchelei und die Manipulationen hinzuweisen – auch wenn ich mir die größte Mühe gab, ihn zu ignorieren, um meine Illusionen aufrechtzuerhalten. Es machte ihm nichts aus, wenn ich als verrückt oder hyperempfindlich abgestempelt wurde. Er wollte mich ein für alle Mal von dem schwarzen Loch fernhalten, das uns beide verschlang.

Und schließlich, im dunkelsten Augenblick meines Lebens – als ich in Betracht zog, mich von dieser Welt zu verabschieden –, gab er mir einen Grund zu bleiben. Er gab mir Hoffnung.

Eine neue Partnerschaft: Was hält die Zukunft bereit?

Ich dankte ihm dafür, dass er mich beschützt hatte. Dass er auf meine Sicherheit bedacht gewesen war. Dass er im Gegensatz zu mir erkannt hatte, wie ich in mein Verderben lief. Doch trotz aller unbesungenen Heldentaten musste ich ihm begreiflich machen, dass er mich mit seiner Umarmung erdrückte. Ich hatte aus meinen Erfahrungen gelernt, war an ihnen gewachsen, und ich gelobte ihm, nie wieder zuzulassen, dass mich jemand verletzte. Ich bat ihn, seinen Griff ein kleines bisschen zu lockern.

Er zog meinen Vorschlag in Betracht und versprach, sein Möglichstes zu tun. Er erklärte, es brauche seine Zeit, bis er mich ein Stück weit loslassen könne – das sei nicht über Nacht zu bewerkstelligen. Wir müssten gemeinsam daran arbeiten, eine friedliche Lösung zu finden, die für uns beide annehmbar sei. Natürlich stimmte ich begeistert zu. Dieser Fortschritt war größer als alles, was ich in den letzten zwei Jahren erreicht hatte.

Dank einer ganz neu entdeckten Art der Einfühlsamkeit war ich imstande, mich in seine Lage zu versetzen und ihm eine gute Nacht zu wünschen. Ich schlief an jenem Abend mit dem sicheren Wissen ein, dass ein treuer Beschützer über meine Träume wachte und die Dunkelheit mit seinem ewigen Licht und seiner bedingungslosen Liebe bekämpfte.

Meine magischen Sonnenuntergänge: Warum sind wir hier?

Seit jener Nacht spreche ich jeden Tag mit ihm. Er ist mein Freund, der mich von Anbeginn meines Lebens begleitet hat – ohne eine Gegenleistung zu erwarten, hat er geduldig darauf gewartet, dass ich Kontakt zu ihm aufnehme und den Dialog eröffne. Immer wenn ich mich von einem Problem überwältigt fühle und in Panik zu geraten drohe, stelle ich fest, dass ich in Sekundenschnelle einen Gang herunterschalten kann, indem ich einfach in mich gehe und sage: »Hallo – und was nun?«

Er hat immer eine Antwort für mich, und seine Lösungsvorschläge sind nie beängstigend.

Ich kann mich am besten mit ihm verbinden, wenn ich am Fluss sitze und den Sonnenuntergang beobachte. In solchen Augenblicken glaube ich zu entdecken, warum wir alle auf diesem seltsamen Planeten leben. Wenn es eine Streitmacht gibt, die für das Gute kämpft, müssen die Truppen imstande sein, miteinander zu kommunizieren und ihre Kräfte zu bündeln. Die innere Kraft jedes einzelnen Menschen! Ich stelle mir vor, dass sie am Ende des Tages miteinander spielen, lachen, weinen, ringen, uns beschützen.

Dieses Geschenk des Himmels berührt mich zutiefst, und ich würde es gegen nichts in der Welt eintauschen. Unser inneres Sein – der Kern unseres wahren Selbst – begleitet uns seit dem Tag, an dem wir das Licht der Welt erblickt haben. Er kann nicht zerstört werden, hält jedem Angriff stand.

Alle Betroffenen wurden auf unbegreifliche Weise verletzt; das war nicht fair. Wir haben nicht darum gebeten, uns den Glauben an das Gute im Menschen zu nehmen. Doch mit dem Versuch, unsere Identität zu vernichten, haben uns unsere Peiniger die Chance gegeben, uns auf einer noch tieferen Ebene mit unserer inneren Kraft zu verbinden.

Und deshalb sind Psychopathen letztendlich immer zum Scheitern verurteilt.

Sie begreifen nicht, was Liebe bedeutet. Sie sind unfähig, Angst und Sorge zu empfinden – innere Kräfte, die uns vor Unheil bewahren. Ein Psychopath kann fast alles nachahmen, aber nicht die größte magische Kraft erkennen oder am eigenen Leib erfahren, die unsere Welt zu bieten hat: die Liebe. Hier enden seine armseligen Machtspielchen, während unsere Reise gerade erst beginnt.

Unsere inneren Kräfte wollen uns nicht schaden, sondern helfen. Sie sind stets gesprächsbereit, freuen sich auf den Austausch mit den Menschen, deren Schutz sie ihr Leben gewidmet haben. Es liegt an uns, den Dialog zu eröffnen, aber auch so werden sie immer für uns da sein: verlässlich, stark und bereit für das nächste große Abenteuer.

Eine neue Liebe finden

Überraschenderweise sind Liebe und Sex nach der Genesung von einer psychopathischen Beziehung besser als jemals zuvor. Mit keiner Ihrer vorherigen Erfahrungen zu vergleichen. Sie wurden von Ihrem Ex-Partner darauf konditioniert, abhängig zu sein, von einer verzweifelten Sehnsucht und brennenden Leidenschaft getrieben – was Sie fälschlicherweise für Liebe hielten. Nun wurden Sie eines Besseren belehrt. Liebe ist einfühlsam, geduldig, zugewandt. Liebe ist beständig und schöpferisch. Sie nährt keine Zweifel an den guten Absichten des Partners. Sie bewirkt, dass zwei Menschen auf Augenhöhe eine friedliche Koexistenz führen, gemeinsam die Welt erkunden.

Je nach Ausmaß und Art des Missbrauchs, den Sie erlitten haben, brauchen Sie vermutlich geraume Zeit, um sich mit den sexuellen Auslösern auseinanderzusetzen. Ein Partner, der Ihnen wirklich guttut, lässt Ihnen alle Zeit der Welt. Er ist in der Lage, mit Ihnen zu kommunizieren, sich in Sie hineinzuversetzen und alles zu tun, damit Sie sich wohlfühlen, komme, was da wolle. Statt Sex als Manipulationsmittel einzusetzen, betrachten normale, gesunde Partner Sex als Möglichkeit, die Bindung zu festigen und die Liebe zueinander zum Ausdruck zu bringen.

Sobald Sie in der Lage sind, wieder jemandem vorbehaltlos zu vertrauen, wird Ihre Fähigkeit, physische und emotionale Nähe zuzulassen, wachsen und reifen. Sie können dabei alle Lektionen umsetzen, die Sie während des Heilungsprozesses verinnerlicht haben. Sie wissen, dass Sie nur das Beste verdienen, und Sie wissen, wer Sie sind. Sie können Ihre liebevolle Energie vorbehaltlos verschenken, weil Sie wissen, dass sie respektiert und in Ehren gehalten wird, statt im schwarzen Loch zu verschwinden.

Bei einem psychopathischen Partner wissen Sie nie, woran Sie sind. Sie leben in einem Zustand ständiger Unsicherheit, fragen sich jeden Tag aufs Neue, ob Sie ihm wirklich etwas bedeuten. Ihr ganzes Leben wird von diesem täglichen Kampf beherrscht. Wahre Liebe kann auf diesen Mist verzichten. Sie weckt keine Selbstzweifel. Ihre Liebe wird von einer Partnerschaft geprägt, die sich durch beiderseitiges Engagement und Leidenschaft auszeichnet.

Wenn man schließlich dem richtigen Partner begegnet, macht man die verblüffende Entdeckung: »Dieser Mensch würde mich niemals verletzen.« Denken Sie einen Augenblick darüber nach. Sie mussten über Monate – vielleicht sogar Jahre – emotionalen Missbrauch ertragen und danach so hart arbeiten, um die Erfahrung zu verkraften, dass sich Ihre Situation völlig verändert hat. Es ist Ihnen gelungen, den Teufelskreis der emotionalen Gewalt zu durchbrechen, aus eigener Kraft. Sie haben Ihre unzuträglichen Verhaltensmuster ausgehebelt und Ihren Lebensweg neu definiert. Und zur Belohnung ist Ihr Herz endlich frei.

Zerbrechen Sie sich nicht den Kopf, wann dieser Zeitpunkt bei Ihnen gekommen sein könnte. Vielleicht führen Sie ein erfülltes Leben als Single, und das ist wunderbar. Wenn Sie zu den Menschen gehören, die auf der Suche nach einer neuen Liebe sind, wird irgendwann irgendjemand Ihren Weg kreuzen und Ihre inneren Werte erkennen. Und was noch wichtiger ist: Sie werden tief in Ihrem Herzen wissen, dass Sie den richtigen Partner gefunden haben. Sie müssen nichts übereilen.

Haben Sie einen neuen Lieblingssong entdeckt, der Sie so tief berührt, dass Sie ihn den ganzen Tag lang anhören und nie wieder missen möchten? So ähnlich ist das mit der Liebe. Sie taucht unverhofft auf und berührt unser Herz so tief, dass wir sie den ganzen Tag lang spüren und nie wieder missen möchten.

Der Narr und die Welt

Der Narr dreht sich um, um den letzten Schritt auf seinem letzten Weg zu gehen, und stellt zu seiner Verwunderung fest, dass er wieder an seinem Ausgangspunkt angelangt ist, am Rande derselben Klippe, über die er beinah getreten wäre, als er jung und zu töricht war, um zu schauen, wohin der Weg führte. Doch nun betrachtet er seine Position aus einer ganz anderen Warte. Er glaubte, Körper und Geist trennen zu können, alles über den einen und danach etwas über den anderen Bereich zu lernen. Doch am Ende geht es ausschließlich um das Selbst: Körper und Geist, Vergangenheit und Zukunft, das Individuum und die Welt. Alles ist eins, der Narr und der Mystiker, beide sind Pforten zu den Geheimnissen des Universums. Mit einem wissenden Lächeln vollzieht der Narr jenen letzten Schritt von der Klippe ... und erhebt sich in die Lüfte. Höher und höher hinauf, bis er die ganze Welt zu erblicken vermag. Und dort tanzt er, umgeben von einem Sammelbecken der Sterne, eins mit dem Universum. Dort endend, wo er gewissermaßen begann, wieder am Ende beginnend. Die Welt dreht sich, und die Reise des Narren ist abgeschlossen.[*]

Stellen Sie sich einen 21-jährigen schwulen jungen Mann vor, einen jungfräulichen »pubertierenden« Spätzünder, der sich noch nicht

* Thirteen, Aeclectic Tarot, www.aeclectic.net (Zugriff 4. April 2020).

zu seiner sexuellen Orientierung bekannt hat; er geht gerade in seinen zerrissenen Walmart-Jeans über den Campus zu seinem Computer-Programmierkurs.

Das war ich!

Wie Sie sich wahrscheinlich vorstellen können, war ich der unsicherste Mensch auf dem gesamten Planeten. Ich war ein linkischer, zu Akne neigender Rothaariger, der nie einen festen Freund oder eine Freundin gehabt hatte – niemand hielt mich für »attraktiv«. Meine Unsicherheit leitete sich überwiegend aus meiner Sexualität her (oder vielmehr dem Mangel an sexuellen Aktivitäten). Es mag oberflächlich klingen, aber ich hatte Minderwertigkeitskomplexe wegen meines Aussehens. Damals wusste ich nicht, dass ich unsicher war, was die bedauernswerteste Art der Unsicherheit ist.

Doch das war nur ein kleiner Teilaspekt meiner Persönlichkeit. Ich ging gern aus, hatte viel Spaß, schloss Freundschaften, war zufrieden mit meinem Leben, genoss die Ruhepausen und ging meinem Hobby nach: Katzenhäuser bauen. Es gab nichts, was mir wirklich Sorgen bereitete, und ich hatte nie einen heimlichen Groll verspürt, denn das war in meinen Augen reine Energieverschwendung. Es gefiel mir, Menschen aufzuheitern – ich war der Überzeugung, dass sich alles mit ein wenig Zuwendung lösen ließ. Ich spornte andere gern an, mich auf Abenteuerreisen zu begleiten, und träumte davon, irgendwann einmal eine Familie zu gründen und Kinder zu haben.

Alle diese Dinge waren Bausteine, aus denen sich meine Persönlichkeit zusammensetzte, doch in der dunkelsten Phase meines Lebens gewannen meine Unsicherheiten die Oberhand und bestimmten meine gesamte Identität. Alle guten Dinge wurden verdrängt, um Platz für meine Unzulänglichkeiten zu schaffen, die immer stärker zum Vorschein kamen, je schneller es mit mir bergab ging, bis ich tief in dem schwarzen Loch versank.

Als die psychopathische Beziehung zu Ende ging, gelangte ich zu dem Schluss, dass mein altes Selbst die Wurzel allen Übels war. Statt meine Unsicherheiten eine nach der anderen unter die Lupe zu nehmen, warf ich meine ganze Persönlichkeit über Bord. Ich wollte jemand anders sein! Eine bequeme Problemlösungsmethode. Aber ich zahlte dafür einen hohen Preis. Ich verpasste eine einmalige berufliche Chance, vergraulte meine Freunde, verschwendete meine gesamten Ersparnisse, zog in ein nobles Apartment und versuchte, ein »ganzer Kerl« zu sein, sexy zu sein. Es funktionierte nicht (vor allem der letzte Teil).

Aus heutiger Sicht war das Seltsamste an dieser Selbsterfahrungsreise, dass ich nicht besonders weit kam, aus linearer Sicht. Während meines Genesungsprozesses hatte ich alle Hände voll damit zu tun, mir den Rückweg zu dem Menschen zu ebnen, der ich zuvor war, mit ein paar kleinen Kurskorrekturen. Ich glaubte, alles mit Stumpf und Stiel ausrotten zu müssen, damit meine Heilung einen Sinn ergab, doch wie sich zeigte, war das ganz und gar nicht der Fall. Mit dem Versuch, meinem alten Selbst und allem, was ich einst wertgeschätzt hatte, den Krieg zu erklären, geriet ich vollends aus dem Gleichgewicht.

Vielleicht leiden auch Sie unter Unsicherheiten, Kindheitstraumata, verborgenen Eitelkeiten, toxischen Beziehungen oder anderen Problemen. Doch ungeachtet der Kämpfe, mit denen Sie konfrontiert waren, werden Sie auch einige positive Anteile Ihrer Persönlichkeit entdecken, wenn Sie tief genug graben. Und darüber hinaus lernen Sie vielleicht die Tatsache zu akzeptieren, dass Ihr altes Selbst angesichts der damaligen Umstände sein Bestes getan hat.

Sobald wir diese tolerantere Sicht auf unser früheres Selbst entwickelt haben, scheint der Genesungsprozess erheblich angenehmer vonstattenzugehen. Statt der überwältigenden, kräftezehrenden

Aufgabe, unsere Persönlichkeit von Grund auf »umzukrempeln«, werfen wir einen Blick auf die Eigenschaften, die uns zu dem machen, was wir sind – auf Gedeih und Verderb. Die Entdeckungen, die wir dabei machen, mögen anfangs entmutigend sein, weil es sich anfühlt, als hätten wir den alten vertrauensvollen, liebevollen Wesenskern unwiederbringlich verloren.

In dieser Hinsicht gibt es gute und schlechte Nachrichten. Die gute Nachricht ist, dass Ihr »altes Selbst« Sie nie verlassen hat. Das hätte auch keinen Sinn. Die schlechte Nachricht ist, dass ich ein weiteres Diagramm hinzugefügt habe, mit dem Sie sich auseinandersetzen müssen.

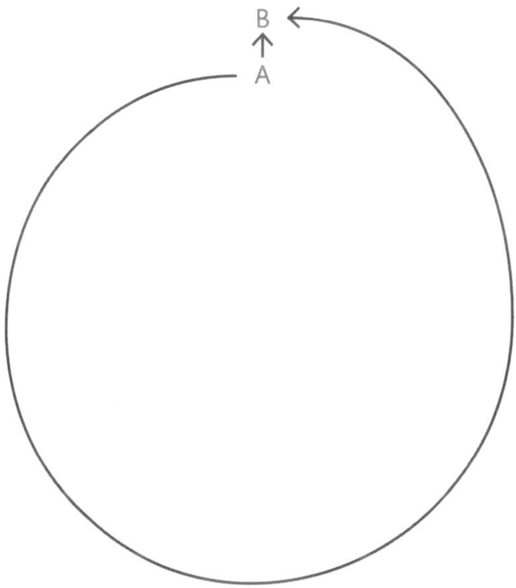

Wie Sie sehen, gibt es zwei Möglichkeiten, von A nach B zu gelangen. Entweder geht man ein Stückchen aufwärts, oder man wählt die elend lange, im Kreis verlaufende Route.

Das Problem ist, dass man im Leben oft erst bemerkt, dass es eine Abkürzung gibt, wenn man sich bereits auf dem langen Weg befindet. Etliche Leute werden Ihnen erzählen, dass man nach einer Abkürzung Ausschau halten sollte. In vielen Ratgebern heißt es, eine Abkürzung sei in jedem Fall die bessere Option. Eltern ermahnen ihre Kinder, ihr Ziel auf dem kürzesten Weg zu erreichen. Es fließt tonnenweise Geld in den Versuch, Abkürzungen zu finden. Und ich habe Ihnen gerade eine Abkürzung in Form eines Diagramms *gezeigt*. Doch keiner dieser Hinweise ist für Sie von Nutzen: Sie müssen den langen Weg bis zum Ende gehen, bevor Sie die Abkürzung von A nach B erkennen.

Und das ist gut so! Sie lernen viel, wenn Sie sich für den langen Weg entscheiden. Die Erkenntnisse, die Sie dabei gewinnen, mögen zunächst beängstigend sein, aber dann stellen Sie fest, dass es an jeder Ecke zahlreiche Geheimnisse und Chancen zu erforschen gibt. Mit jedem Schritt gewinnen Sie eine klarere Sichtweise auf Ihr Selbst und die Welt. An manchen Tagen werden Sie sich verloren und hoffnungslos fühlen, andere sind vielversprechend und bieten erhellende Einsichten. Vielleicht haben Sie sich voller Mitgefühl und in blindem Vertrauen auf die Reise begeben. Später gelangen Sie zu der Schlussfolgerung, dass genau diese Eigenschaften Sie zu einem verletzlichen menschlichen Fußabtreter gemacht haben. Doch wenn Sie sich Punkt B nähern, überwiegt die Überzeugung, dass es sich in Wirklichkeit um positive Charaktermerkmale handelt – was Ihnen fehlte, war nur ein wenig Achtsamkeit und Selbstachtung, um Ihr Leben voll in den Griff zu bekommen.

Jede noch so kleine Einzelheit, die wir auf diesem Weg entdecken, trägt zu unserer Selbstwahrnehmung und unserem Selbstverständnis bei. Deshalb blicken wir zurück, wenn wir uns unserem Ziel nähern, und fragen uns: »Was zum Teufel habe ich mir dabei gedacht – es gab so viele bessere Wege!« Na klar, rückblickend. Es ist leicht, im Nachhinein die Abkürzung auszumachen und sich zu wundern, wie wir sie verpassen konnten, aber wir waren nur deshalb imstande, uns selbst richtig einzuschätzen, *weil* wir den langen Weg gegangen sind – weil wir aus den Fehlern, den Peinlichkeiten, Misserfolgen und Lektionen gelernt haben.

Ich liebe das Zitat über den Narren und die Welt, weil der Narr sich am Ende seiner Reise selbst treu geblieben ist. Er ist noch der Mensch, der er immer war, nur mit ein paar neuen Erkenntnissen und Weisheiten ausgestattet, die er auf seinem Weg gewonnen hat.

Und welche Lektion können wir daraus ableiten? Ich habe daraus gelernt, dass ich die Pubertät das nächste Mal noch vor dem 21. Lebensjahr durchlaufen werde. Ihre Lektion sieht vermutlich anders aus, denn wir alle schlagen unterschiedliche Wege in diesem großen Kreis ein – und außerdem habe ich den leisen Verdacht, dass sich B nicht einmal annähernd am Ende des Weges befindet.

Das große Ganze

Empathische Menschen – Träumer und Idealisten – besitzen diese unbeabsichtigte Macht. Die meisten verbringen ihre ersten Lebensjahre mit Selbstzweifeln, Unsicherheit und der Gewohnheit, es anderen recht zu machen. Aber ihre Reise läuft unausweichlich aus dem Ruder, wenn dieses angenehme Leben durch ein unerwartetes dunkles Kapitel in ihrer Geschichte aus den Angeln gehoben wird. Plötzlich scheinen ihnen die vertrauten Strategien nicht länger Glück zu bringen. Die Erfahrung führt zunächst zu abgrundtiefer Niedergeschlagenheit und der Überzeugung, nie wieder Freude empfinden zu können. Doch schlussendlich gibt sie den Anstoß, sich auf die Suche nach etwas Bedeutungsvollerem im Leben zu machen – nach Liebe, Gerechtigkeit und Erkenntnis. Sobald er sich auf die Abenteuerreise einlässt, gibt es nichts, was einen Träumer oder Idealisten davon abhalten könnte.

Und wenn sich die Idealisten zusammenschließen?

Dann ist der erste Schritt getan, um die Welt zu verändern.

Familie, Arbeitsplatz, Gesellschaft

Auch wenn dieses Buch hauptsächlich für die Opfer traumatischer Partnerbeziehungen geschrieben wurde, ist der psychopathische

Missbrauchszyklus ein weltweites Phänomen. Er ist, wie gesagt, gekennzeichnet durch eine Phase der intensiven Idealisierung und Persönlichkeitsspiegelung, auf die nach kürzester Zeit die Phase der vollkommenen Entwertung und Identitätserosion folgt. Dieser Prozess ist nicht zwangsläufig auf romantische Beziehungen beschränkt, und in Anbetracht der zahlreichen Cluster-B-Persönlichkeitsstörungen kennen Sie möglicherweise jemanden, der diese Erfahrungen mit Vorgesetzten, Eltern, Geschwistern, Freunden, Arbeitskollegen oder Nachbarn gemacht hat.

Vielleicht wurden Sie in Ihrer Kindheit von Ihren Eltern emotional missbraucht, die Sie als Werkzeug benutzten, um ihre unerfüllten Träume zu realisieren – und völlig überzogene Erwartungen an Sie hatten, denen sie in ihrem eigenen Verhalten nicht entsprachen. Wenn Sie sich nicht an ihre strikten Regeln hielten, wurden Sie umgehend mit Schweigen bestraft oder der Lächerlichkeit preisgegeben, sodass Sie sich wertlos und ungeliebt fühlten. Und just in dem Moment, als Sie glaubten, es nicht mehr aushalten zu können, wurden Sie mit Lob und Anerkennung überschüttet, nach denen Sie sich so verzweifelt gesehnt hatten. Sie hatten in Ihrer Gegenwart ständig das Gefühl, einen Eiertanz aufführen zu müssen, auf einem schwankenden Fundament. Um diese permanente Gehirnwäsche zu überwinden, bedarf es jahrelanger therapeutischer Unterstützung und Selbstarbeit.

Am Arbeitsplatz waren Sie vielleicht mit einer manipulativen Arbeitskollegin konfrontiert, die sich mit Charme den Weg in Ihre berufliche Sphäre gebahnt hat, um Ihnen dann in den Rücken zu fallen, als sie fest im Sattel saß. Sie verbreitete boshaften Klatsch über Sie und brachte mithilfe der verdeckten Triangulierung die gesamte Belegschaft dazu, Ihnen die kalte Schulter zu zeigen. Wenn Sie versucht hätten, Ihre Sicht der Dinge darzulegen, hätte man Sie für verrückt erklärt, denn das wäre als Beleidigung einer Kollegin aufgefasst worden, die auf der allgemeinen Beliebtheitsskala ganz oben stand, weil sie nett zu jedermann war (außer zu Ihnen, hinter vorgehaltener Hand).

Auch Vorgesetzte können psychopathische Züge haben. Ihr Charisma hat ihnen oft innerhalb kürzester Zeit den Aufstieg auf der Karriereleiter geebnet. Sie gehören zu den Führungskräften, die kein Problem damit haben, andere auszubeuten, weil sie wissen, dass ihre Mitarbeiter nichts dagegen unternehmen, die auf ihren Job angewiesen sind und fürchten müssen, entlassen zu werden, wenn sie den Aufstand proben. Sie neigen außerdem dazu, Firmengelder auf unverantwortliche Weise zu verschwenden, andere in Misskredit zu bringen und jedem einen Dämpfer aufzusetzen, der es wagt, sich ihnen in den Weg zu stellen. Sie schikanieren und manipulieren andere, schaffen es aber immer wieder, den Anschein zu erwecken, als wären sie ohne Fehl und Tadel.

In manchen Kreisen kursiert die seltsame Auffassung, dass Psychopathen am Arbeitsplatz durchaus nützlich, vielleicht sogar unerlässlich sein können – weil sie im Gegensatz zu vielen anderen imstande sind, die bisweilen notwendigen, knallharten Entscheidungen zu treffen. Doch jeder, der einem Psychopathen in der beruflichen Praxis begegnet ist, wird dieses Argument im Handumdrehen entkräften. Psychopathen richten ein Chaos an, verursachen irreparable Schäden und können die gesamte Unternehmenskultur von innen heraus zerstören. Es gelingt ihnen, dabei immer völlig unschuldig zu wirken und die Verantwortung auf andere abzuwälzen. Sie haben keine Skrupel, das Leben eines Kollegen oder Untergebenen zu ruinieren, wenn es ihrer eigenen Karriere dient. Ganz im Gegenteil, sie freuen sich sogar auf diese Herausforderung.

Und wenn das noch nicht abschreckend genug sein sollte, gilt es zu bedenken, dass sich Psychopathen zu Macht, Geld und kriminellen Machenschaften hingezogen fühlen und dabei »über Leichen gehen«. Aus den Forschungsarbeiten des kanadischen Kriminalpsychologen Dr. Robert Hare, bekannt durch seine Checkliste zur Psychopathie, geht hervor, dass ein ungewöhnlich hoher Prozentsatz der Gefängnisinsassen aus Psychopathen besteht. Aber was ist mit der großen Mehrheit der Psychopathen, denen keine Straftat nachgewiesen werden konnte? Wo landen sie?

In der Wall Street, in Washington, D. C., oder an anderen Schaltstellen der Macht?

Es gibt Orte, an denen Dolchstoßstrategien und Unaufrichtigkeit nicht nur akzeptiert sind, sondern geradezu erwartet werden. Viele Politiker bahnen sich ihren Weg an die Spitze mit Charisma und Verheißungen einer rosigen Zukunft, die sich in Luft auflösen, sobald sie an den Hebeln der Macht sitzen. Dieses Verhalten ist so weit verbreitet, dass politische Zusicherungen nur noch als Material für Satiresendungen am späten Abend taugen. Doch diese Entwicklung ist alles andere als erheiternd. Sie ist beängstigend.

Wir werden ständig von unseren gewählten Politikern verraten, sind aber zu der Überzeugung gelangt, ein solches Verhalten sei normal. Wir finden es normal, dass sich Erwachsene wie Kinder benehmen, die uns manipulieren, dass Politiker Zusagen machen, die sie nie einzuhalten gedachten, und dass Regierungen auf die Verfassung pfeifen, an die sie sich durch ihren Amtseid gebunden hatten.

Doch das ist nicht normal. Ein solches Verhalten ist kein politisches Schmierentheater. Es ist auch nicht der Macht geschuldet, die ehrenhafte Männer und Frauen korrumpiert.

Es handelt sich vielmehr um Persönlichkeitsstörungen der Kategorie B in Aktion.

Sie machen sich bemerkbar, wenn sich Parasiten in einer starken, erfolgreichen sozialen Gemeinschaft der Idealisten und Träumer einnisten. Sie machen sich bemerkbar, wenn toxische Menschen nach Macht streben und Mittel und Wege finden, sie zu erlangen.

Sie machen sich bemerkbar, wenn führende Politiker Heuchler sind, die sich berechtigt fühlen, Leitlinien mit Füßen zu treten, zu deren Umsetzung sie in ihr Amt gewählt wurden.

Psychopathen richten auf Schritt und Tritt Schaden an. In dem Bemühen zu verstehen, was übergriffige Partner, hinterhältige Kollegen, manipulative Eltern oder pathologische Vorgesetzte antreibt, und ihre Macht zu brechen, wählen wir alle einen ähnlichen Weg. Doch das gelingt uns nur, wenn wir begreifen, dass es Menschen auf dieser Welt gibt, die weder ein Gewissen noch einen Funken Empathie besitzen.

Und was noch wichtiger ist: Wir müssen lernen, diese Eigenschaften, die ihnen fehlen, bei uns selbst wertzuschätzen.

Das 15-Prozent-Problem

Zahlen finde ich meistens ziemlich langweilig, aber die folgenden sind nach meinem Dafürhalten einer genaueren Betrachtung wert. Laut National Institutes of Health, die dem US-Ministerium für Gesundheitspflege und Soziale Dienste zugeordnet sind, leiden in den USA

- Sechs Prozent der Allgemeinbevölkerung an einer narzisstischen Persönlichkeitsstörung (NPD).
- Sechs Prozent der Allgemeinbevölkerung an einer Borderline-Persönlichkeitsstörung (BPD).
- Zwei Prozent der Allgemeinbevölkerung an einer histrionischen Persönlichkeitsstörung (HPD).

Und laut der US-amerikanischen Psychologin und Autorin Dr. Martha Stout leiden in den USA

- Vier Prozent der Allgemeinbevölkerung an einer antisozialen Persönlichkeitsstörung (ASPD, Soziopathie oder Psychopathie).*

* In Deutschland liegen keine konkreten Zahlen vor, aber man geht davon aus, dass etwa zwei Prozent der Bevölkerung unter einer psychopathischen Persönlichkeitsstörung, weniger als ein Prozent unter einer narzisstischen Persönlichkeitsstörung, ein bis vier Prozent unter einer Borderline-Störung und circa zwei bis drei Prozent unter einer histrionischen Persönlichkeitsstörung leidet (Quelle: therapie.de, Zugriff 13.4.2020).

Hier handelt es sich um sogenannte Cluster-B-Persönlichkeitsstörungen, und laut den oben genannten Statistiken ist in den USA jeder Siebte davon betroffen – mehr als 15 Prozent der Bevölkerung (ich runde nach unten ab, um zu berücksichtigen, dass es sich nicht um eine Grunderkrankung, sondern um Begleit- oder Folgeerkrankungen handeln könnte). Bedenken Sie, dass sich die meisten nicht nur auf freiem Fuß befinden, sondern auch in hohem Maß leistungsfähige, aktive Mitglieder der Gesellschaft sind. Angesichts dieser Resultate ist es durchaus wahrscheinlich, dass Sie, ohne es zu ahnen, jeden Tag auf Ihrem Weg zur Arbeit jemandem begegnet sind, der unter einer antisozialen Persönlichkeitsstörung leidet– vielleicht hat er oder sie Ihnen sogar heute Morgen einen Kaffee serviert.

Wo ist also das Problem?

Das Problem ist, dass die Gesellschaft kaum etwas über diese unglaublich weitverbreiteten Störungen weiß. Wie viele Ihrer Freunde könnten die Frage beantworten, was eine Borderline-Persönlichkeitsstörung ist? Und wie viele könnten genau erklären, wie sie sich äußert?

Ist jemand mit einer narzisstischen Persönlichkeitsstörung nur ein Mensch, der zu oft in den Spiegel schaut? Und ist jemand mit einer histrionischen Persönlichkeitsstörung nur ein Mensch, der ständig Aufmerksamkeit sucht?

Sie werden vermutlich feststellen, dass die meisten Leute den Begriff »Psychopathie« überwiegend aus Berichten über Serienmörder oder aus Fernsehserien wie »Criminal Minds« kennen, die Täterprofile beschreiben. Was ist mit dem viel weiter verbreiteten »Wolf im Schafspelz«, der sich unerkannt mitten unter uns befindet und sich mit Charme und Manipulationsgeschick den Weg in das Leben eines Menschen bahnt? Was ist mit dem »Chamäleon«, dem Meister der Tarnung, der sein ahnungsloses Opfer in die Falle lockt und mit seinem Gift zerstört, während er den Anschein erweckt, kein Wässerchen trüben zu können?

Für Menschen mit Cluster-B-Persönlichkeitsstörungen sind Beeinträchtigungen auf der Ebene der Gefühle und Empfindungen, der moralischen Werte und der Empathie typisch – ihnen fehlen einige der wichtigsten menschlichen Eigenschaften, könnte man sagen. Warum lernen wir in der Schule nichts über diese Störungen? Warum wird ihnen so wenig öffentliche Aufmerksamkeit zuteil?

15 Prozent der US-amerikanischen Bevölkerung (ich werde die Zahl noch mehrmals wiederholen) leiden an schweren oder unheilbaren emotionalen Störungen – und aufgrund der verborgenen Symptome bleiben sie unerkannt. Wenn jemand einen Verdacht hegt und beschließt, mehr darüber in Erfahrung zu bringen, ist der Schaden oft schon angerichtet.

Wie können wir Psychopathen also erkennen, bevor es zu spät ist?

Die vier Cluster-B-Persönlichkeitsstörungen beziehen verschiedene Symptome ein, aber allen ist eines gemein: Es geht um ungesunde, unangemessene, vorgetäuschte oder fehlende menschliche Emotionen. Sie können sich je nach Individuum und Störung unterscheiden, aber die Opfer machen ausnahmslos die gleiche Erfahrung: Idealisierung und Entwertung. Menschen mit einer Cluster-B-Persönlichkeitsstörung sind unfähig, natürliche Bindungen zu anderen einzugehen, und infolgedessen ahmen sie diese mithilfe des »Zuckerbrot-und-Peitsche-Zyklus« nach (gleich, ob mit oder ohne Vorsatz).

Dieses Buch wurde für die Opfer geschrieben, die sich aus einer traumatischen Beziehung lösen beziehungsweise gelöst haben; es soll sie ermutigen und darin unterstützen, nach Antworten zu suchen und ihre mentale Gesundheit wiederzuerlangen. Ich habe den spitzfindigen Unterschieden zwischen den einzelnen Persönlichkeitsstörungen weniger Gewicht beigemessen, weil die Auswirkungen auf die Opfer immer die gleichen sind: Verwirrung, Hoffnungslosigkeit und totale emotionale Zerstörung.

Wenn wir begreifen, dass es Menschen gibt, die eine andere Wahrnehmung von der Welt haben, ergibt plötzlich alles einen Sinn. Sobald wir aufhören, unsere positiven Eigenschaften auf andere zu projizieren, lassen sich unsere Erfahrungen mit einem Mal erklären. Für viele von uns stellt dieses Wissen das fehlende Puzzleteil dar, das unser Leben von Grund auf verändert.

Abgesehen von den dreißig Alarmsignalen, die am Anfang des Buches beschrieben wurden, finden Sie hier noch eine kurze Zusammenfassung der Merkmale, die für die vier erwähnten Persönlichkeitsstörungen kennzeichnend sind.

Narzisstische Persönlichkeitsstörung

Um die Diagnose »narzisstische Persönlichkeitsstörung« zu stellen, müssen laut *Diagnostischem und Statistischem Leitfaden psychischer Störungen (DSM)* mindestens fünf oder mehr der folgenden Symptome vorhanden sein:

- die Erwartung, dass ihre Überlegenheit und Wichtigkeit anerkannt werden, ohne entsprechende Leistungen vorweisen zu können,
- die Erwartung, fortwährend Aufmerksamkeit, Bewunderung und positive Bestätigung von anderen zu erhalten,
- Neid auf andere und die Überzeugung, von anderen beneidet zu werden,
- exzessive Beschäftigung mit Gedanken und Fantasien, die sich um spektakuläre Erfolge, magische Anziehungskraft, Macht und Intelligenz drehen,

- mangelnde Fähigkeit, sich in die Gefühle oder Bedürfnisse anderer hineinzuversetzen,
- überhebliche Einstellungen und arrogantes Verhalten,
- unrealistische Überzeugung, eine Vorzugsbehandlung verdient zu haben.

In zwischenmenschlichen Beziehungen führt das zu einer frühzeitigen Idealisierung in der Eroberungsphase, in der Sie mit Schmeicheleien verwöhnt werden, um Sie in eine ergiebige Quelle positiver Energie zu verwandeln – und zeitweilig das pathologische Bedürfnis nach Bewunderung zu befriedigen. Doch da Menschen mit narzisstischer Persönlichkeitsstörung außerdem eifersüchtig und arrogant sind, entdecken Sie schnell, dass kein Raum für Ihr eigenes Glück bleibt. Sobald Sie es versäumen, den rasch wechselnden Anforderungen zu entsprechen, werden Sie entwertet und kritisiert, und zwar so lange, bis Sie ihnen nichts mehr zu bieten haben. Der auffallende Kontrast zwischen Überhöhung und Entwertung hinterlässt bei Ihnen das Gefühl, wertlos, gebrochen und völlig verwirrt zu sein.

Borderline-Persönlichkeitsstörung

Um die Diagnose »Borderline-Persönlichkeitsstörung« zu stellen, müssen laut *DSM* mindestens fünf oder mehr der folgenden Symptome vorhanden sein:

- hektische Bemühungen, eine reale oder vermeintliche Trennung zu verhindern,
- instabile und intensive zwischenmenschliche Beziehungsmuster (mit charakteristischem Wechsel zwischen den Extremen Idealisierung und Entwertung),

- Identitätsstörung: ausgeprägt und permanent unbeständiges Selbstbild oder Selbstwahrnehmung,
- potenziell selbstschädigende Impulsivität in verschiedenen Bereichen (zum Beispiel Finanzen, Sex, Substanzmissbrauch, rücksichtsloses Fahren, Essattacken),
- Suizidversuche, wiederholte Selbstmordandeutungen oder -androhungen und Selbstverletzungen,
- emotionale Instabilität aufgrund starker Stimmungsschwankungen (zum Beispiel intensive zeitweilig auftretende Missstimmung, erhöhte Reizbarkeit oder Beklemmungen, die normalerweise wenige Stunden und nur selten mehrere Tage andauern),
- chronisches Gefühl der inneren Leere,
- unangemessene, heftige Wut oder Schwierigkeiten, Wutgefühle zu kontrollieren (zum Beispiel häufige Temperamentsausbrüche, ständige Verärgerung, wiederkehrende tätliche Auseinandersetzungen),
- vorübergehende stressbedingte Wahnvorstellungen oder schwere dissoziative Symptome.

In zwischenmenschlichen Beziehungen führt das zu einer frühzeitigen Idealisierung in der Eroberungsphase, in der Sie mit Schmeicheleien verwöhnt werden, um Sie in eine ergiebige Quelle positiver Energie zu verwandeln – und zeitweilig das pathologische Bedürfnis zu befriedigen, die eigene innere Leere zu füllen. Doch da Menschen mit Borderline-Persönlichkeitsstörung außerdem aggressiv und impulsiv sind, entdecken Sie schnell, dass kein Raum für Ihr eigenes Glück bleibt. Sobald Sie es versäumen, den rasch wechselnden Anforderungen zu entsprechen, werden Sie entwertet und kritisiert, und zwar so lange, bis Sie ihnen nichts mehr zu bieten haben. Der auffallende Kontrast zwischen Überhöhung und

Entwertung hinterlässt bei Ihnen das Gefühl, wertlos, gebrochen und völlig verwirrt zu sein.

Histrionische Persönlichkeitsstörung

Um die Diagnose »histrionische Persönlichkeitsstörung« zu stellen, müssen laut *DSM* mindestens fünf oder mehr der folgenden Symptome vorhanden sein:

- das Bedürfnis, in gleich welcher Situation im Mittelpunkt der Aufmerksamkeit zu stehen,
- unangemessenes, sexuell verführerisches oder provokatives Verhalten auf Interaktionsebene,
- rasch wechselnde, oberflächliche Gefühlsäußerungen,
- ein äußeres Erscheinungsbild, das stets dazu dient, Aufmerksamkeit zu erregen,
- Sprachstil, der Einzelheiten auslässt und in erster Linie darauf bedacht ist, Eindruck zu schinden,
- Hang zu Selbstdramatisierung, Theatralik und übertriebenen Gefühlsäußerungen,
- leichte Beinflussbarkeit durch andere oder die jeweilige Situation, im Fachjargon als »Suggestibilität« bezeichnet,
- unrealistische Bewertung zwischenmenschlicher Beziehungen (enger, als sie wirklich sind).

In zwischenmenschlichen Beziehungen führt das zu einer frühzeitigen Idealisierung in der Eroberungsphase, in der Sie mit Schmeicheleien verwöhnt werden, um Sie in eine ergiebige Quelle positiver Energie zu verwandeln – und zeitweilig das pathologische Bedürfnis nach Aufmerksamkeit zu befriedigen. Doch da Menschen mit histrionischer Persönlichkeitsstörung außerdem hochgradig provokativ und überspannt sind, entdecken Sie schnell, dass kein Raum für Ihr eigenes Glück bleibt. Sobald Sie es versäumen, den rasch wechselnden Anforderungen zu entsprechen, werden Sie entwertet und kritisiert, und zwar so lange, bis Sie ihnen nichts mehr zu bieten haben. Der auffallende Kontrast zwischen Überhöhung und Entwertung hinterlässt bei Ihnen das Gefühl, wertlos, gebrochen und völlig verwirrt zu sein.

Haben Sie gemerkt, worauf ich hinauswill?

Antisoziale Persönlichkeitsstörung

Um die Diagnose »antisoziale oder dissoziale Persönlichkeitsstörung (APS)« zu stellen, müssen laut *DSM* mindestens fünf oder mehr der folgenden Symptome vorhanden sein:

- Unfähigkeit, sich an gesellschaftliche Regeln und Gesetze anzupassen, wie aus wiederholten Festnahmen aufgrund von Straftaten ersichtlich,
- manipulatives Verhalten: Tricks, um andere zu beeinflussen oder zu kontrollieren, Verführung, Charme, Redegewandtheit oder Schmeicheleien als Mittel, um die angestrebten Ziele zu erreichen,
- Neigung zu Täuschungsmanövern, beispielsweise Lügen, Benutzung von Decknamen oder Betrügereien, um persönliche Vorteile zu erzielen oder aus reinem Vergnügen,
- Impulsivität oder Unfähigkeit vorauszuplanen,
- erhöhte Reizbarkeit und Aggressivität, die sich in wiederholten verbalen oder tätlichen Auseinandersetzungen äußern,

- rücksichtslose Missachtung der eigenen Sicherheit oder der Sicherheit anderer,
- Verantwortungslosigkeit in vielen Bereichen, beispielsweise Unfähigkeit, auf längere Sicht den Anforderungen am Arbeitsplatz zu entsprechen oder finanziellen Verpflichtungen nachzukommen,
- mangelnde Reuegefühle, beispielsweise Gleichgültigkeit oder Rationalisierungsversuche, wenn andere von ihnen gekränkt, misshandelt oder bestohlen wurden.

Trommelwirbel bitte … In zwischenmenschlichen Beziehungen führt das zu einer frühzeitigen Idealisierung in der Eroberungsphase, in der Sie mit Schmeicheleien verwöhnt werden, um Sie in eine ergiebige Quelle positiver Energie zu verwandeln – und zeitweilig das pathologische Bedürfnis zu befriedigen, andere mit einer Charme-Offensive unter ihre Kontrolle zu bringen. Doch da Menschen mit einer antisozialen oder dissozialen Persönlichkeitsstörung außerdem hochgradig skrupellos und Meister der Täuschung sind, entdecken Sie schnell, dass kein Raum für Ihr eigenes Glück bleibt. Sobald Sie es versäumen, den rasch wechselnden Anforderungen zu entsprechen, werden Sie entwertet und kritisiert, und zwar so lange, bis Sie ihnen nichts mehr zu bieten haben. Der auffallende Kontrast zwischen Überhöhung und Entwertung hinterlässt bei Ihnen das Gefühl, wertlos, gebrochen und völlig verwirrt zu sein.

Tut mir leid, dass ich mich ständig wiederholt habe, aber ich denke, das ist gerechtfertigt, wenn man bedenkt, dass ein hoher Prozentsatz der Bevölkerung unter einer der beschriebenen psychischen Beeinträchtigungen leidet. Es ist nicht normal, dass jemand Sie auf einen Sockel hebt, damit Sie umso tiefer fallen. Wenn Sie jemanden mit einer Cluster-B-Persönlichkeitsstörung kennenlernen, schweben Sie auf Wolke sieben und denken, Ihre schönsten

Träume wären endlich in Erfüllung gegangen. Sie werden mit Lob und Liebesbezeugungen überschüttet, Ihr Partner richtet seine gesamte Energie und Aufmerksamkeit auf Sie. Sie haben das Gefühl, für ihn der einzige Mensch auf der Welt zu sein.

Doch wie Sie anhand der oben genannten Symptome erkennen, ist diese Überhöhung lediglich Mittel zum Zweck. Sie basiert auf einem pathologischen Bedürfnis: nach Bewunderung, Aufmerksamkeit, Kontrolle oder dem Bestreben, die innere Leere zu füllen. Sie stützt sich letztendlich nicht auf die Anerkennung *Ihrer* einzigartigen Charaktereigenschaften, denn Menschen mit einer Cluster-B-Persönlichkeitsstörung betrachten andere nicht als Lebewesen mit Gefühlen – sondern als eine Möglichkeit, emotionale Defizite auszugleichen, die mit ihrer Beeinträchtigung einhergehen. Ähnlich wie die bei Sekten übliche Gehirnwäsche ist die Idealisierung eine gezielt eingesetzte Strategie, um Vertrauen und Liebe zu gewinnen und die Opfer in eine verlässliche Quelle für die Befriedigung ihrer pathologischen Bedürfnisse zu verwandeln.

Sobald Sie es versäumen, die unmöglichen und impulsiven Anforderungen Ihres Partners zu erfüllen, wird Ihr Traum zu einem Albtraum: Sie stehen ständig unter Hochspannung und sind unfähig, Ihr Befremden zum Ausdruck zu bringen. Jeder Versuch, ihm mit Einfühlungsvermögen und Empathie zu begegnen, stößt auf taube Ohren – keine der üblichen zwischenmenschlichen Strategien scheint mehr zu funktionieren. Sie beginnen ernsthaft zu glauben, dass Sie verrückt sind, unter Zwangsvorstellungen leiden, obwohl Sie dieses Gefühl in keiner früheren Beziehung hatten. Die Heiterkeit, die ehemals für Sie charakteristisch war, löst sich rasch auf und macht einem paranoiden chaotischen Zustand der Angst, Verzweiflung und Obsessionen Platz.

Diese Entwicklung ist der Gesundheit abträglich und destruktiv; hier muss sich dringend etwas ändern.

Die Meinungen bezüglich dessen, *was* sich ändern muss, gehen auseinander. Während das Thema Persönlichkeitsstörungen auch im öffentlichen Raum zunehmend Beachtung findet, weisen die Betroffenen darauf hin, dass sie nicht diskriminiert werden sollten, weil sie hinsichtlich ihrer Beeinträchtigung keine Wahl haben – ebenso wenig wie bei der Hautfarbe oder sexuellen Orientierung. Der Unterschied ist jedoch, dass die Hautfarbe einen Menschen nicht veranlasst, die Identität anderer systematisch zu zerstören oder jemanden absichtlich zu verletzen. Homosexuelle sind nicht darauf programmiert, ihre Partner zu manipulieren.

Und das macht Cluster-B-Persönlichkeitsstörungen zu einem besonders heiklen Thema. Sie ermöglichen Menschen, nach außen hin völlig gesund und liebevoll zu erscheinen und die Fassade der Normalität zu nutzen, um jeden ins Unglück zu stürzen, der das Pech hatte, ihren Weg zu kreuzen.

Dieses Problem entsteht durch keine andere mentale oder physische Beeinträchtigung.

Einige fühlen sich vielleicht geneigt, den Betroffenen zu »helfen« oder sie zu »heilen«. Ich sage es offen heraus: Das ist nicht meine Aufgabe. Es gibt Psychologen und Wissenschaftler, die sich die größte Mühe geben, diese psychischen Störungen zu verstehen und zu behandeln. Doch derzeit sind sie noch unheilbar, schwer zu therapieren und weitverbreitet.

Angesichts dieses Problems stellt sich die Frage, was wir tun können, um uns zu schützen?

Der erste Schritt ist die Aufklärung: Informationen verbreiten. Andere darauf aufmerksam machen, dass nicht alle Psychopathen wegen einer schweren Straftat hinter Gittern landen, wie etwa der amerikanische Serienmörder Ted Bundy. Toxisches, manipulatives Verhalten als das entlarven, was es ist. Den Unterschied zwischen kalkulierter Schmeichelei und gesunder, echter Liebe aufzeigen.

Der zweite Schritt ist die Bestätigung der traumatischen Erfahrung: Opfern helfen, die Dunkelheit zu überwinden, und ihnen zeigen, dass sie nicht allein sind. Erfahrungen austauschen und sich gegenseitig begreiflich zu machen, dass sie manipuliert wurden. Zuerst wagen Sie sich vielleicht nicht aus der Deckung, weil Sie fürchten, Ihre Geschichte sei zu abartig, um sie in Worte zu fassen. Doch das ist typisch für die Beziehung zu einem Partner mit Cluster-B-Persönlichkeitsstörungen. Mit den richtigen Schlüsselbegriffen und Zuordnungen entdecken Sie plötzlich, dass außer Ihnen noch Millionen andere den gleichen Albtraum erlebt haben.

Der nächste Schritt ist die Heilung: den eigenen Fokus vom Täter auf die Opfer verlagern. Begreifen, was Sie verloren, und wichtiger noch, welche Erkenntnisse Sie aufgrund dieser Erfahrung gewonnen haben. Beispielsweise, dass man Grenzen setzen und Selbstachtung entwickeln sollte. Dass man die eigenen Unsicherheiten und Verletzlichkeiten unter die Lupe nehmen sollte, um das Gespür für Beziehungen zu schärfen, die erfüllender und der Gesundheit zuträglicher sind.

Der letzte Schritt ist die Freiheit: Sobald Sie in der Lage sind, toxische Menschen zu identifizieren und zu erkennen, wird Ihnen klar, dass Interaktionen mit ihnen zu nichts führen. Statt des vergeblichen Versuchs, Bruchstellen in ihrer Persönlichkeitsstruktur zu kitten, richten Sie Ihre kostbare Energie lieber auf gleichermaßen empathische Freunde und Partner. Gleich, was Menschen mit Cluster-B-Persönlichkeitsstörung Ihnen auch versprechen mögen, sie können und werden sich Ihnen zuliebe nicht ändern.

Sobald diese Schritte eingeleitet sind, sollten wir die Möglichkeiten nutzen, uns in kleinem Maßstab mit den großen Problemen unserer Zeit zu befassen. Die Freiheit, die wir genießen, wenn der Psychopath keine Macht mehr über uns hat, gestattet uns, ein selbstbestimmtes Leben zu führen, das uns in zwischenmenschlichen Beziehungen vor Schaden bewahrt. Doch was ist, wenn wir einen Schritt zurücktreten und den Blick auf das übergeordnete Bild werfen – auf unsere Gesellschaft, unser Unternehmen, unsere Kultur? Wie viel Schaden haben diejenigen, die unter schweren Persönlichkeitsstörungen leiden und unerkannt mitten unter uns leben, in diesen Bereichen bereits angerichtet?

Wir haben ein Problem, ohne Zweifel. Aber ich bin ein unverbesserlicher Optimist – und wir Optimisten haben unser eigenes, ganz spezielles Bedürfnis, nach Lösungen Ausschau zu halten.

Wie geht es weiter?

So unwahrscheinlich es im Moment auch klingen mag, ich verspreche Ihnen, dass Sie auf Ihrem Weg irgendwann an den Punkt gelangen, an dem Sie keinen einzigen Gedanken mehr an Ihren psychopathischen Ex-Partner verschwenden. Rückblickend wird Ihnen diese Phase Ihres Lebens unwirklich erscheinen. Statt unerträgliche, überwältigende Gefühle auszulösen, wird die Erinnerung an einem sicheren Ort in Ihrem Herzen weggeschlossen, wo sie nach und nach verblasst, weil das Gute in Ihrem Leben in den Vordergrund rückt. Das ist der Punkt, an dem sich die Betroffenen oft aus meiner Online-Selbsthilfegruppe verabschieden, was mich traurig stimmt, aber auch glücklich macht. Traurig, weil ich Freunde gehen sehe – aber in weit höherem Maß freue ich mich für sie, weil sie voller Zuversicht den Aufbruch in ein neues Leben wagen.

Nach der Heilung von einer psychopathischen Beziehung setzt jeder die Reise auf andere Weise fort. Viele wollen ihr Leben wiederaufnehmen und nie mehr etwas über Persönlichkeitsstörungen hören. Einige bleiben am Ball und helfen anderen Betroffenen, die traumatische Erfahrung zu verarbeiten, um die damit verbundene Dunkelheit zu überwinden. Und wieder andere nutzen ihre persönlichen Erfahrungen, um auf einer breiteren Ebene zu verstehen, wie sich Empathie und Unrechtsbewusstsein – oder der Mangel daran – auf unsere Welt auswirken.

Und das führt wieder zu dem Problem zurück, dass viele Mitglieder unserer Gesellschaft an einer schweren Persönlichkeitsstörung leiden, die unerkannt bleibt.

Sobald wir den Zyklus der Idealisierung und Entwertung aus eigener schmerzlicher Erfahrung kennen, beginnen wir, auch in anderen Bereichen des Lebens darauf aufmerksam zu werden. Gleich, ob übergriffige Partner, manipulative Kollegen oder Vorgesetzte am Arbeitsplatz oder verlogene Politiker, die an den Schalthebeln der Macht sitzen – wir haben die Grenze der Belastbarkeit erreicht. Eine friedliche Koexistenz mit Menschen zu führen, die gezielt versuchen, anderen zu schaden oder sie zu kontrollieren, ist auf Dauer unmöglich. Das Böse ist nicht länger ein vages Konzept – es hat einen Namen. Und aufgrund dieses Namens haben sich bereits zahllose Betroffene zusammengeschlossen, um die Öffentlichkeit über etwas aufzuklären, was früher unerklärlich schien.

Doch bei einem so hohen Prozentsatz der Allgemeinbevölkerung, der an einer schweren Persönlichkeitsstörung leidet, haben wir laut Statistiken gerade mal die Spitze des Eisbergs gesichtet. Es gibt Millionen weiterer Opfer, die nach Antworten suchen – und darauf gedrillt wurden, ihre besten Eigenschaften in Zweifel zu ziehen. Träumer und Idealisten, die nur auf eine klare Ansage warten, die ihnen den Weg in die Freiheit erschließt und sie befähigt, ihr Leben von Grund auf zu ändern.

Seit Beginn unserer Mission bestand unser Ziel darin, diese Träumer und Idealisten mit unserer Botschaft zu erreichen. Der Gedanke an die ahnungslosen Opfer solcher manipulativen, toxischen

Beziehungen ist frustrierend und macht mich traurig. Und es gibt keine Möglichkeit, die Täter zu stoppen. Wir tun unser Bestes, um auf das Problem aufmerksam zu machen, aber damit erreichen wir größtenteils diejenigen, die sich bereits auf die Suche begeben und eine weite Strecke des Weges hinter sich gebracht haben, um Soziopathen, Narzissten, Manipulatoren und dergleichen zu entlarven.

Betroffene dieser Art gehören zu den Ausnahmen.

Und was ist mit der überwiegenden Mehrheit derer, die nicht einmal wissen, dass sie Opfer sind? Was ist mit denen, die noch im Teufelskreis der Idealisierung und Entwertung feststecken? Was ist mit denen, die nach wie vor in einem Albtraum leben, statt sich davon zu erholen? Was ist mit denen, die sich abermals in destruktive Beziehungen verstricken, Jahre nachdem sie erstmals Opfer wurden, weil ihnen nie klar geworden ist, dass es sich um emotionalen Missbrauch handelte? Und was ist mit denen, die immer noch verzweifelt versuchen, sich friedlich und einfühlsam mit jemandem auseinanderzusetzen, der psychisch unfähig ist, dies ehrlich zu erwidern?

Das Buch ist mein persönlicher Versuch, einen kleinen Unterschied zu bewirken, doch das Problem ist unermesslich groß.

Rund 7,8 Milliarden Menschen leben auf dieser Welt. Jeder Siebte ist darauf programmiert, andere zu manipulieren, auszubeuten, gezielt zu idealisieren und zu entwerten. Ich bin kein Mathegenie, aber ziemlich sicher, dass unterm Strich mindestens eine Milliarde Menschen unter einer Cluster-B-Persönlichkeitsstörung leiden.

Stellen Sie sich einmal bildlich vor, dass eine Milliarde Menschen mit Persönlichkeitsstörungen reihenweise Beziehungen knüpfen, chronisch den Arbeitsplatz wechseln, ungesühnte Straftaten begehen und skrupellos nach Macht streben. Eine Milliarde Menschen, die fortwährend auf der Suche nach neuen Opfern sind und mit unübertroffener Geschwindigkeit von einer Quelle zur nächsten eilen. Wie es scheint, verursacht ein kleiner Teil der Bevölkerung eine unverhältnismäßig große Anzahl von Problemen in unserer Welt.

Was können wir dagegen tun?

Wenn Sie mich fragen, ich bin überzeugt, dass sich ein Kampf am Horizont abzeichnet. Nicht mit Gewehren und Bomben – sondern ein Kampf, der dem menschlichen Gewissen bevorsteht. Seit Anbeginn der Zeit haben sich die Menschen Geschichten von Schurken erzählt. Gleich, ob Märchen, Popmusik oder Höhlenzeichnungen, alle beschreiben das gleiche Phänomen: den Kampf zwischen Gut und Böse, zwischen Idealisten und Psychopathen.

Es werden immer noch Kämpfe ausgefochten, bei denen es um alle nur erdenklichen menschlichen Merkmale ging: Hautfarbe, Sexualität, Geschlecht, ethnische Zugehörigkeit … die Liste ließe sich endlos fortsetzen.

Nach jahrzehntelanger harter Arbeit aufseiten der Menschenrechtsaktivisten sollten wir unsere Scheuklappen eigentlich abgelegt und begriffen haben, dass diese Merkmale in keinem Zusammenhang mit dem Charakter eines Menschen stehen. Warum um alles in der Welt verschwenden wir dann weiterhin unsere Zeit damit, unsinnige »Hexenverfolgungen« in Gang zu setzen, während eine Milliarde Psychopathen *bewusst* darauf abzielen, anderen Schaden zuzufügen?

Es steht viel auf dem Spiel: die Zukunft von Empathie, Mitgefühl und Liebe, so wie wir sie kennen. Sind diese Eigenschaften Stärken oder Schwächen? Ist das menschliche Gewissen ein genialer Schritt in der Entwicklungsgeschichte der Menschheit oder eine zweckdienliche Verletzlichkeit, die sich von denjenigen ausbeuten lässt, die keines besitzen?

Ein Teil von mir verspürt den Wunsch, mich auf einen Berggipfel zurückzuziehen, in der Hoffnung, das Wort »Psychopath« nie wieder hören zu müssen – und ich bin sicher, dass ich das eines

Tages machen werde. Doch im Augenblick ist sich ein anderer, tief verwurzelter Teil von mir bewusst, dass es sich um das wichtigste Thema unserer Zeit handelt. Rückzug ist keine Option – es gibt so viel Schönheit und Magie in der Welt, für die es sich zu kämpfen lohnt. Die Entscheidung, wie es weitergeht, liegt in unserer Hand.

Nachwort: Die Konstante – Wiedersehen mit einer alten Bekannten

Was für Abenteuer habe ich auf meiner Reise erlebt! Jetzt sitze ich zu Hause mit meinen Katzen und einer heißen Tasse Kaffee und frage mich, warum ich so lange gebraucht habe, meine Hausgenossen zu erwähnen. Manchmal sind sie nämlich die Konstante in meinem Leben, mein Fels in der Brandung. Manchmal ist meine Mutter meine Konstante. Manchmal sind Erinnerungen an den Strand meine Konstante. Manchmal sind die Mitglieder meiner Online-Selbsthilfegruppe PsychopathFree meine Konstante.

Wie mir scheint, sind alle Menschen, die mir im Leben nahestehen, zu einer Konstanten geworden.

Aber zurück zu meinen Katzen. Ich gehe gern mit ihnen spazieren, vor allem im Winter, wenn Schnee liegt. Sie sind ein bisschen aus der Art geschlagen, folgen wie Hunde meinen Spuren im Wald. Heute Morgen haben wir einige Stunden dort verbracht, gemeinsam die Gegend erkundet und geträumt. Und dabei haben wir neue, unermessliche Geheimnisse des Universums entdeckt. Wir haben etwas über Wachstum, Vertrauen und Liebe dazugelernt. Wir haben Hoffnung geschöpft, dass das Gute im Menschen letztendlich doch noch siegt. Wir haben das Licht und die Finsternis gesehen, die ihren Kampf bis in alle Ewigkeit ausfechten.

In diesem Augenblick wurde mir etwas bewusst: Ich bin meine eigene Konstante, mein Fels in der Brandung. Ich finde es wunderbar, Zeit mit mir allein zu verbringen. Ich finde es wunderbar, in dieser rätselhaften Welt zu leben. Ich finde es wunderbar, Teil von etwas zu sein, das unendlich viel größer ist als ich. Und ich finde es wunderbar, keine Ahnung zu haben, was als Nächstes kommt.

Doch vor allem finde ich es wunderbar, dass ich aufgrund meiner traumatischen Erfahrungen Menschen kennengelernt habe, die ein Lichtblick in unserer Welt sind. Ich bin sicher, dass es etwas gibt, was uns verbindet. Und aufgrund der Freundschaften, die dadurch entstanden sind, würde ich nie auf meine Erfahrung verzichten wollen. Nicht in Millionen Jahren!

Für Sie hat das Abenteuer gerade erst begonnen – und wenn unsere Herzen geheilt sind, ist es an der Zeit, die Komfortzone zu verlassen und für Bewegung zu sorgen. Sagen mir zumindest meine Katzen.

Danksagung

Ich bin nicht sicher, wer wirklich möchte, dass sein Name mit einem Buch über Psychopathen in Verbindung gebracht wird, aber die nachfolgenden Personen haben mein Herz mit Licht erfüllt.

Die Mitglieder der Online-Community

Ich danke Smitten Kitten, weil du mich von Anfang an auf diesem spannenden Weg begleitet hast. Peru, weil du von einer Community wie PsychopathFree geträumt und uns immer zum Lachen gebracht hast. Victoria, weil du mit deinem einfühlsamen Selbst an Millionen Orten gleichzeitig bist. Healing Journey, ich danke dir für deine wundervollen Artikel, deine Freundschaft und deine Adleraugen! Old-Fashioned Girl für das Eislaufen und die Umarmungen. Iris für ihre Bereitschaft, viele Familien bei der Überwindung der Dunkelheit zu unterstützen. MorningAfter für die harte Arbeit, um die Welt zu verändern. Rydia für den Kaffee, Wein, die Textbearbeitung und dein Lachen. LuckyLaura, die so witzig ist, dass ich am liebsten den ganzen Tag mit ihr chatten würde. Indie917, danke für deine wunderbare Intuition und deinen Sinn für Humor. IndieMom, die Familien überall auf der Welt Hoffnung und Hilfestellung gibt. OutOfTheAshes, danke für die urkomischen Dinge, die du gesagt hast, die ich aber hier nicht wiederholen kann. Barberable für den Mut, den du von Anfang an gezeigt hast, und deine magische Kreativität. Phoenix für deine aufrichtige Freundschaft auf meinem Weg – ich freue mich auf unsere gemeinsamen Herausforderungen und Triumphe. SearchingForSunshine, danke für die Drinks bei Sonnenuntergang, die wir irgendwann gemeinsam genießen werden.

Die Unterstützer aus dem Verlagswesen

Ich danke meiner Agentin Emmanuelle Morgen, die unerschütterlich an das Projekt und unsere Mission geglaubt hat. Du hast die perfekte Heimat für dieses Buch gefunden, und ich freue mich auf weitere Abenteuer mit dir! Ein herzliches Dankeschön geht auch an meine Lektorin Denise Silvestro, die das Buch mit Hoffnung erfüllt, stets an das Beste im Menschen geglaubt und alle Verweise meinen Katzen überlassen hat.

Die Menschen, die mir viel bedeuten

Ich danke meiner Mom, der gutherzigsten Mutter der Welt, die mich immer inspiriert hat. Meinem Vater, der mich stets unterstützt und gelehrt hat, die Initiative zu ergreifen. Doug und Lydia, meinen großartigen Geschwistern und besten Freunden. Meiner ganzen Familie, für die Abendessen im Seehaus und die glücklichsten Erinnerungen, die man sich nur vorstellen kann. Dank geht auch an Tania, die mir wieder gezeigt hat, wie schön das Leben sein kann. An Alex, der mir vor Augen geführt hat, was echte Liebe ist. An Brian, der mir beigebracht hat, wie man seine Gedanken in Worte fasst. An Ryan für unsere produktiven Schreibtage (als

Super Smash Brothers). Und an Doug, Becky, Brian, Joe, Erin und Amy, die auch dann in unverbrüchlicher Freundschaft zu mir standen, als ich nicht mehr Herr meiner Sinne war.

Die Katzen

Des Weiteren danke ich Nunc und Mosie, die so viel Freude in mein Leben gebracht haben. Nelly für seinen Gay Pride, den selbstbewussten Umgang mit der eigenen sexuellen Identität. Little Guy, dem vierbeinigen Psychopathen, den ich immer lieben werde.

Quellen

Um mehr über ein Thema zu erfahren, ist der Informationsfluss unabdingbar. Deshalb einige Tipps, wie Sie Ihre Kenntnisse erweitern. Mit Sicherheit sind einige Optionen darunter, die Ihnen zusagen. Wichtig ist, sich so umfassend wie möglich zu informieren. Später werden Sie sich wahrscheinlich auf eine kleine Auswahl beschränken, aber zunächst sollten Sie die Gelegenheit nutzen, einen Blick auf alle Quellen zu werfen, die zur Verfügung stehen.

PsychopathFree hat sich zum Ziel gesetzt, Sie auf dem Weg der Heilung bestmöglich zu unterstützen. Als Orientierungshilfe können dieses Buch oder unsere Website, aber auch zahllose andere Ressourcen dienen. Die nachfolgenden Seiten sollen dazu beitragen, den Betroffenen auf die Sprünge zu helfen und auf die zahlreichen Informationen über das Thema aufmerksam zu machen.

Suchbegriffe

Es gibt viele Begriffe, die Sie nachschlagen könnten, um sich eingehender mit dem Thema zu beschäftigen. Hier einige der gebräuchlichsten, die Ihnen die Recherche erleichtern könnten:

- Psychopathie
- Soziopathie

- Narzissmus
- Narzisstische Persönlichkeitsstörung (NPS)
- Antisoziale/dissoziale Persönlichkeitsstörung (ASP)
- Borderline-Persönlichkeitsstörung (BPS)
- Emotionaler Missbrauch
- Psychische Gewalt
- Psychische Misshandlung
- Emotionale Vergewaltigung
- Verdeckter Missbrauch
- Emotionale Manipulation
- Cluster-B-Persönlichkeitsstörungen
- Psychopathologie
- Emotionale Vampire

Websites

Wir sprechen keine Empfehlungen für diese Websites oder Blogs aus, sind aber der Meinung, dass die Betroffenen Zugang zu allen verfügbaren Ressourcen haben sollten. Die Entscheidung, was für Ihren persönlichen Heilungsprozess hilfreich ist, liegt allein bei Ihnen.

Englisch:

- PsychopathFree.com (Artikel und Genesungsforen)
- PsychopathyAwareness.wordpress.com (Blog und Artikel)
- Live Fraud.com (Blog, Artikel und Genesungsforen)
- SaferelationshipsMagazine.com (Artikel)
- AlexandraNouri.com (Artikel)
- DaughtersofNarcisstic Mothers.com (Artikel)
- The AbilityToLove.wordpress.com (Artikel)

Deutsch:

- Psychomeda (Lexikon der Psychologie): https://www.psychomeda.de/lexikon/psychopath.html
- Forum für Betroffene nach Beendigung einer psychopathischen Beziehung: https://aftermath-surviving-psychopathy.org/soziopathie-oder-psychopathie/?lang=de
- *Focus*-Artikel: https://www.focus.de/gesundheit/ratgeber/psychologie/krankheitenstoerungen/wenn-der-mensch-zum-monster-wird-so-erkennen-sie-einen-psychopathen_id_2734734.html

Facebook-Gruppen

Facebook-Gruppen und Seiten bieten eine hervorragende Möglichkeit, sich mit anderen Betroffenen zu vernetzen und Erfahrungen auszutauschen. Hier eine Auswahl (Zugriff aller Seiten: 5. April 2020):

Englisch:

- After Narcisstic Abuse – There is Light, Life, and Love
- Narcisstic Abuse Recovery Central
- Respite from Sociopathic Behavior
- PsychopathFree
- The Empathy Trap Book

Deutsch:

- Narzissmus: https://www.facebook.com/Umgang-mit-Narzissten-317363411807591/
- Psychopathisches Verhalten: https://de-de.facebook.com/notes/bruno-w%C3%BCrtenberger/psychopathen-erkennen/10151262912992534/

Bücher

Über das Thema »Psychopathie« wurden viele Bücher geschrieben. Werfen Sie einen Blick auf die bekanntesten, und wählen Sie diejenigen aus, die Ihnen am meisten zusagen. Denken Sie daran: Alles, was Sie an einschlägigen Informationen sammeln können, kommt Ihnen zugute.

- Robert Hare: *Gewissenlos. Die Psychopathen unter uns*, Wien/New York 2005
- Marie-France Hirigoyen: *Die Masken der Niedertracht. Seelische Gewalt im Alltag und wie man sich dagegen wehren kann*, München 2002
- Joe Navarro: *Die Psychopathen unter uns. Der FBI-Agent erklärt, wie Sie gefährliche Menschen im Alltag erkennen und sich vor ihnen schützen*, München 2014
- Bärbel Mechler: *Von Psychopathen umgeben. Wie Sie sich erfolgreich gegen schwierige Menschen zur Wehr setzen*, Murnau 2013
- Christine Merzeder: *Wie schleichendes Gift. Narzisstischen Missbrauch in Beziehungen überleben und heilen*, München 2015
- George Simon: *Wölfe im Schafspelz*, München 1998
- Martha Stout: *Der Soziopath von nebenan*, Wien/New York 2006

Artikel

Eine ausgezeichnete Sammlung von Links, Artikeln und Videos finden Sie auf unserer Masterliste, die Sie nach Belieben ergänzen dürfen: Resources.PsychopathFree.com.

Anhang

Psychopathie-Test

Psychopathen lassen in ihren Beziehungen bestimmte Verhaltensmuster erkennen. Dieser aus dreizehn Fragen bestehende Test soll Ihnen (oder Freunden) bei der Einschätzung helfen, ob Ihr Partner unter einer Persönlichkeitsstörung leiden könnte.

Addieren Sie die Zahlen für die jeweils zutreffende Antwort auf die Fragen von A bis M. Wenn Sie beispielsweise bei Frage A die (1) und bei Frage B die (4) angekreuzt haben, beläuft sich das Zwischenergebnis auf 5 Punkte. Die errechnete Gesamtpunktezahl gibt Aufschluss über das Endergebnis.

A. Hält Ihr Partner seine Versprechen?

1. Ja, natürlich. Wenn mein Partner etwas verspricht, kann ich hundertprozentig davon ausgehen, dass er zu seinem Wort steht.
2. Ja, meistens hält er sich an seine Zusagen.
3. Teilweise. Ich kann mich nicht darauf verlassen, dass er jedes Versprechen einhält.
4. Nein, er nimmt den Mund immer zu voll. Ich habe gelernt, kein Wort darüber zu verlieren, sonst würde er mich für kleinlich und verrückt halten.

B. Versteht Ihr Partner Ihre Gefühle?

1. Ja, er ist empathisch und einfühlsam. Er scheint immer zu erkennen, was in mir vorgeht. Wenn ich meine Sorgen zur Sprache bringe, kann ich sicher sein, dass er mir zuhört und mich versteht.
2. Nicht wirklich, aber das war schon immer so. Er hat nicht einmal zu Beginn der Beziehung versucht, auf meine Gefühle einzugehen. Er kann ziemlich egozentrisch sein, aber normalerweise ist er für mich da, wenn ich wirklich einmal Hilfe brauche.
3. Er ist empathisch, das reicht mir; mehr brauche ich nicht.
4. Nicht mehr. Ich versuche oft verzweifelt, ihn darauf hinzuweisen, wie er sich fühlen würde, wenn er an meiner Stelle wäre, aber das nervt ihn allem Anschein nach. Oder er hüllt sich demonstrativ in Schweigen. Manchmal habe ich das Gefühl, verrückt zu werden.

C. Ist Ihr Partner scheinheilig?

1. Er war nie ein Heuchler, und er wirft mir meine Fehler nicht vor. Er bildet sich nicht ein, über dem Gesetz zu stehen.
2. Falls ja, habe ich es bisher nicht bemerkt. Wir sind schließlich alle nur Menschen.
3. Manchmal, aber er ist in der Lage, einen Fehler zuzugeben, wenn man ihn darauf hinweist.
4. Er stellt besonders hohe Anforderungen an mein Verhalten, aber für ihn selbst scheint dieser Maßstab nicht zu gelten.

D. Hat Ihr Partner jemals gelogen?

1. Nein, er würde mich nie belügen.
2. Nicht mehr als andere. Notlügen kommen schon mal vor.
3. Hin und wieder nimmt er es mit der Wahrheit nicht so genau, aber er lügt nie vorsätzlich oder um anderen zu schaden. Wenn er dabei erwischt wird, scheint es ihm peinlich zu sein, und man merkt, dass er sich nicht wohl in seiner Haut fühlt.
4. Ja, schön öfter, aber er würde nie zu seinen Fehlern stehen. Er hat für alles eine Entschuldigung zur Hand, selbst in Situationen, die keine Entschuldigung erfordern.

E. Hat Ihr Partner Sie jemals mit Rückzug oder Liebesentzug abgestraft?

1. Nein, auf solche Taktiken würde mein Partner in unserer Beziehung nie zurückgreifen. Wenn wir Probleme haben, sprechen wir einfach darüber. Wir ignorieren uns nicht gegenseitig und warten darauf, dass der andere die Pattsituation beendet.
2. Nein, ich habe nicht das Gefühl, dass er sich distanziert oder versucht, mir aus dem Weg zu gehen. Er ist vielleicht ein wenig schweigsam nach einem Streit, aber das war's dann auch schon.
3. Manchmal, aber das hat er schon seit Beginn unserer Beziehung gemacht. Etwas mehr Beständigkeit im Verhalten meines Partners wäre schön, aber es ist okay für mich, wenn ich einen Tag lang nichts von ihm höre.
4. Ja, und das finde ich verwirrend in Anbetracht der Tatsache,

wie aufmerksam er am Anfang unserer Beziehung war. Es kommt mir so vor, als hätte er ständig Ausreden, warum er sich nicht melden oder Zeit mit mir verbringen kann.

F. Wie fühlen Sie sich in der Beziehung?

1. Ich bin gelassen, in Einklang mit mir selbst, fühle mich gut aufgehoben in meiner Beziehung. Sie war von Anfang an sehr beständig.
2. Ich bin sehr zufrieden mit meiner Beziehung und weiß, dass ich mich mit meinem Partner austauschen kann, wenn es Probleme gibt.
3. Ich bin nicht besonders glücklich, was die Beziehung betrifft, aber ich bringe meine Meinung und meine Frustration nach wie vor offen zum Ausdruck.
4. Früher war ich heiter und unbeschwert; heute bin ich ständig eifersüchtig, verzweifelt und emotional bedürftig.

G. Haben Sie Angst, Ihren Partner zu verlieren?

1. Warum sollte ich befürchten, meinen Partner zu verlieren? Ich weiß, dass unsere Liebe auf Gegenseitigkeit und unsere Beziehung auf einer gesunden Basis beruht. So etwas würde mir nie in den Sinn kommen.
2. Nein, wir genießen die Gesellschaft des anderen und haben ein ähnlich gutes Gefühl in Bezug auf unsere Beziehung.
3. Ich bin nicht 100 Prozent zuversichtlich, was unsere Beziehung angeht, aber ich glaube nicht, dass er mich verlassen würde.

4. Ja. Nachdem er mich zuerst mit Lob und Komplimenten überschüttet hat, wirkt er plötzlich distanziert und desinteressiert. Ich fürchte, jeder Streit könnte der letzte sein.

H. Vertrauen Sie Ihrem Partner?

1. Absolut. Ich würde ihm mein Leben anvertrauen.
2. Sicher, er hat mir keinen Grund gegeben, misstrauisch zu sein.
3. Nicht wirklich, weil er sich im Lauf der Zeit so verändert hat, dass ich ihn kaum noch wiedererkenne; deshalb weiß ich nie genau, was mich erwartet.
4. Nein. Ich kann nicht erklären, warum, aber ich ertappe mich häufig dabei, dass ich Detektiv spiele, um seinen Behauptungen auf den Grund zu gehen.

I. Sind Dramen in Ihrer Beziehung an der Tagesordnung?

1. Wir streiten selten, weil wir nachvollziehen können, was der andere empfindet. Wir versuchen weder, uns gegenseitig eifersüchtig zu machen, noch, unnötige Spannungen zu schaffen. Es ist uns beiden wichtig, die Vertrauensbasis zu stärken, die wir gemeinsam aufgebaut haben.
2. Streit kommt in jeder Beziehung vor, bei uns auch, im üblichen Rahmen. Nichts, was ich nicht schon mit früheren Partnern erlebt hätte.
3. Bei uns gibt es oft heftige Auseinandersetzungen, aber wir wärmen nicht dauernd die alten Themen auf. Dennoch wäre mir eine Beziehung mit weniger Streit lieber.

4. Er behauptet zwar, dass er Dramen hasst, aber in Wirklichkeit scheint er sie zu genießen. Wir streiten uns immer wegen der gleichen Dinge. Ich habe manchmal das Gefühl, als würde er das Theater bewusst inszenieren, um mir hinterher vorzuwerfen, dass ich es herausgefordert habe.

J. Wie geht Ihr Partner mit Langeweile um?

1. Er langweilt sich nie und genießt es, Zeit allein zu verbringen, um ungestört nachzudenken.
2. Er langweilt sich, wenn er monotone Aufgaben verrichten muss, aber geht uns das nicht allen so?
3. Er langweilt sich ziemlich schnell, aber es macht ihm nichts aus, hin und wieder mal ein wenig Zeit für sich allein zu verbringen.
4. Er langweilt sich schon nach kürzester Zeit und sucht ständig Aufmerksamkeit bei anderen.

K. Wie ist das Verhältnis zu seiner Ex-Partnerin?

1. Er hat seine Ex nie erwähnt, und wir haben im Verlauf unserer Beziehung nie über sie gesprochen.
2. Er hat ein gutes Verhältnis zu seiner Ex, aber er redet nicht viel von ihr, und die beiden haben nur selten Kontakt; das ist in unserer Beziehung daher nicht wirklich ein Thema.
3. Er ist mit seiner Ex nach wie vor befreundet, was mir nicht besonders gefällt. Aber die beiden waren sich schon immer sehr nahe, also steht es mir nicht zu, etwas zu sagen.
4. Er behauptet, seine »verrückte« Ex wäre nur eifersüchtig und

ich solle mir deswegen nicht den Kopf zerbrechen, aber aus irgendeinem Grund habe ich den Verdacht, dass die beiden immer noch Kontakt zueinander haben. Es kommt mir so vor, als müsste ich ständig mit ihr um die Aufmerksamkeit meines Partners kämpfen.

L. Wie war Ihre Beziehung am Anfang?

1. Wir waren anfangs die besten Freunde. Wir haben nichts übereilt, haben miteinander gelacht und Spaß gehabt. Meine Freunde und meine Familie fanden ihn sehr sympathisch, und wir beide waren von Anfang an glücklich miteinander.
2. Unsere Beziehung hat genauso begonnen wie jede andere. Wir haben uns kennengelernt und viele Gemeinsamkeiten entdeckt. Seither ist die Leidenschaft ein wenig verpufft, aber wir mögen uns immer noch sehr. Falls es eine Eroberungsphase oder dergleichen überhaupt gab, hat sie mit Sicherheit nicht mein ganzes Leben beherrscht.
3. Zuerst ganz gut, aber nichts Besonderes. Wir sind mehrmals miteinander ausgegangen, und mir sind ein paar Dinge aufgefallen, die nicht so recht ins Bild passten (beispielsweise rüdes Verhalten gegenüber einem Kellner), aber insgesamt schien mit ihm alles in Ordnung zu sein. Je näher wir uns kennenlernten, desto besser fühlte ich mich.
4. Anfangs konnte ich an nichts anderes mehr denken! Er war viel aufmerksamer als meine früheren Partner. Es sah so aus, als hätten wir alle nur erdenklichen Gemeinsamkeiten und wären wie füreinander geschaffen. Er schickte mir ständig SMS und schien total verliebt in mich zu sein.

M. Wie behandelt Ihr Partner Sie?

1. Er übertrifft alle meine Erwartungen; er hört mir zu und versteht, was in mir vorgeht. Ich habe mich immer von ihm respektiert gefühlt. Wenn ich ein Problem zur Sprache bringe, ist er sofort bereit, darüber zu reden und sein Verhalten zu ändern, wenn es dazu dient, unsere Beziehung zu verbessern.
2. Genau wie alle anderen in meinem Umfeld. Wir scherzen, haben Spaß und genießen die Gesellschaft des anderen. Wir gehen wie Erwachsene miteinander um, eine Partnerschaft auf Augenhöhe.
3. Im Allgemeinen ist er nicht besonders liebevoll, aber so war das schon immer. Ich gehöre nicht zu denen, die ständig Zuwendung oder Streicheleinheiten brauchen, deshalb ist das für mich völlig in Ordnung.
4. Das kann ich nicht einmal mehr sagen. Wir haben gute Tage, an denen sich unsere Beziehung wieder so perfekt anfühlt wie zu Beginn. Doch meistens behandelt er mich von oben herab und hat an allem etwas auszusetzen, oder er ignoriert mich. Ich komme mir überempfindlich und verrückt vor, weil mich sein Verhalten verletzt.

Ergebnisse

13–20 Punkte: Sie haben das große Los gezogen!
Fantastische Neuigkeiten! Ihr Partner scheint das völlige Gegenteil eines Psychopathen zu sein. Er ist empathisch, warmherzig und fürsorglich. Er hat aufrichtige Gefühle für Sie und die besten Ab-

sichten, was sich in seinem Verhalten widerspiegelt. Ich wünsche Ihnen eine lange und glückliche Beziehung!

21–30 Punkte: Ihr Partner ist kein Psychopath
Gute Neuigkeiten! Ihr Partner scheint kein Psychopath zu sein. Sie haben Ihre Höhe- und Tiefpunkte wie in jeder normalen Beziehung. Solange Sie glücklich sind, ist die Dynamik vermutlich gesund.

31–41 Punkte: Ihr Partner ist möglicherweise ein Psychopath
Passen Sie gut auf sich auf! Bei Ihnen sollten einige Alarmsignale aufleuchten. Auch wenn man anhand des Tests nicht mit Sicherheit sagen kann, ob er tatsächlich an einer psychopathischen Persönlichkeitsstörung leidet, geht es unterm Strich doch darum, dass Sie eine Beziehung mit jemandem verdient haben, der Sie glücklich macht. Jemand, der empathisch, liebevoll und einfühlsam ist. Verkörpert Ihr Partner diese Eigenschaften?

42–52 Punkte: Ihr Partner ist definitiv ein Psychopath
Vorsicht! Ihr Partner weist zahlreiche Merkmale auf, die einen Psychopathen kennzeichnen. Stehen Sie in seiner Gegenwart ständig unter Spannung? Haben sich Ihre Gefühle bezüglich der Partnerschaft verändert, ist die anfängliche Begeisterung und Freude einem Zustand der permanenten Angst und Nervosität gewichen? Spielt er Sie gegen verflossene oder potenzielle Partnerinnen aus? Weinen und entschuldigen Sie sich häufiger als jemals zuvor in Ihrem Leben? Haben Sie seit dem Beginn der Beziehung Ihr gesamtes Selbstwertgefühl eingebüßt? Ein gesunder, liebevoller Partner würde Sie niemals so demütigen. Was Sie erleben, ist emotionaler Missbrauch, der typisch ist für Psychopathen und immer dann beginnt, wenn er Macht über Sie gewonnen hat.

PsychopathFree.Com: Statistische Auswertung des Fragebogens

Seit der ursprünglichen Veröffentlichung wurden die am Anfang des Buches beschriebenen dreißig Alarmsignale einige hunderttausendmal im Netz geteilt. Im Verlauf der zunehmenden Verbreitung war es mir wichtig, dass die Warnzeichen für *alle* Betroffenen relevant waren – und der Fragebogen nicht nur meine ganz persönlichen Erfahrungen auflistete, sondern auch die Erfahrungen anderer Opfer bestätigte.

Und deshalb stellte der verborgene Statistiker in mir einen anonymen Fragebogen zusammen, in dem die Betroffenen jedes Alarmsignal auf einer Skala von 1 bis 5 bewerten sollten, von »Absolut unzutreffend« bis »Absolut zutreffend« mit einer Sparte für eigene Anmerkungen zu Merkmalen, die mir entgangen sein könnten. Ich hatte gehofft, dass sich vielleicht ein Dutzend Leute die Zeit nehmen würden, den Fragebogen auszufüllen und an mich zurückzuschicken.

Sie können sich vielleicht vorstellen, wie überrascht ich war, als Rückmeldungen von über tausend Betroffenen eintrafen, die sich der Herausforderung gestellt hatten. Bei allen Alarmsignalen lautete die Antwort »Absolut zutreffend«, was für mich ein absoluter Schock war. Bei einigen fielen die Bewertungen weniger drastisch aus, deshalb beschloss ich, noch einmal eingehender zu recherchieren und die Ergebnisse für die neue Auflage des Buches zu aktualisieren. Die überarbeiteten Alarmsignale in diesem Buch basieren unmittelbar auf den am häufigsten erwähnten Anmerkungen von einigen tausend Betroffenen aus aller Welt. Und wie immer handelt es sich auch hier um eine laufende Arbeit.

Statistische Auswertung

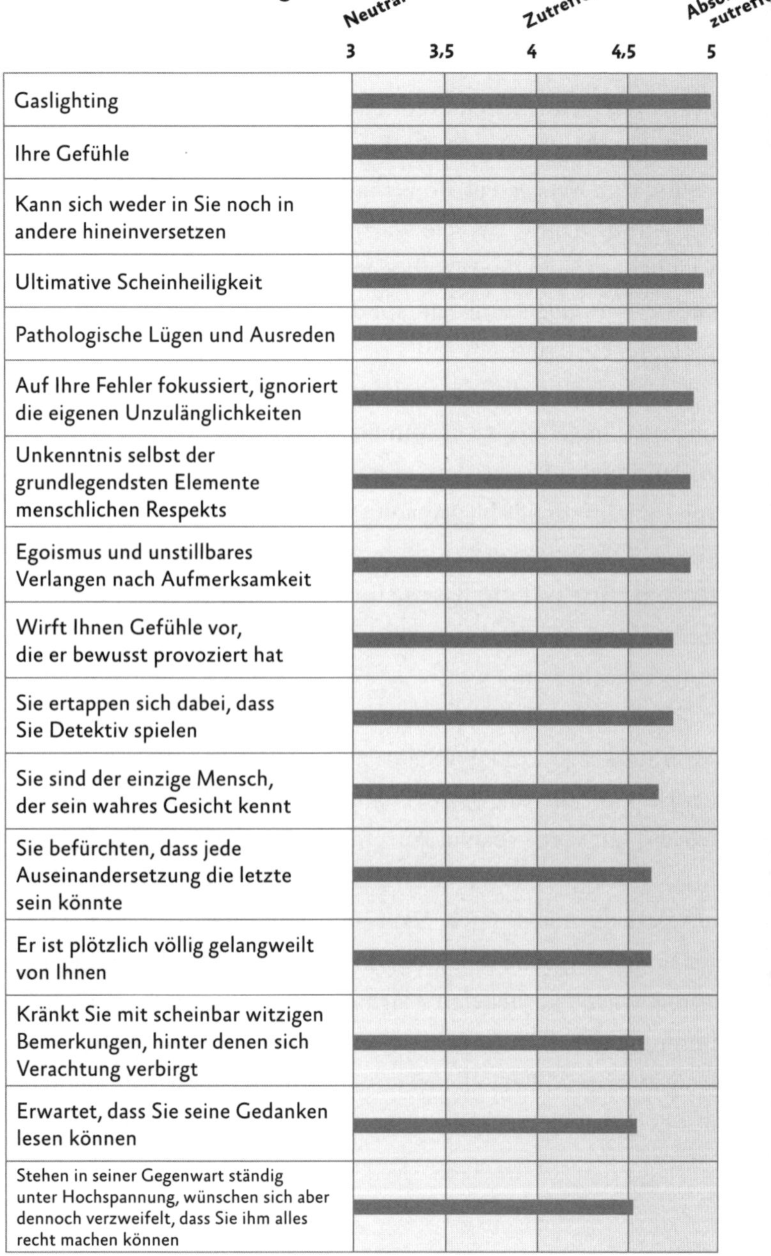

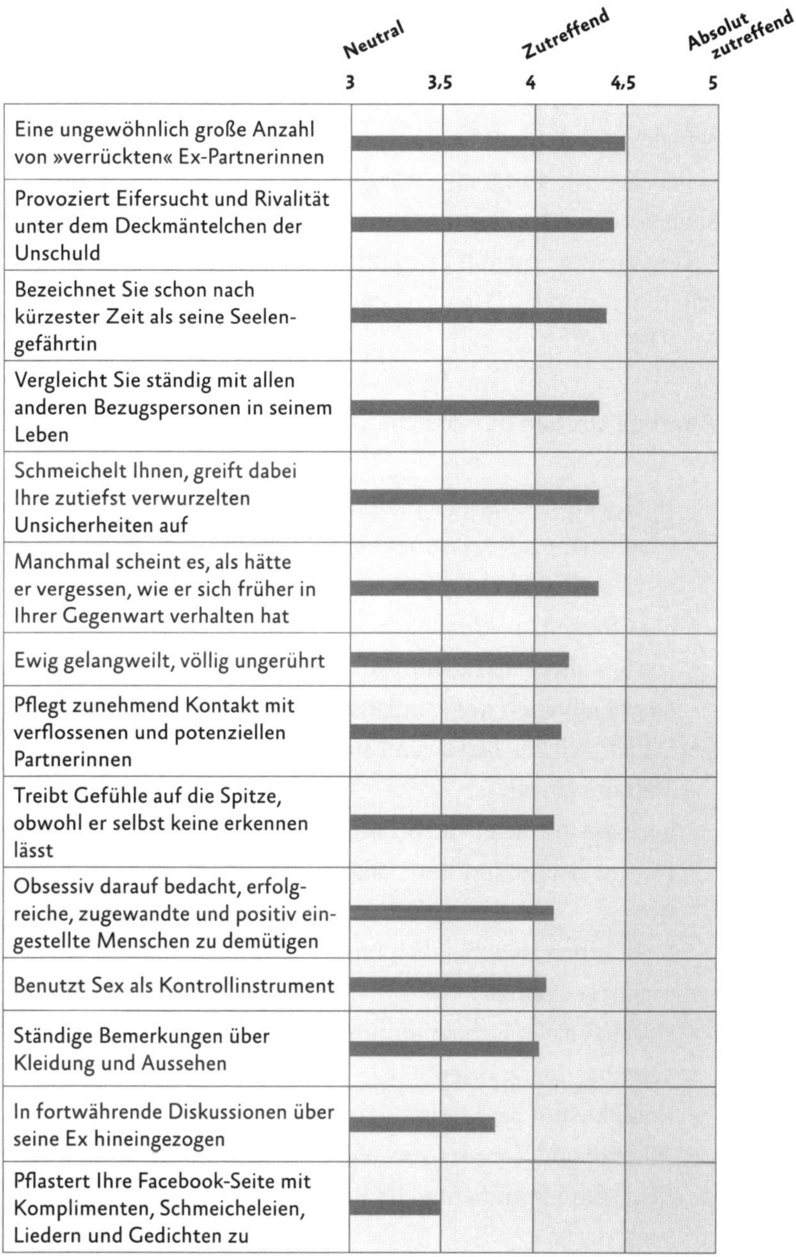
Neutral
Zutreffend
Absolut zutreffend
3
3,5
4
4,5
5
Eine ungewöhnlich große Anzahl von »verrückten« Ex-Partnerinnen
Provoziert Eifersucht und Rivalität unter dem Deckmäntelchen der Unschuld
Bezeichnet Sie schon nach kürzester Zeit als seine Seelengefährtin
Vergleicht Sie ständig mit allen anderen Bezugspersonen in seinem Leben
Schmeichelt Ihnen, greift dabei Ihre zutiefst verwurzelten Unsicherheiten auf
Manchmal scheint es, als hätte er vergessen, wie er sich früher in Ihrer Gegenwart verhalten hat
Ewig gelangweilt, völlig ungerührt
Pflegt zunehmend Kontakt mit verflossenen und potenziellen Partnerinnen
Treibt Gefühle auf die Spitze, obwohl er selbst keine erkennen lässt
Obsessiv darauf bedacht, erfolgreiche, zugewandte und positiv eingestellte Menschen zu demütigen
Benutzt Sex als Kontrollinstrument
Ständige Bemerkungen über Kleidung und Aussehen
In fortwährende Diskussionen über seine Ex hineingezogen
Pflastert Ihre Facebook-Seite mit Komplimenten, Schmeicheleien, Liedern und Gedichten zu

Ergebnisse

Nach gewichtetem Mittelwert aufgelistet: Absolut zutreffend = 5; Absolut unzutreffend = 1. Neutral = 3 (das heißt keines der Alarmsignale im Durchschnitt unter 3,5 = Neutral/Zutreffend).

Bei allen Alarmsignalen war die Mehrheit der Antworten »Absolut zutreffend«.

Gesamtverteilung (in Prozent): Absolut zutreffend: 59; Zutreffend: 22; Neutral: 11; Unzutreffend: 5; Absolut unzutreffend: 3.

Auszüge aus den persönlichen Anmerkungen im Fragebogen

- Hat meine Grenzen mehr und mehr untergraben.
- Ich habe ihn auf Knien um Verzeihung gebeten, obwohl es nicht meine Schuld war.
- Ein Chamäleon, konnte sich jeder Situation anpassen.
- Hat aus allem ein Drama gemacht.
- Der Missbrauch war subtil und verdeckt.
- Schien sich köstlich zu amüsieren, wenn ich mich auf dem Tiefpunkt befand.
- Ich habe ihn angefleht, bei mir zu bleiben.
- Hat mich verständnislos angeschaut, wenn ich gekränkt war.
- Mein Leben ist allmählich immer chaotischer und verwirrender geworden.
- Hat ein großes Geheimnis um seine Kindheit gemacht.
- Vater hat ihn ignoriert.
- Konflikte mit der Mutter.
- Alkohol und Konsum von anderen Suchtmitteln.
- Keine faire Beendigung der Beziehung; wurde urplötzlich abserviert.

- Hat üble Gerüchte über mich verbreitet.
- Kontrolle durch Hypnose und Neurolinguistische Programmierung.
- Flirten/wahllose Dreiecksbeziehungen.
- Wurde mein ganzer Lebensinhalt, habe mich dadurch völlig abgeschottet.
- Hat Mitleid und Anteilnahme hervorgerufen.
- Auseinandersetzungen mit Argumenten, die keinen Sinn ergaben. Reine Augenwischerei.